부의 거룩한 이동

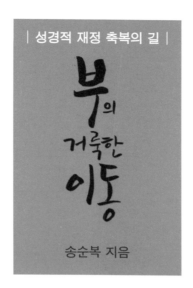

| 성경적 재정 축복의 길 |

부의 거룩한 이동

송순복 지음

나침반

하나님을 바르게만 믿으면
정말 부자가 될 수 있어요?

크리스천 CEO인 나는 일터 사도 강의와 (주)푸드앤웨이브 사업으로 일하며, 하나님을 믿는 사람과 하나님을 믿지 않는 사람에게 동일하게 경제 강의를 한다. 현재까지 대략 1,000회의 강의를 했고, 매번 강의가 끝날 때 마다 '경제'에 대한 질문을 받는데 이때 가장 많이 받게 되는 질문이 "하나님을 바르게만 믿으면 정말 부자가 될 수 있는가?"라는 질문이다. 재미있는 건 하나님을 믿지 않는 사람과, 하나님을 믿는 사람 구분 없이 이것을 가장 궁금해 한다는 점이다.

하나님은 우리에게 가난한 청렴을 권하신 적이 없다.

다만 청지기가 되라고 하셨을 뿐이다. 그럼에도 불구하고 많은 기독교인들이 '부자'는 하나님에 반목 되는 사람이라고 생각한다. 확증하건데 하나님은 우리에게 가난을 사명으로 주신 적이 없다. 하나님께서는 신앙의 시작이 되는 '믿음'에 이미 물질의 축복을 포함해 넣으셨을 만큼 우리에게 물질이 필요함을 잘 아신다.

이렇듯 "하나님을 바르게만 믿으면 정말 부자가 될 수 있냐?"는 오랜 의구심은 히브리서 11장 1절에서 2절의 말씀으로 해결 될 수 있다.

"믿음은 바라는 것들의 실상이요 보이지 않는 것들의 증거니

선진들이 이로써 증거를 얻었느니라"(히브리서 11:1~2)

믿음은 바라는 것의 실상이라는 말씀 속에는 엄청난 축복이 숨어 있다. **믿음 = 바라는 것의 실상**이라는 공식이 성립하는 것이다.

우리가 마음속에 믿음을 품는 순간 우리가 바라는 것의 실상을 소유하는 것이다. 나아가 그 다음 절에서는 **"선진들이 이로서 증거를 얻었다"**고 말씀하고 계신다. 믿음의 조상 아브라함은 돈, 장수, 자손을 모두 얻어 영적으로나 육적(세상적)으로 큰 풍요를 누렸다.

그러나 정작 아브라함은 돈, 장수, 자손을 얻기 위해 애쓰지 않았다. 다만 믿음을 지키기 위해 끝까지 애썼을 뿐이다. 그러므로 우리가 관심을 가져야 하는 것은 오직 믿음이다.

그런데 더 놀라운 것은 이제껏 우리가 궁금해 했던 **경제에 대한 모든 논리, 나아가 부를 이룬 비결, 그리고 이 세상의 부가 흐르는 방향에 대한 지도까지 모든 것이 '성경' 안에 들어있다**는 사실이다.

나는 이것을 **우선 두 가지로 증명**할 수 있다.

첫 번째는, 나의 삶이다.

하나님은 나의 삶의 고비고비마다 성경 안에 있는 경제의 논리를 깨닫게 해주셨다. 그로 말미암아 전업주부였던 내가 제조업과 유통업에서 크게 성공하는 CEO로 성장하는 한편 세계의 선교지에 16개의 교회를 세우고, 12개 푸드 체인점을 세계 선교지에 일터 기업으로 개설하고 후원하는 일터 선교사의 역할을 감당할 수 있었다.

두 번째는, 말씀의 놀라운 위력이다.

하나님은 말씀으로 이 세상을 창조하셨다. 세상의 모든 구성과 재료는 하나님의 말씀이고, 그 말씀은 성경에 가득하다. 성경 안에는 완벽한 경제 성공 지침은 물론 이 세계의 구조, 경제의 흐름, 장차 일어날 미래에 대한 모든 기록이 들어있다.

고도로 발달 된 자본주의 사회에서 경제 개념은 굉장히 중요하다. 오직 '부'만을 추구하는 기업의 중심에는 '이윤' 외엔 어떤 가치도 없다. 그러나 이들이 축적한 부는 결코 이들의 것이 될 수 없다.

"선인은 그 산업을 자자손손에게 끼쳐도 죄인의 재물은 의인을 위하여 쌓이느니라"(잠언 13:22)

악이 쌓아 올린 부는 머잖아 선한 사람들의 기업으로 흘러 들것이다. 우리는 이 말씀을 붙들고 기도함으로 세상의 부를 끌어와 하나님의 뜻이 거하는 곳으로 흘려보내는 '성경적 부의 이동'을 이뤄야 한다. 하나님을 믿는 우리는 이 세대의 경제의 핵심이 될 것이다.

그리고 이제부터 시작 될 이야기는 내가 오늘까지 겪은 '성경적 부의 이동'에 대한 실제 고백이며, 하나님이 일으키실 '성경적 부의 이동'에 참예하고자 하는 모든 이에게 보내는 진실한 초청장이다.

성경적 재정 축복의 삶을 위하여….

일터 사도 송순복 선교사
CEO / (주)푸드앤웨이브

차례

1

삶을
이끄심을 믿다

"내 형질이 이루어지기 전에 주의 눈이 보셨으며
나를 위하여 정한 날이 하루도 되기 전에 주의 책에 다 기록이 되었나이다
하나님이여 주의 생각이 내게 어찌 그리 보배로우신지요
그 수가 어찌 그리 많은지요"
(시편 139:16,17)

삶을 이끄시는 하나님!

하나님께서는 우리가 이 땅에 태어나기 전부터
우리의 이름을 정하시고
우리의 삶을 계획 하셨다.
그러므로 우리가 하나님을 믿기전의 삶도
결국 하나님의 계획에 의해 주신 것을 믿으라.
우리에게는 우연이란 없다.

큰 마당 집

나는 1961년 늦은 가을 수원 연무동에서 태어났다.

주로 일본식 작은 가옥이 많았던 동네에서 우리 집은 '큰 마당 집'으로 불렸다. 아들 셋, 딸 하나를 두고 늦둥이로 날 낳으신 어머니는 삼칠일 간의 몸조리가 끝나자마자 큰 마당에 넓은 멍석을 깔고 무려 사흘간 굿을 했다. 당시 사람들이 집안에 환자가 있거나 우환이 연달아 생길 때 굿판을 벌였던 것과는 달리 내 어머니는 복을 빌기 위해 굿을 하셨다.

내가 태어나기 훨씬 전부터 아버지가 청과사업을 크게 하신 덕분에 집안은 늘 유복했고 어머니는 그 풍요와 행운이 가정에 늘 충만하기를 바라며 요즘 돈으로 몇백 만원 가치의 굿을 일 년에 몇 번씩 해왔는데, 당시에 쌀 한가마가 삼천 원 정도였던 것을 생각하면 어마어마한 금액이다. 내가 태어난 그 해에는 내 앞길에 복이 깃들길 바라는 마음을 더해 큰 굿을 하셨다.

어렸을 때 살았던 수원 집을 떠올리면 넓은 마당과 그 마당에 넓게 펼쳐진 멍석 위에서 굿을 하고 때로는 춤을 추던 무당, 그 주위를 빼곡하게 둘러싼 동네 사람들이 어머니가 차린 떡과 편육을 먹으며 마치 한판 놀이판을 구경 온 듯 흥이나 어울리던 모습이 자연스럽게 생각난다. 어머니는 그런 사람들 사이를 바삐 오가시며 음식을 채우고 간간히 소원을 비셨고 과묵하신 아버지는 툇마루에 앉아 그 모습을 가만히 바라보시곤 했다. 오빠들과 언니는 마을 사람들과 함께 음식을 먹거나 어머니의 손에 이끌려 굿판에 선 채 소원을 빌었고, 아직 어린 나는 또래 친구들과 마당 한 쪽에서 소꿉놀이를 했다.

나는 연무동 큰 마당 집에서 어린 시절 내내 살았다. 대문을 열면 왼쪽에 반들반들한 항아리가 쭉 늘어서 있었고 항아리마다 된장, 간장, 고추장, 장아찌가 그득그득했다. 여름이 되면 그 장독들 위로 석류가 흐드러지게 열렸는데 그런 날엔 동네 아이들을 죄다 몰고 와 석류를 따 먹었다. 아버지의 청과사업은 해마다 번창해 관공서등에 고정으로 과일을 납품하게 됐고 내가 자라 유치원에 갈 무렵에는 마을 사람들이 우리 집을 두고 큰 마당 집이란 말 대신 '큰 부잣집'이라고 불렀다.

동네 아이들이 보자기에 책을 넣어 둘둘 말아 등이나 허리춤에

메고 다닐 때, 나는 가죽 책가방을 메고 다녔다. 전체가 통가죽에 지퍼로 열고 닫는 모양이었는데 몸통에는 무궁화 모양이 섬세하게 음각되어 있었고 위쪽에 빙 둘러진 지퍼를 열면 윗부분이 뚜껑처럼 열리는 신기한 모양이었다. 풀을 먹인 하얀 원피스에 빨간 구두를 신고 그 가방을 메고 집을 나서면 지나가는 아이들은 물론이고 동네 아줌마들까지 나를 불러 세워 가방과 신발을 구경 할 정도였고 그중 노파심이 많은 몇몇 아줌마는 저렇게 부자 태가 나게 아이를 꾸며 놓으면 봉변을 당할 수도 있으니 조심하라고 이르기도 했다. 그러면 어머니는 며칠 내로 무당을 찾아가 새벽이슬로 썼다는 '안전부적'을 받아왔고 그것을 내 속옷에 넣고 다니게 하셨다.

오 남매 중 막내였지만 언니, 오빠와 나이차이가 워낙 많이 나서 형제간의 다툼은커녕 싫은 소리 한 번 들어 본 적이 없었다. 오빠들과 언니는 경쟁이라도 하듯 새침한 막내 동생 기분을 맞추기 바빴고 동네 아이들은 나와 친해져 우리 집에서 놀고 싶어 했다. 부모님은 부모님대로 눈에 넣어도 안 아픈 막내딸이 원하는 것이라면 무엇이든 해주고 싶어 하셨다. 그렇게 모든 게 풍족하고 무엇 하나 아쉬울 것 없는 유년시절을 보낸 나는 조금은 자기중심적인 면을 단점으로 갖게 되었고, 장점으로는 또래 여자아이들보다 당당한 면을 많이 갖게 되었다.

딸보다 아들이 귀하다는 생각이 지배적이었던 이 시절엔 한 집안에서 딸의 위치는 잘해야 살림 밑천이고 그렇지 않으면 아들을 낳을까 싶어 하나 더 낳았는데 여전히 딸이라 천덕꾸러기 대우인 경우가 많았다.

　그러다 보니 주위 여자 친구들은 어딘가 조금씩 위축되어 있었고, 할 말을 하지 못했는데 난 전혀 그렇지 않았다. 언제 어디서나 당당하게 내가 원하는 것을 말하고 절대 주눅 들지 않았다.

　내가 그렇게 당당한 성격을 갖게 된 데에는 가정경제는 물론 아버지 사업의 경제 흐름까지 책임 지셨던 어머니의 영향이 컸다.

　어렸을 때엔 잘 다려진 옷을 갖춰 입으시고 살림하실 때에도 한 치 흐트러짐 없는 예쁜 매무새의 어머니가 좋았다. 그런데 철이 들면서 보니 어머니는 여자로서의 아름다움뿐만 아니라 타고난 경제 감각, 그것을 과감하게 활용 할 수 있는 호탕함까지 갖고 계셨다.

　평소에 어머니는 늘 검소하셨다. 어머니가 나를 출산 하실 무렵 조산원에 알아보니 그 비용이 팔백 원이라는 말에 집에서 낳는 것을 선택 하셨고, 살림하는 사람을 부려도 되는 형편이었지만 그렇게 하지 않으셨다. 모든 살림을 직접 하셨고, 여름이면 온 집안 식구들의 이불을 손수 풀 먹여 손질하실 만큼 부지런하고 완벽하셨다.

　아버지는 워낙 수수하신 분이라 크게 사치하지 않으셨고, '돈'이 아니라 일 자체를 즐기셨던 분이라 금전관리를 어머니가 도맡아 한 것 인데 어머니는 수입과 지출, 저축 등을 관리하는데 그치지 않으시고 여유자금을 주변에 상업을 하는 분들에게 빌려주며 신용금고와 같은 역할까지 하셨다. 당시엔 은행의 문턱이 무척 높았다. 그러다보니 인근에서 쌀가게나, 식당을 하는 분들이 급전이 필요 할 때 돈을 빌릴 길이 막막하다는 하소연이 늘 많았다. 그러다 시간이 지나고 우리 집에 돈이 모인다는 소문이 돌자 돈을 융통하려고 찾아오는 분들이 늘어났다.

처음엔 돈으로 얽히면서 이웃 간에 의가 상할까 걱정을 하셔서 거절했는데, 나중에 보니 지인들이 고리대금을 빌려 큰 고생들을 하고 있었다. 결국 어머니는 주먹구구로 돈을 빌려주는 대신 정확한 장부를 만들고 모든 사람들에게 동일한 수준의 이자를 받는 걸 원칙으로 돈을 빌려 주겠다고 선언하셨다.

이런 사실을 알게 된 게 중학생이 되던 무렵인데 그때 학교에서 수학을 공부하며 내 머릿속에도 숫자에 대한 개념이 생겼고, 어렴풋하게나마 투자에 대한 개념도 알게 되었다. 그리고 커서보니 어머니가 굿을 크게 하는 것엔 꽤 여러 가지 뜻이 담겨 있는 것 같았다.

돈거래는 사람과 사람 사이에 신용이 바탕이 되어야 하는데 빌리는 사람도 빌려주는 사람도 서로에게 안면이 있고 형편을 알 때 좀 더 자연스럽게 거래가 이루어진다. 그런데 우리 집에서 굿이 벌어지면 모처럼 맛있는 것도 먹고, 굿판도 구경할 겸 많은 사람들이 드나드니 자연스럽게 서로의 정보를 알게 되고 소통하는 장이 되는 것이었다.

맨 처음엔 그날 하루라도 동네 사람들이 재미있게 놀고 맛있는 걸 먹게 하겠다는 어머니의 넓은 마음이 기초가 되었지만, 시간이 흐르면서 굿을 통해 서로 친해지고, 인간관계가 넓어진다는 것을 알게 되셨고 후엔 정말 투자의 개념으로 후한 잔칫상을 차리게 된 것이다. 이런 모습을 곁에서 보는 동안 어느덧 내 생각 속에도 사람이 머무는 곳에 경제도 머문다는 개념을 어렴풋이 깨달았다.

청과사업을 크게 성장시킨 건 아버지의 성실함 이었지만 그것을 더 큰 부로 만든 것은 어머니의 경제 감각과 다양한 아이디어였다. 특히 어머니의 아이디어에 얽힌 재미있는 기억이 많은데 그중 최고는 '우리나라 최초로의 삼형제 합동결혼식'의 주인공이 된 일이다.

나랑 스무 살 차이가 나는 큰 오빠와 그 아래로 4살 간격 터울인 둘째 오빠와 셋째 오빠 이렇게 세 오빠가 같은 날 합동결혼식을 올렸다.

사연인즉 장남인 큰 오빠의 인연이 좀처럼 나타나지 않는 상황에서 둘째 오빠와 셋째오빠가 먼저 인연을 만나게 되었는데 그때만 해도 큰 형을 제치고 둘째나, 셋째가 먼저 결혼 한다는 게 어려운 일이었다. 그래서 애를 태우던 중 마침내 큰 오빠의 혼담이 성사 되었다. 천만 다행한 일이라 생각하며 결혼 준비를 하게 되었는데, 그때에 어머니의 마음에 둘째 오빠의 약혼녀와 셋째 오빠의 약혼녀의 혼기가 꽉 찼음이 걸리셨던 모양이다. 한 해에 혼사를 두 번 치를 수 없으니 현실적으로 둘째 오빠는 내년에, 셋째 오빠는 그 후년에 가야 한다는 답이 나왔다. 결국 어머니는 그 해를 넘기지 않고 세 아들을 모두 결혼 시킬 방법을 고민하셨고, 합동결혼이라는 과감한 결정을 내리셨다.

그렇게 수원평화 예식장에서 올리게 된 삼형제 합동예식은 수원 바닥을 떠들썩하게 하는 큰 화제가 되었고 어머니는 이 일로 그해의 장한 어머니상을 수상하셨다. 수원시장님이 직접시상을 하고, 부상으로 오디오까지 선물 받아 두고두고 동네의 이야깃거리가 됐다. 그중 부상으로 받은 오디오는 거의 소파 만 한 크기에 고급 제품이라 그걸 구경하러 일부러 우리 집에 들르는 분들도 많았다. 특히 오전 10시에서 11시에 하는 라디오 프로그램이 인기가 많았는데 그때엔 대청마루에 발 디딜 틈 없이 동네 사람들이 모였고, 저녁엔 텔레비전을 보기 위해 또 모여들었다.

이런저런 이유로 우리 집엔 우리 가족 여섯 명 외에도 늘 사람이 많았다. 어머니는 그분들을 늘 후하게 대접했고, 우리 집은 동네의 사랑방처럼 늘 북적북적했다.

어느 여름... 마당 모깃불에는 광에서 꺼낸 감자와 고구마가 익고, 마루에는 온 동네 사람이 둘러 앉아 커다란 수박을 나눠 먹으며 연속극을 보던 풍경은 내 마음속에 가장 푸근한 기억 중 하나로 자리잡고 있다. 그 후에도 나는 줄 곳 사람들과 모이는 것을 즐거워하고 이왕이면 많은 사람들과 더불어 지내는 것에 큰 행복을 느끼게 되었다.

"순복아 너는 꼭 하나님을 믿어야 해"

초등학교를 졸업한 나는 매향여자중학교에 입학했다.

내가 살던 동네에서 갈 수 있는 제일 좋은 학교라 가족들도 모두 흡족해했는데 막상 학교를 가보니 기독교 학교였다. 전과목 시험을 보면 '성경'도 교과목 중 하나로 포함되어 시험공부를 해야 했다. 나는 생전 본 적도 없는 성경책을 교과서들과 함께 구입했고 들어보지도 못한 예수님, 하나님이라는 말을 시험봐야한다는 생각에 외우는 정도였다. 하지만 마음에 신앙심이라는 게 전혀 없으니 일주일에 한번 씩 하는 예배시간은 너무 지루했다.

학교에 있는 시간 동안 제일 지루 한 게 예배시간이라면 반대로 제일 재미있는 건 사격 연습이었다. 매향여중은 전부터 사격으로 유명한 학교였는데 재미삼아 치른 테스트에서 좋은 성적이 나와 MSK 장총 사격선수가 됐다. 또래들보다 키도 크고 운동신경이 좋은 편이었던 나는 사격 훈련을 즐기며 했다.

자연스럽게 단짝친구도 사격부 안에서 사귀게 됐다. 미경이라는 아이였는데 교내에서 선발 시합을 하면 늘 1등을 하는 성실한 아이였다. 그런데 막상 대회에 나가면 긴장을 많이 해서 연습 때의 절반 정도 밖에 점수가 나오지 않아 속상해했다. 반대로 나는 정식 시합에 나가면 연습보다 좋은 점수가 나왔다. 그러면 미경이는 마치 자신이 좋은 성적을 거둔 것처럼 기뻐했다.

공부는 미경이가 늘 잘했다. 사격부 활동을 하면서 반 석차 1등을 거의 놓치지 않았다. 미경이는 평소에 공부를 꾸준히 하는 편이고 나는 운동과 노는 것을 좋아해 운동장에서 보내는 시간이 많았다. 그런데 시험 때만 되면 나는 전날 벼락치기로 달달 외운 것 치곤 점수가 잘 나왔고 미경이는 긴장 탓에 백 점 맞을 시험에서 몇 개를 틀리는 바람에 종종 아쉬워했다. 그러면 나는 미경이의 팔짱을 끼고 무조건 운동장으로 나갔고 우리가 좋아하는 나무 아래 벤치에 나란히 앉아 재미있는 이야기를 해서 기분을 풀어 주었다. 미경이는 선하고 차분했고, 나는 말괄량이과로 늘 유쾌했다.

미경이와 나는 나란히 인천 경기도 내 체육대회에 출전했고 나는 그 대회에서 트로피를 받았다. 상패와 트로피를 학교에 기증하니 교감 선생님께서 학교이름을 빛냈기에 상을 주겠다며 자전거 뒤에 나를 태우고 운동장을 한 바퀴 도셨다. 미경이는 그 모습을 보며 연신 박수를 쳤고 나는 "내년에는 네가 상을 탔으면 좋겠다"라고 말했다. 그러자 미경이가 "네가 상을 탄 건 내가 탄 거나 다름없다"라고 말을 했는데 그날 받은 어떤 축하보다 기쁜 말이었다.

단짝 친구가 있고, 사격도 있으니 학교가 너무너무 재미있었다.

예배시간만 없으면 매일매일 신나는 하루하루란 생각이 들었다. 중학교 3학년이 된 뒤엔 내 주관도 강해지고 전보다 담대해져서 예배시간에 땡땡이를 쳤다. 나는 예배실(강당)을 빠져나와 학교 앞에서 군것질을 하거나 교실에서 좋아하는 책을 읽었다. 그런데 그 모습을 담임선생님께 딱 들켰고 선생님은 내가 도망가지 못하도록 학급 종교부장으로 임명하시며 말씀하셨다.

"순복아 너는 꼭 하나님을 믿어야 해."

그 말을 듣는데 가슴이 쿵! 하더니 심장이 빠르게 뛰기 시작했다. 평소 같으면 비웃으며 "왜요?"라고 물었을 텐데 그날은 아무 반문도 하지 못했다. 땡땡이치는 걸 걸려서 그런 것 같기도 하고, 나를 보는 선생님의 표정이 너무 엄숙해서 그런 것 같기도 했다. 하나님을 믿으라는 말에 왜 그렇게 심장이 뛰었는지 알 수가 없었지만 일단 종교부장이 되었으니 그 책임은 다해야겠다는 생각이 들었다.

종교부장에 임명 된 날부터는 지루해 줄더라도 예배시간에 자리를 꼭 지켰고 졸업 할 때 까지 하루도 빼놓지 않고 채플 시간에 참석했다. 그러나 나의 마음에 어떤 변화나 믿음이 일어나지는 않았다. 하지만 "너는 꼭 하나님을 믿어야 해"라는 담임선생님의 말씀은 마음에 남아 평소에 교회를 지나면 생각나곤 했다. 그럼에도 교회는 나에게 너무 생소한 장소였다. 중학교 3년 동안 성경 과목을 듣고 성경 시험을 봤지만 어렸을 때부터 보아온 굿과 무당이 내 마음에는 더 강하게 각인 되어 있었기 때문이다. 결국 나는 중학교를 다니는 내내 교회 문턱을 한 번도 넘지 못했고 관심조차 없었다.

고아원 문간방

각자 일가를 이루고 살던 오빠들이 의기투합하여 사업을 시작했다. 가장으로서 자기 몫을 더하고 나아가 남자로서도 꿈을 펼쳐보고 싶다는 오빠들의 말에 아버지는 전답을 팔아

초기 자본금을 대주셨다. '우진전자'라는 이름으로 회사가 문을 열었고 수원 시내에는 큰 마당집 아들들이 큰 회사를 일으켜서 이제 재벌이 될 거라는 소문이 났다.

그러나 사업은 절대 녹록한 것이 아니었다. 이번 한 번만 고비를 넘기면 되니 얼마간의 돈을 좀 융통해 달라는 오빠들의 연락이 두 번, 세 번 반복 되었고 아버지는 그때마다 급매로 전답을 파셨다. 결국 살고 있는 집과 얼마간의 땅을 제외한 모든 재산을 팔게 되었고 아버지와 어머니는 적어도 이 집과 전답은 아직 어린 막내를 가르치고, 시집보내는데 써야 하니 더는 줄 것이 없단 말로 오빠들의 청을 처음으로 거절 하셨다. 면목이 없던 오빠들도 두 번 조르지않고 어떻게든 해결해 보겠다는 말을 남기고 집을 나가곤 했다.

그렇게 한동안 급한 연락이 없길래 사업이 다시 잘 돌아가는 줄 알았는데 얼마 뒤 큰 빚을 떠안고 회사가 망했다는 소문이 들려왔다.

어떻게 된 일인지 자초지종이라도 들으려고 오빠들에게 수소문 했지만 연락이 되지 않았다. 오빠들은 빚쟁이들을 피하느라 집에도 연락을 끊고 뿔뿔이 흩어진 뒤였다. 그 빚은 고스란히 아버지의 몫이 되었고 살던 집은 물론 집안에 세간까지 팔아야 했다. 남은 것이라곤 입던 옷가지와 소지품 정도였는데 달구지 하나에 넉넉히 실어질 만큼의 양이었다. 달구지 하나에 아버지, 어머니, 언니, 나 남은 네 식구 전 재산이 실린 것이니 그야 말로 망해도 폭삭 망한 것이다. 동네 사람들 보기가 부끄러워 야밤에 달구지를 끌고 도망치듯 큰 마당집을 떠났다.

아버지는 달구지를 끌고 어머니와 언니가 달구지를 밀었다.

나는 교복과 책가방을 품에 안고 엉엉 울며 달구지 뒤를 따라갔다. 어머니는 교복과 가방을 달구지에 실으라고 했지만 더러운 게 묻는 게 싫다고 고집을 부리며 끝까지 품에 안고 걸었다. 가는 내내 울어 눈도 통통 붓고 다리도 통통 부을 때쯤 도착한 곳은 수원 변두리에 있는 고아원 문간방이었다.

말이 고아원 문간방이지 고아원은 문을 닫은 지 오래라 건물 전체가 텅텅 비어 있었다. 을씨년스럽기 그지없는 상태라 동네 사람들도 그 길로는 안다녔는데 그런 이유로 방값이 아주 쌌고 당시 우리 형편으로는 그 정도의 집 밖에 구할 수 없었다. 나는 벽에 튀어나온 못에 교복을 걸어 놓고 피곤에 지쳐 곧장 잠들었다.

이튿날 눈을 뜨니 어제 대충 걸어 놓았던 교복이 빳빳하게 다려져 있었다. 그리고 이제 막 방을 나가시는 아버지의 뒷모습이 보였다. 나는 아버지가 내 교복을 다려 놓았는지 물어보려고 마당으로 나갔다. 그런데 마당에 계신 아버지의 모습을 보는 순간 나는 잠시 말을 잃었다. 아버지가 리어카에 가락엿이 하나 가득 담긴 봉지를 달고, 손에는 엿장수용 가위까지 들고 계셨다. 어제 밤 집을 떠날 때 도대체 어디서 리어카를 빌려 오신 걸까 궁금했는데... 마지막 남은 돈으로 그 리어카를 사신 거였다. 거기에 엿장수 가위와 엿까지 같이 샀는데 세간 살이랑 같이 섞여 있어서 못 본 것이었다.

'우리 아빠가... 고물장수가 되다니...'

너무 놀라 다녀오라는 말씀도 못 드리고 멍하게 서 있는데 아버지는 너무나 평온하신 목소리로 "내 다녀오마"라고 말씀하고 가셨다. 청과물상회에 출근 할 때와 조금도 다름없는 목소리와 억양으로 덤덤하게 일을 나가셨다.

"조심해서 다녀오세요."

방안에 계시던 어머니는 나오셔서 아버지를 배웅하셨다. 그리고는 마당 펌프에서 물을 올려 걸레를 빨더니 방바닥을 슥슥 닦기 시작하셨다. 마치 아무 일도 없었다는 듯 어제도 이 집에서 이렇게 아침을 맞은 것처럼 너무나 담담한 표정이었다. 그리고 그날부터 하루도 빼놓지 않고 같은 풍경이 반복되었다. 비슷한 시간에 아버지가 일을 나가시고 어머니는 배웅하고 청소를 시작하셨다. 그 다음 아침상을 차려주셨고 나는 밥을 먹고 학교를 갔다.

당시 나는 집에서 꽤 떨어진 곳에 있는 상업 여자고등학교를 다녔던 터라 우리 집 형편이 당장 소문 나진 않았다. 거기에 다 똑같은 교복과 비슷한 신발을 신었으니 내가 말하지 않는 한 아이들이 눈치 챌 일은 없을 것 같았다. 물론 예전처럼 학교를 마치고 동네 빵집에 가서 빵을 사먹거나 하는 일은 점점 줄어들었다. 학교를 마치면 바쁘다는 핑계를 대고 집으로 곧장 왔다. 친구를 집에 데려오는 일도 당연히 없었다. 그렇게 그럭저럭 잘 버티고 있었는데 어느날 방과 후 친구 중 한명이 새로 생긴 빵집에서 생일 턱을 내겠다고 해서 따라간 낯선 동네 길목에서 아버지와 딱 마주쳤다.

한 여름 뙤약볕에 지친 아버지는 담벼락 아래 리어카를 세워놓고 털썩 앉아 물통에 담긴 물을 마시고 계셨다. 얼굴은 물론 걷어 올린 소매 아래 팔뚝에는 얼룩덜룩 검댕이가 묻어 있고 목에는 때가 탄 수건을 걸치고 계셨다. 같이 있던 친구들 중엔 이전에 우리 집에 놀러 온 적이 있어 우리 아버지의 얼굴을 아는 아이들도 두 명 있었는데 아버지의 모습이 너무 많이 바뀌어 있으니 알아보질 못하는 눈치였다.

아버지 얼굴을 자세히 봤다 해도 수원 최고 청과물상회 사장님이 고물장사 차림으로 리어카를 끌고 있을 것이라고는 상상을 못할 테니 닮은 사람 정도로 알았을 것이다. 결국 나는 아버지를 모른 척하고 그 길을 빨리 벗어나 버렸다. 아버지와 얼핏 눈이 마주친 것도 같고 아닌 것도 같았는데 그날 밤 집에서 마주친 아버지는 나에게 아무런 말씀도 하지 않으셨다. 나 역시 무어라 할 말이 없어 입을 꾹 다물고 있다가 그날 밤 베개가 흠뻑 젖도록 울었다.

형편이 형편인 만큼 대학 진학은 어려울 것 같았다.

고등학교 2학년을 마친 후 취업반을 신청했고 고등학교 3학년 2학기에 취업을 나가게 되었다.

맨 처음 입사한 곳은 L사 경리부이었다. 그래도 회사에 가면 무어라도 배우게 될 줄 알았는데 몇 달이 지나도록 내게 주어진 일은 주전자에 물을 떠놓는 것과 걸레질 정도였다.

이렇게 지내다가는 바보가 될 것 같다는 생각이 들었다. 가끔 창밖을 내다보면 다들 바삐 오가면서 뭔가 자기 할 몫을 신명나게 하고 있는 것 같은데 나는 다른 사람들이 마신 컵을 닦고 노상 걸레만

빨고 있으니 스스로가 너무 쓸모없게 느껴져 괴로웠다. 물론 회사 일을 하는 것이니 월급만큼은 꼬박꼬박 나왔다. 하지만 그것은 나에게 별로 위로가 되지 않았다.

시간이 흐를수록 창밖을 멍하게 쳐다보고 있는 일이 늘어났고 한눈 파느라 주전자에 물 채우는 일 하나 똑똑히 못한다고 구박을 받는 횟수도 늘어났다. 아침 일찍 일어나 옷을 챙겨 입고 출근해 오전 일을 하고 점심을 먹고 오후를 보내고 퇴근해 집으로 오는 일상. 어제가 오늘 같고 오늘이 어제 같은 그런 날들이 반복 되었는데 그런 삶에 적응이 되지 않았다. 학교 다닐 때에는 학교를 졸업하고 어떤 삶을 살게 될까 상상하느라 기분 좋게 밤잠을 설쳤는데, 이제는 내일이 오는 게 싫어서 잠을 설치게 되었다.

그러던 어느 날 나는 몸에 지닌 부적에 손을 얹으며 눈을 감고 이렇게 중얼거렸다.

"만약 신이 계신다면 신이시여, 내 삶을 좀 바꿔 주세요."

그리고는 나도 모르게 피식 웃었다. 엄마가 그렇게 굿을 했는데 진짜 신이 있어도 나를 아는 척이나 할까?

그래도 정말 있다면 내 삶에도 관심을 좀 써줬으면 좋겠다고 생각했다. 열아홉 살의 기도치고는 너무 맥이 없는 기도였지만 나는 그렇게 내 생애 첫 기도를 하게 됐다.

돌이켜보면 하나님께서는 그걸 기도로 받아 주신 것 같다. **아직 예수님을 몰랐고, 복음을 몰랐던 상태였지만 수고와 무거운 짐을 지고 어딘가 피난처가 있었으면... 혼잣말을 하는 어린양의 탄식에**

귀를 기울어 주신 것이다. 그리고 정말 그날 이후 내 삶이 조금씩 변화하기 시작했다.

"수고하고 무거운 짐 진 자들아 다 내게로 오라 내가 너희를 쉬게 하리라

나는 마음이 온유하고 겸손하니 나의 멍에를 메고 내게 배우라

그리하면 너희 마음이 쉼을 얻으리니

이는 내 멍에는 쉽고 내 짐은 가벼움이라 하시니라"

(마태복음 11:28~30)

2

부르실 때 만나다

"너희는 여호와를 만날 만한 때에 찾으라 가까이 계실 때에 그를 부르라"
(이사야 55:6)

나를 부르시고 만나주시는 하나님!

하나님을 알기 전에는 그저 고난에 불과했던 것들이
하나님의 부르심이었음을 깨닫게 되는 순간
우리의 삶엔 말 할 수 없는 삶의 에너지가 솟아난다.
하나님은 어느 경우 고난을 통해서도 우리를 부르신다.

미용 사원

모처럼 휴일 시내에서 고등학교 동창을 만났다. 나와 같이 취업반에서 공부하고 바로 회사에 입사한 친구라 오래간만에 만나니 화장도 하고, 하이힐도 신고 제법 처녀티가 났다. 친구가 바른 립스틱 색깔이 예뻐서 어디 제품이냐고 물었더니 자기 친척 언니가 화장품 회사를 다니는데 선물로 받았다고 했다. 그러더니 갑자기 "그래! 너라면 미용 사원을 해봐도 되겠다. 내가 왜 네 생각을 못 했지?"라고 말했다. 내가 의아한 표정으로 쳐다보니 그때부터 차근차근 설명했다.

"우리 친척 언니 중에 한 명이 P사에서 미용 사원 일을 하는데 수입도 좋고 일도 재미있다고 나한테 해보라고 했거든? 근데 나는 말

주변도 없어서 엄두가 안 나더라고 하지만 너는 예쁘고 똑똑하니까 한 번 해보면 어때?"

그때 나는 미용 사원이 무엇인지도 몰랐다.

고등학교 3학년 2학기 말 때 바로 취업을 나간 터라 화장도 할 줄 몰랐고 교복 대신 사복을 입게 되었다는 것 외엔 바뀐 것 없이 회사를 오가는 게 전부라 미용 사원이라는 말도 그때 처음 들었다.

그런데 마음에 이런 생각이 들었다.

'그래 이왕이면 지금 일보다 미용 사원이 더 좋겠다. 거길 가면 내 몫의 할 일이 있겠지.'

나는 친구의 말을 들은 그 주에 서울역 앞에 있는 대우빌딩에 있는 P 주식회사를 찾아갔고 미용 사원이 무엇인지 알아봤다.

"미용 사원으로 채용되면 회사에서 제공하는 마사지 교육을 무상으로 받게 됩니다. 교육기간이 끝나면 판매사원과 2인 1조가 되어서 고객을 찾아가 영업을 하게 되는데, 미용 사원은 마사지를 하며 우리 제품을 홍보하고, 판매 사원은 고객에게 맞는 상품을 추천하고 판매하게 됩니다."

그 설명을 듣고 나니 예전에 큰 마당집에 살 때 한 달에 한 번 꼴로 들르던 '화장품 언니' 생각이 났다. 언제나 예쁘게 메이크업을 하고 우리 집에 찾아와 어머니와 동네 아줌마들 얼굴에 마사지를 해주고 이런 저런 신기한 화장품들을 꺼내 구경 시켜 주곤 했다. 가끔은 나도 그 옆에 끼어 앉아 구경을 하곤 했는데 그때엔 나도 얼른 커서 대학생이 되면 저 언니처럼 곱게 화장도 하고 놀러도 다녀야지 하며 꿈에 부풀었었다. 비록 대학생이 되어 메이크업을 배우게 된 건 아니지만 마사지 수업을 들을 수 있다니 좋고, 내가 열심히만 하면 그만큼 수당을 받을 수 있다는 점도 마음에 들었다. 돈 자체보다는 노력한 만큼 그 성과가 보상되니 도전 할 가치가 있다는 생각에 알 수 없는 기대감이 들었다.

나는 크게 망설이지 않고 L사 말단 일을 그만뒀다.

그리고 P사의 미용 사원에 도전했다. 다행이 한 번에 면접을 합격하고 마사지 교육까지 잘 마쳤다.

이제 방문판매 아주머니와 한 팀이 되어 고객들을 직접 만나는 일이 남았다. 우선 예약된 고객을 위주로 일을 시작했는데 그런 집들은 나는 초행이라도 방문판매 아주머니와 안면이 있는 분들이라 친절하게 잘 대해 주셨다. 하지만 예약한 집들 방문 외에 중간 중간 시간이 생기면 생전 처음 보는 동네, 낯선 집의 벨을 눌러야 했다. 비교적 밝은 성격이고 붙임성도 있는 편이었지만 그냥 친구를 사귀는 상황이 아니라 P사 직원으로서 고객을 응대해야 하는 일이니 조심스럽고 어려웠다.

회사에서는 늘 미용 사원이야말로 회사의 얼굴이며 첫인상이라는 말을 강조했고 그렇기에 항상 정돈된 모습과 단정한 품행을 강조했다. 하지만 그건 결코 쉬운 일이 아니었다. 고객을 만나는 시간 외에는 늘 거리에서 시간을 보내고 줄곧 걷는 게 일이니 여름에는 땀으로 메이크업이 얼룩지고, 겨울에는 손발이 얼었다. 그리고 오후가 되면 계절과 관계없이 다리가 붓고, 마사지 하느라 지쳐 손도 부었다.

저녁이 되면 엄마는 퉁퉁 부은 내 다리를 가만가만 주물러 주시며 "막내야 미안하다. 막내야 미안하다"를 되풀이 하셨다. 그러면 나는 "엄마 괜찮아. 어른이 됐으니까 일하는 건데… 괜찮아"라고 대답했다. 그리고 그것은 진심이었다. 적어도 내가 기억하는 한 가장 오래전 어린 시절에도 내 부모님은 늘 일을 하셨다.

아버지는 새벽같이 일어나 일을 시작하셨고, 비 오는 날에도 눈 오는 날에도 그 시간을 늦춰 나가시는 일이 없으셨다. 어머니는 어머니대로 우리 오 남매를 키우시고, 그 큰살림을 손수하시는 한편 낮이면 주판과 장부를 가져다 놓으시고 차곡차곡 셈을 하셨다.

오빠들이 차린 회사가 부도가 나 하루아침에 문간방 신세가 되었을 때도 부모님은 울거나 쓰러지지 않으셨다. 그 순간에 할 수 있는 일을 찾아 그 일들을 하셨다. 그러니 나도 그렇게 하는 게 자연스러운 거라 생각하게 됐다. 나는 그런 마음 그대로 일터에서도 당연하게 일했다. 미리 약속한 일정들을 다 끝내고 시간이 남으면 당연하게 새로운 집 벨을 눌렀다. 오늘은 더 이상 팔 물건이 없으니 일찍 돌아가자는 파트너의 말에도 아직 마사지 할 재료들이 남았으니 마사지라도 하고 들어가겠다고 얘기하고 근무시간을 모두 채웠다.

그렇게 하루하루를 보내니 성과가 생기기 시작했다.

신입사원임에도 불구하고 몇 달 안 되어 중간 정도 성적을 내게 된 것이다. 그렇게 되니 좀 더 큰 꿈이 생겼다. 1등을 하고 싶다는 생각이 든 것이다. 나는 좀 더 효율적으로 영업을 할 수 있는 방법을 찾아 하나씩 실천했다.

한 집 한 집 돌아다니며 만났던 고객들을 서로 소개해 친구를 맺게 해드렸고 그렇게 되면 한 집에 모여 마사지를 나란히 받게 되니 시간도 절약되고, 대신 여자 여럿이서 이야기하며 마사지를 받게 되니 그 시간 자체가 큰 즐거움이 되었다.

내가 그렇게 열심히 노력하는 것을 보신 파트너 아주머니가 나를 돕고 싶으셨는지 정말 좋은 거래처를 아는데 거기를 가보겠냐고 물으셨다. 나는 여태 수개월을 같이 다녔는데 아직 내가 모르는 거래처가 있다는 말에 놀랐다. 그래서 "얼마나 중요한 거래처이길래 여태 저한테도 숨기셨어요?"하고 솔직하게 물었더니 아주머니께서는 "중요하다기 보다는 아직 어린 미용 사원이라 적응을 잘 할까 걱정도 되고 그래서…"라고 말씀하셨다. 그래서 나는 아직 신입이지만 도전 할 만 한 곳이면 해보겠다고 했다.

잠시 고민하던 아주머니는 "그래요, 한 번 가봅시다."라고 말씀하시고 앞장을 서 가셨다. 그렇게 호기심 반 걱정 반으로 따라간 곳은 서울 시내에 있는 아파트였다. 벨을 누르니 웬 젊은 아가씨가 문을 열어줬는데 아주 미인이었다.

그녀의 미모에 놀란 나는 나도 모르게 "탤런트인가 봐요"라고 말했더니 아주머니가 작은 목소리로 "서울에서 제일 유명한 기생집에

나가는 아가씨야"라고 얘기했다. 안으로 들어가니 족히 사십 평은
되는 집에 그 아가씨 혼자 살고 있었다. 우선 마사지를 시작했는데
얼굴도 워낙 예쁘지만 그 손이 참 예뻤다. 정말 사람들 말대로 손에
물 한 방울 안 묻혀 본 듯 결이 고왔다. 나도 모르게 속으로 이렇게
예쁜 손으로 왜 하필 술을 따를까...라는 생각을 하게 되었다. 그런
데 안타까운 건 그것만이 아니었다. 그 후로도 그 고객을 꽤 오랫동
안 만났는데 언제 봐도 얼굴에 기쁨이 없었다. 몸이 피곤하면 일주
일에 몇 번씩 연락해 마사지를 받고, 그때마다 원하는 화장품을 전
부 사들였으며, 어떤 날에는 내 한 달 월급보다 많은 양의 화장품을
사기도 했는데 그럴 때에도 한 번 웃는 일이 없었다. 서울 한복판에
수십 평 아파트를 갖고 있고, 원하는 건 뭐든 살 수 있는데도 기쁨
이라곤 없었다. 그런 그녀의 모습은 내 안에 깊은 인상으로 남았고,
나로 하여금 부자가 곧 행복을 의미하지 않음을 깨닫게 했다.

그 무렵부터 나는 '행복한 부자'에 대해서 고민하게 되었다.

우선 내 부모님에 대해 생각해 보았다. 우리 부모님은 성실과 근
면으로 부를 이루셨다. 살면서 남에게 해를 끼치신 적도 없고, 사치
를 하신 적도 없다. 경제 감각이 뛰어난 어머니가 돈을 관리하셨기
때문에 재산을 꾸준히 불렸다.

그런데... 왜 이렇게 쉽게 가난해 진걸까?

나는 그 이유가 너무 궁금했다. 하지만 당장은 이유를 찾을 수가
없었다. 경제에 대해서 공부를 해보고 싶다는 생각은 했지만 당장
그럴 형편이 아니었다.

아침 일찍 일어나 집을 나서면 하루 종일 고객들의 집을 돌아다니고 퇴근하면 씻기가 바쁘게 잠들었다. 너무 피곤해 저녁을 거르고 곧장 잠드는 일들이 많아서 꼭 읽을 마음으로 책을 사도 한 권을 떼기가 힘들었다. 하지만 매일매일 다양한 사람들을 만나고, 많은 고객들과 대화를 나누는 과정에서 각각 전혀 다른 형편 속에서 펼쳐지는 삶을 배우게 됐다. 특히 중년 이상의 고객분들은 마치 나를 딸처럼 여기셔서 이런저런 조언들을 해주셨는데 그때 귀 담아 들은 이야기들이 웬만한 책보다 나은 삶의 지침이었다.

특히 그중에 사업을 크게 하시는 여성 고객이 한 분 계셨는데, 오십대의 나이까지 독신으로 살고 계셨다. 워낙 바쁜 분이라 마사지 예약을 하고도 취소했다가 다시 다른 날 예약하기를 여러 번 반복했다. 그래서 내가 일요일이라도 시간이 되면 해드리겠다고 했고 겨우 시간이 맞아서 그분을 만나게 됐다. 그리고 마사지를 마쳤더니 나에게 차를 한 잔 할 시간이 있냐고 물으셨다. 나는 일요일이라 고객님 말고는 예약이 없어 시간이 있다고 대답하자 그분이 맛있는 차와 다과를 준비했고 대화를 나누게 되었는데 이런 말씀을 하셨다.
"나는 평생 돈이 인생의 전부라고 생각했는데 내 생각이 틀렸어요. 그런데 그건 '돈이 인생의 전부'라는 생각이 틀린 것이 아니라 어떤 하나가 삶의 전부가 될 수 있다는 나의 맹목적인 사고방식이 틀린것이란 거죠. 삶은 두루두루다. 돈도, 사람도, 재미도, 슬픔도 두루두루 있어야 한다고 생각해요. 난 오늘 마사지가 필요했던 게 아니라 젊은 아가씨가 일요일에도 일을 하겠다는 그 마음이 예뻐서

얼굴이나 보려고 약속을 정했는데... 앞으로는 아가씨도 일요일만큼
은 자신을 위해 사용했으면 좋겠네요.”

그 잠시의 대화로 나는 정말 많은 생각을 하게 됐다. **살아가는 데
있어 돈은 분명 필요한 것이지만 그것이 ‘목적’이 되어서는 안 된다
는 것이었다.** 그때부터 나는 내 삶에 목적을 무엇으로 두어야 하나
조금씩 고민하게 됐다. 비록 그 무렵에 책 한 권 읽을 틈 없이 바쁘
고 고된 삶이었지만, 많은 사람들을 만나고 그분들의 일생을 듣게
된 것이 나에게는 정말 큰 자산이 되었다.

그 무렵부터 막연하게나마 누군가 나를 돕고 있는 것 같다는 생
각을 하게 됐다. 내가 만나는 고객마다 나에게 각별하게 호감을 느
꼈고 많은 이야기를 해주고 싶어 했다. 내가 열심히 하는 모습이 예
뻐서… 그냥 나랑 이야기하는 게 좋다고… 또 어떤 분은 고향에 두
고 온 동생 같아서라고 말씀하시며 정말 신기할 만큼 내게 잘 해 주
셨다. 그러다보니 일하는 것 자체가 너무 재미있었고, 어떤 누구를
만나도 자신 있게 나의 의견을 전달하고 또 상대의 내면을 이해하
며 대화하는 과정을 즐길 수 있게 되었다.

아침에 집을 나서면 오늘은 어떤 분을 만나 좋은 이야기를 듣게
될까? 기대를 하게 되었고 그러다보니 내 실적도 쑥쑥 올라갔다.

결국 나는 입사한지 1년이 채 되지 않아 매출 1위를 달성하게 되
었다. 마침내 나의 첫 목표를 이룬 것이다. 나는 무슨 일을 하든지
‘목표’가 있어야 함을 깨닫게 되었다. 그리고 이 깨달음은 미용 사원
일을 통해 내가 벌어들인 ‘돈’보다 훨씬 큰 삶의 기반이 되었다.

결혼

 미용 사원으로 일하면서 나는 또래보다 많은 돈을 벌었다.

아버지는 아버지대로 하루도 빠짐없이 고물을 모아 파는 일을 하셨다. 빚쟁이를 피해 각지로 흩어졌던 오빠들도 다시 가정을 추스르고 작게나마 아버지가 대신 갚아주신 빚을 갚으려 돈을 송금해 왔다. 그러면서 형편이 다시 조금씩 나아지기 시작했고, 어머니께서 나에게 공부를 더 하고 싶으면 다시 시작해도 좋을 것 같다고 말씀하셨다. 그런데 그때에 나도 모르게 이런 말을 했다.

"엄마, 지금 저는 도서관에서도 각종 분야의 책을 읽고 있어요."

실제로 그랬다. 내가 어떤 분야를 상식으로 공부하려면 교재도 필요하고, 그걸 설명해줄 선생님도 필요했는데 그 일을 오랫동안 경험한 사람과 대화를 나누면 체계적인 설명은 물론 생생한 실전 경험과 그 분야에 대한 철학까지 들을 수 있었다. 일하면 할수록 상식이 풍부해지고, 사람에 대한 이해가 늘었다. 어차피 세상은 사람으로 이루어져 있으니 지금 이 연습을 충분히 해 놓으면 나중에 내가 무엇을 하든 큰 도움이 될 거라는 확신이 들었다.

나는 이런 내 생각을 어머니께 말씀 드렸고 어머니는 "지금 네가 좋아서 그 일을 하는 것이니 더 이상 반대는 하지 않겠지만 일과 관련된 사람 외에 너에게 친구가 되고 행복이 되는 사람도 만나면서 삶을 더 재미있게 살았으면 좋겠다"라고 하셨다.

어머니의 말씀을 듣는데 행복이라는 말이 마음에 와 닿았다. 지금까지는 한 달에 몇 명의 고객을 만나보자, 얼마의 매출을 올리자를 목표로 두었는데 '행복'이라는 목표를 이루려면 어떤 노력을 해야 하는 건지 호기심이 생겼다.

이때부터 친구들을 만나면 행복이 무엇이냐고 물었다.

이제 막 스물한 살이 된 친구들은 하나같이 "사랑"이라고 대답을 했다. 이미 연애를 시작한 친구들은 사랑보다 행복한 게 없다고 말했고, 아직 연애를 해본 적 없는 친구들은 그들의 삶에 사랑이 없어서 외롭고 쓸쓸한 거라고 앞 다투어 말했다. 그러자 내 마음에 슬금슬금 호기심이 생겼다. 사랑이라는 것을 하게 되면 정말 행복해질까? 나는 평소의 내 성격대로 이번에는 행복이라는 목표를 이루기 위해 적극적으로 사랑을 찾아볼 것을 결심했다.

주변의 친구들에게 나도 '연애'를 한번 해보려고 하니 좋은 사람이 있으면 소개 시켜달라고 얘기를 했고 미용 사원 선배 언니가 며칠 뒤 단체로 미팅을 하기로 했는데 여자가 한 명 모자라니 같이 가자고 했다. 나는 좋다고 대답을 했고 그 다음 주 토요일 시간에 맞춰 약속 장소인 중앙다방으로 향했다.

매일 새로운 사람을 만나는 일을 2년이나 해서 사람을 만나는 건 자신이 있다고 생각했는데 막상 미팅이라고 생각하니 괜히 떨렸다. 다방에 도착해 문을 여는데 문이 열리는 소리보다 내 심장소리가 큰 것 같아서 잠시 숨을 고르고 다방 안으로 들어갔다. 먼저 온 선배 언니가 손을 흔들어 나를 불렀고 그 곁으로 가서 앉았는데 맞은

편에 앉아 있는 남자 다섯 중 세 번 째 앉은 남자가 눈에 쏙 들어왔다. 짧은 머리에 군복을 입고 있는 걸 보아하니 휴가 나온 군인 인 듯 했다.

정말 신기한 기분이었다. 한 명, 한 명 첫 인상을 슥 훑어보려던 건데 세 번째 앉은 남자에 시선이 고정되어 네 번째, 다섯 번째로 넘어가지 않았다. 그 순간 나도 모르게 속옷에 지니고 있는 부적을 꽉 붙들었다. 나는 순간 기도했다.

'내 기도가 들리면 저기 세 번째 이규두라는 남자랑 짝꿍이 되게 해주세요.'

그 기도가 끝나자마자 선배 언니의 목소리가 들렸다.

"자 남자분들은 고개 돌리시고, 여자분들은 소지품을 하나씩 꺼내 놓으세요."

잠시 후 테이블 위에, 거울, 머리빗, 귀걸이, 립스틱, 손수건이 나란히 올려졌다. 누구의 물건인지 알 수 없게 다섯 개의 물건이 테이블 한가운데로 모아졌다. 고개를 돌리고 있던 남자들이 물건을 하나씩 고르기 시작했다. 그런데 정말 기적처럼 세 번째 남자가 내가 내놓은 립스틱을 골랐다.

그렇게 인연이 된 우리는 자연스럽게 연애를 시작했다. 그는 군인 신분이고 나도 회사일이 많아서 자주 만날 수는 없었지만 꼬박꼬박 편지를 주고받으며 서로에 대해 알아갔다.

4년 정도 연애가 이어지는 동안 우리는 몇 번 이별과 만남을 반복했고 그는 제대를 해서 'J식품'이라는 회사에 입사를 했다. 그리고 우리집은 그 사이 형편이 많이 폈다.

큰 오빠는 군복무기간 동안 배워두었던 이발소 기술로 이발소에 취직해서 일하다가 그 이발소를 인수했다.

작은 오빠는 처가에서 운영하는 운수회사에 입사해 개인택시 일을 하게 됐고, 막내 오빠는 야채를 주로 취급하는 종로상회를 열어 야채 유통 장사를 시작했다. 그 일들이 모두 잘되어서 조금씩이지만 아버지께 빚을 갚는 마음으로 꾸준히 돈을 보내왔고 어머니는 그 돈으로 차곡차곡 재테크를 하셨다. 문간방에 세든지 4년 만에 산 밑에 아담한 한옥을 사 이사를 가게 되었다.

사귀는 사람도 취직해 자리를 잡았고, 우리 집도 이제 한 시름 돌리게 되자 자연스럽게 혼담이 오고 갔다. 양가에 인사를 드리고 상견례 날짜가 잡히자 양가의 어머니들은 약속이라도 한 듯 궁합을 보았다.

다행히 궁합은 둘이 결혼하면 부귀영화를 누릴 사주팔자라고 나왔기에 상견례 후 11월 11일 11시로 날을 받았다. 시댁 일가가 평택에서 손 안에 드는 유지라 결혼식장은 평택으로 정하여 예식을 올리고, 신접살림은 남편의 직장인 J식품이 있는 청주에 전셋집을 얻었다.

남편의 가장 큰 장점은 '정직'이다.

매사 바르고 정확해서 남편을 아는 누구

나 법 없이도 살 사람이라는 칭찬을 아끼지 않았다.

　오직 남편의 직장 하나만 바라보고 청주에 정착한 탓에 주변에 아는 사람이 없었다. 그런데 시간이 조금 흐르니 남편이 J식품에 다닌다는 사실 하나만으로 동네 사람들이 나에게 매우 호의적이라는 것을 알게 되었다. J식품에서 판매되는 베지밀과 도투락 회사가 워낙 잘 될 때라 지금의 대기업 못지않은 대우에, 청주라는 도시에서는 제일 탄탄한 회사라 남편이 J식품을 다닌다고 하면 슈퍼마켓에서도 믿고 외상을 줄 정도였다. 그러다보니 알음알음 알게 된 동네 사람들이 급전이 필요하면 날 찾아오는 일이 점점 늘어났다.
　"새댁 네는 두 사람 살림이니까 여유가 좀 있지? 난 이번 달도 애들 셋 뒤치닥꺼리하느라고 가계부가 펑크가 났네. 일주일 있다 남편 월급타면 줄게 오만 원만 빌릴 수 있을까?"
　처음에는 각각 사정들이 딱해서 그냥 빌려 주었는데 이자가 없다는 생각에 부담이 없었는지 약속한 날짜보다 돈을 늦게 갚았다. 그래서 일주일엔 일정금액의 이자를, 일주일이 넘어가면 그 이상의 이자를 받겠다고 했더니 그 날짜를 딱딱 지켜 돈을 갚았다. 하루만 늦어도 이자가 많게 된다는 생각에 월급이 들어오면 우선 내 돈부터 갚았다.

　결혼 할 때 어머니가 그간 내 월급을 모은 것에 지참금을 얹어서 주셨는데 남편 월급이 많은 편이라 그 돈을 고스란히 놀리고 있었다. 그런데 점점 돈을 빌리러 오는 분들이 많아져서 아예 투자하는 셈 치고 은행에 묶어 두었던 지참금을 현금으로 찾았다. 나는 내 나름대로의 기준을 세우고 빌려주는 원금은 지참금의 금액을 넘지 않게 하고, 돈을 빌려주는 기간별로 이자 금액에 차등을 두어 주변에 돈이 필요한 분들에게 빌려 주었다. 주로 남편의 월급날을 앞두고 돈이 부족한 동네 주부들이 얼마간 부족한 생활비나, 공과금, 곗돈 등을 해결하기 위해 돈을 빌려갔다.

월급날이 되면 남편이 가져온 월급에, 내가 빌려준 돈의 원금과 이자가 같이 들어왔다. 나는 남편의 월급은 보험이나, 적금, 생활비로 나눠 사용하고 경조사비나, 가족 여행 등은 이자로 얻어진 금액 안에서 사용했다. 남편과 나는 비슷한 또래의 신혼부부들보다 훨씬 여유 있고 풍족한 생활을 했다. 이렇게만 살면 우리 두 사람은 평생 행복하고 순탄 할 것 같다는 생각이 들었고 '그럼 됐다'라는 생각이 들었다. 아직 이십 대인 나이에 그냥 잘 벌고, 잘 쓰는 것에 만족하고 별다른 목표를 세우지 않은 것이다. 그러다보니 매일, 매월 비슷한 삶의 연속이었다. 주말에는 여행을 가고, 제사가 있는 때엔 시댁을 방문하는 것 정도였는데 나는 그중 시댁에 가는 걸 점점 내켜하지 않게 됐다. 그러면서 크고 작은 갈등이 시작되었다.

결혼을 하고나서 시댁에 대해 조금 더 알게된 것이 두 가지가 있었는데 내가 알던 것 보다 훨씬 부자라는 것과 대대로 무속신앙을 굉장히 강하게 믿는 집안 이라는 것이었다. 결혼을 앞둔 시점에서 시아버님께서는 궁합을 누누이 강조 하시기는 했지만 나는 별 거부감이 없었다. 우리 어머니 역시 과거에 일 년에 몇 차례 굿을 하시고 형편이 기운 후에도 부적은 종종 쓰셨기 때문에 그냥 의지를 많이 하는 정도이겠거니 했다. 그런데 결혼 후 제사를 앞두고 집안 청소를 하면서 보니 집안 곳곳에 신당이 있고 우상숭배 하는 것을 보니 조금 섬뜩한 기분이 들었다. 그러나 며느리로서 처음 준비하는 제사라 정신없이 시간이 흘러갔고 그날은 아무것도 묻지 못했다.

시어머니는 항상 몸이 아프셨고, 매일 새벽마다 알아듣지 못하는 말로 안방에서 기도를 하시는 듯 했다. 병원에 가셔도 시어머니 병명이 나타나질 않는다 했다.

그런데 남편에게 뜻 밖의 말을 들었다.

시어머니가 신내림을 받아야 하는 분인데 자식을 위해 신을 받지 않았고 그로 인해 병을 자주 앓아서 시아버님께서 집에 신당을 차리고 우상숭배를 했다는 것이다.

실제로 어머니는 몸이 약하셨고 몸살 때문에 자리에 누워 계시는 일이 많았다. 그때엔 시어머니가 건강해지게 되면 애기보살동자상을 치우면 되겠지라고 무심하게 지나갔다. 그런데 시간이 흐르면 흐를수록 어머니가 점점 더 쇠약해지셨다.

몸이 많이 편찮으신 날에는 나를 불러 언제 아들을 낳을거냐고 여러 번 물으셨다. 그리곤 죽기 전에 아들 손주를 봐야 눈을 편히 감을 텐데 그것 때문에 맘이 편치 않다고 말씀하셨다. 처음엔 오죽 몸이 아프시고 힘드시면 저런 하소연을 하실까 하는 마음에 어머니 걱정을 더했지만 그 일이 자주 반복되자 점점 조바심이 났다.

'남의 집에 시집와서 제 몫을 못하고 있나'라는 생각이 들었다.

시어머니는 어머니대로 점점 더 강하게 아들을 요구하셨다.

얼마 뒤 다행이 아이가 생겼다.

그런데 출산 일을 얼마 안 남겨 놓고 시어머니가 이름 모를 병명으로 돌아가셨다. 시어머니께서는 돌아가시면서 내게 유언하셨다.

"너는 꼭 교회에 나가거라."

시어머니는 혼자서 몰래 감리교회에 다니고 계셨던 것이다.

나는 만삭의 몸으로 상을 치르고 얼마 지나지 않아 엄청난 산통을 겪고 첫 딸을 낳았다. 남편은 크게 기뻐하며 수고했다는 말을 연신했지만 시아버지는 별 말씀이 없으셨다. 그러다 내가 몸조리를 끝내고 제사 준비를 위해 시댁을 간 날에 나를 부르시더니 "둘째는 꼭 아들을 낳아라"라고 말씀하셨다.

그 말씀을 듣는데 눈물이 핑 돌았다. 상을 치르고 얼마 뒤 출산을 한 터라 엄청난 산고에 크게 고생을 했고 그 탓에 몸조리 기간도 길었다. 그러다 종갓집 제사가 돌아와 종부로 할 일은 해야겠다는 마음에 힘들게 제사상을 준비하는데 다음엔 아들을 낳으라고 말씀하시니 몸조리 기간 동안 고생하던 것과 '남의 집 대 잇다가 내 자식 잡을 뻔 했다'며 속상해 하시던 친정어머니 얼굴이 스쳐가며 눈물이 왈칵 났다. 그러나 제사상을 차리면서 눈물바람을 할 수 없어 그냥 꾹 참았다.

아들

아버님은 내 얼굴을 볼 때마다 "아들을 낳아야 한다"고 말씀하셨다. 하지만 이유도 모른채 좀처럼 임신이 되지 않았다. 그 상태로 몇 년이 흐르자 제사 때가 되면 시댁 어른들마다 아들 얘기를 하셨다. 그렇게 되니 눈을 감아도 아들 소리가 들리고 밖을 나가면 사내아이들만 눈에 들어왔다.

어떤 사람은 둘 셋씩 낳는 아들이 왜 나한테는 없어서 이런 구박을 받고 괄시를 받나 서운하고 속상했다. 이제는 나 스스로 한약을 지어 먹고 아들을 낳을 수 있다는 민간요법을 알아보기 시작했다. 친정에 가면 엄마에게 어떻게 해서 아들을 셋이나 낳았냐는 질문만 해댔다. 그때마다 친정 엄마는 "내 정성이 모자라 이렇게 된 것 같으니 치성을 더 드리겠다. 그러니 마음 편히 가져라"라고 말씀하시며 내 손을 꼭 잡아주셨다.

엄마가 하루는 나를 부르시더니 부적하나를 주시면서 새벽 5시에 동쪽 벽에 머리를 대고자라 그러면 아들이 생길 거라고 말씀 하셨고, 또 어느 날에는 한약을 주시며 이 약을 먹기 전에 치성을 드리면 반드시 아들을 난다며 하루도 거르지 말라고 당부하셨다.

시장을 가더라도 아들을 데리고 나온 여자가 있으면 무슨 비결이냐고 묻게 되었고 온 동네에 내가 아들을 낳고 싶어한다는 소문이 날 정도가 되었다.

그러던 어느 날 옆집에 사는 성수 엄마가 또 나를 찾아왔다. 전도하기 위해 30번도 더 넘게 찾아왔다. 그런데 그날은 자기랑 같이 교회에 가서 안수를 받으면 태의 문이 열린다고 했다. 그 말을 듣는데 귀가 솔깃했고 이런 생각이 들었다.

'그래 부적신이든, 부처든 이만큼 기도했는데 답이 없는 걸 보면 다 거짓말 같다. 하지만 교회에는 한 번도 가본 적 없으니 그 신에 게라도 빌어보자!'

이튿날 성수 엄마를 따라 교회에 갔다. 지하 2층에 있는 창고 같은 교회였는데 예배시간 후 목사님이 정말 열심히 기도해주셨다.

"주 예수의 이름으로 명하노니 3개월 이내에 태의 문이 열려 떡 뚝깨비 같은 아들이 임신될지어다! 될지어다! 될지어다!"

하지만 내 마음에서는 교회가 너무 작고 초라해서 별 볼일 없을 것 같기에 그냥 기도를 빨리 받고 여기서 나가고 싶다는 생각뿐이었다. 그리고 이튿날 찾아온 성수 엄마를 그냥 돌려보냈다.

그런데 딱 3개월 만에 입덧이 시작됐다.

입덧을 하는 순간 '설마 그때 목사님이 기도해 주신 덕분인가?'하는 생각이 들었지만 이내 '그래 그동안 먹은 한약이 얼마고, 쓴 부적이 몇 갠데... 그중에 하나가 효험을 냈겠지'라는 생각이 들었고, 그나마도 마침내 아이를 가졌다는 기쁨에 까마득하게 잊어버렸다.

임신 동안은 세상에 없는 호강을 다 누렸다.

시댁에서 고기를 보내오고, 친정에서는 좋은 과일을 고르고 골라서 들고 오셨다. 과거 아버지가 청과 도매업을 크게 하셨으니 제일 좋은 과일이 나는 과수원을 찾아 첫 열매를 따오기도 하셨고, 엄마는 내 입에 맞는 반찬부터 각종 보약을 들고 수시로 들리셨다.

처음 수개월은 마냥 좋았다. 그런데 산달이 가까워져오던 어느 날 문득 아들이 아니면 어쩌나 하는 걱정이 들었다. 그러자 마음이 한 없이 불안해졌고 먹는 것도, 자는 것도 불편해 고생을 하게 됐다. 결국 막달쯤 되었을 때 수원 친정으로 거처를 옮겨 어머니의 보살핌을 받게 되었지만 예정일을 며칠 앞두고 1987년 7월 3일에 미리 양수가 터졌다.

급히 병원에 갔지만 아이를 출산하지 못하고 촉진제를 다섯 병이나 맞았는데도 7월 4일 새벽에 그만 탈진을 했다. 의료진은 급히 나를 깨우고 양팔과 다리를 묶고 거즈를 입에 물렸다. 아이의 머리가 자궁 문에 걸린 상황이라 마취를 할 수 없으니 매스로 생살을 열고, 펌프로 아이의 머리를 잡아당기는 방식으로 출산을 하게 됐다.

그렇게 가까스로 출산을 했지만 마취도 안 된 상태에서 이 모든 과정을 겪은 나는 그대로 실신했고, 아이는 응급실 인큐베이터로 옮겨졌다. 그리고 얼마후 의식을 찾으니 병실이었다.

곁에서 내 손을 잡고 있던 어머니가 나를 보고 제일 처음 하시는 말씀이 "애야, 아이는 또 낳으면 된다"였다. 나는 너무 놀라 남편을 쳐다봤다. 남편은 "아이는 인큐베이터에 있는데... 그런데 여보, 아이는 또 낳으면 돼"라고 말했다.

이게 무슨 상황인지 도무지 판단이 되지 않았다.

'인큐베이터에 내 아이가 있는데 왜 아이를 다시 낳으면 된다고

위로를 하다니...'

나는 아이를 보러 가겠다고 자리에서 몸을 일으켰다. 그러자 남편이 나를 붙들었다.

"아이도 당신도 좀 괜찮아지면 보자."

나는 팔에 꽂힌 주사바늘을 빼고 당장 아이를 보여 달라고 소리를 쳤다. 남편이 나를 진정시키고 부축해 자리에서 일으켜 주었다.

한 걸음을 걸으면 발끝부터 시작 된 통증이, 꼬리뼈, 머리끝까지 찌릿찌릿 울렸다. 하지만 아무 상관이 없었다. 나는 제발 천천히 가고, 발을 살살 디디라는 어머니의 애닯은 만류를 들은 척도 않고 남편을 재촉해 병실 복도로 나갔다.

응급실에 도착해 인큐베이터에 있는 아이를 보는 순간 나는 눈앞이 캄캄했다. 정말 내 팔뚝도 안 되는 크기의 아이가 누워 있는데 눈에는 붕대가 감겨 있고, 식도와 옆구리에 호스가 꽂혀 있었다. 아이의 온몸이 이미 검어진 상태에 식물인간이 되어 그 생사를 아무도 보장 할 수 없는 상황이었다.

그대로 벽을 붙든 채 미끄러져 주저앉는데 내 입에서 나도 모르게 '하나님...'소리가 나왔다.

그리고는 나를 위해 땀을 뻘뻘 흘려가며 기도 하는 목사님의 순진한 얼굴이 떠오르더니 바로 다음엔 작고 초라한 교회를 두리번거리다 못 마땅한 표정으로 걸어 나오는 내 모습, 그 뒤로 여러 번 심방을 오신 목사님과 성수 엄마를 문전 박대 하는 내 모습이 떠올랐다. 그리곤 곧장 울음이 터졌다. 모든 게 내 잘못이라는 생각과 뜨거운 가책이 마음속 깊은 곳에서 치밀어 올랐다.

"내가 잘 못 했습니다. 나를 도와주려고 그렇게 기도한 목사님을 무시했고, 진심으로 내 걱정을 하면서 안부를 묻던 성수 엄마를 문전 박대 했습니다. 하나님 잘못했습니다. 하나님 잘못했습니다."

병실에 돌아온 후에도 나는 하나님을 찾으며 엉엉 울다가 성수 엄마를 찾으며 울기를 반복했다. 여태 교회의 교자도 꺼내지 않던 내가 하나님을 찾으며 울자 어머니는 어머니대로 놀라서 애가 충격을 너무 받은 것 같다며 눈물을 흘리시다가, "성수 엄마라는 사람을 불러주면 되는거냐?"고 묻고 성수 엄마를 수소문해 연락을 했다.

그날 밤 성수 엄마가 목사님을 모시고 병실에 도착했다.

목사님을 보는 순간 그동안 내가 까맣게 잊고 있던 기억이 내 앞에 선명하게 보였다.

매주 월요일마다 목사님께서 자전거를 타고 우리 집까지 심방을 오셨는데 가난한 개척교회 목사라는 이유로 은근히 괄시하고, 결국 문전 박대를 했다. 그런데 목사님은 내 소식을 듣자마자 야간기차를 타고 한 달음에 날 찾아오신 것이다.

나는 엉엉 울면서 우리 아들 좀 살려 달라고 애원을 했다. 목사님은 무릎 꿇어 엎드린 나를 일으켜 주셨고, 나를 안아주시며 "자매님 아들은 살 수 있습니다"라고 말씀하셨다.

정말 그 말이 한 마디 한마디가 빛처럼 내 마음에 박혔다. 나의 어머니도, 나의 남편도 나의 아이가 죽을 것 같으니, "아이는 또 낳으면 된다"고만 말을 했는데 목사님은 너무나 선명한 목소리로 "살 수 있다"고 말씀하신 것이다.

"송순복 자매님! 아들은 살 수 있습니다. 예수님께서는 죽은 나사로도 살리셨고, 혈루병 여인도 고치셨습니다. 예수님은 기적의 예수님입니다. 자매님이 그 사실을 믿기만 하면 됩니다."

목사님의 말을 들은 나는 "믿습니다. 정말 믿습니다. 그러니까 이제 제 아들 좀 살려주세요"라고 또 울음을 터트렸다.

성수 엄마가 나를 꼭 안고 "반드시 그렇게 될 거니까 이제 그만 울어요. 나도 목숨 걸고 기도할게요"라고 말했다. 그녀의 마음이 진심이라는 것이 정말 온 몸으로 느껴졌다.

그날부터 자주 목사님과 성수 엄마가 찾아왔다. 우리는 함께 예배를 드리고 기도를 했다. 그러는 동안 나는 예수님을 구세주와 주님으로 영접해 구원의 확신을 갖게 되었다.

병원에서는 여전히 아무것도 장담 할 수 없고 10% 희망뿐이라고 했다. 살아도 뇌성마비가 될 것이라고 말했다. 하지만 나는 절대 아들을 포기할 수 없다고 말했다. 나는 "전 재산을 다 드릴테니 선생님 우리 아들을 살려 주세요"라고 애원했다. 그리고는 몸을 추스를 수 있게 되어 친정으로 거처를 옮기자마자 집 앞에 있는 작은 개척 교회를 찾아가 내 사정을 말했다.

"지금 제 아이가 죽어가고 있습니다. 살릴 방법은 기도 밖에 없는데 교회에 나와서 기도를 하고 싶습니다."

내 사연을 알게 된 목사님께서는 그날로 교회 열쇠를 하나 복사해 내게 주시며 언제든 나와서 기도하라고 말씀하셨다. 이전에 이 교회에 나온 적도 없고 오늘 처음 본 나를 위해 그런 마음을 써주시는 목사님을 보며 '**하나님의 십자가 사랑이라는 것이 이 세상에 정말 존재하고 있구나**'라는 생각이 들면서 마음에 희망이 생겼다. 사람의 마음을 이토록 착하게 만드는 힘이 있으신 하나님이니, 내 아들의 몸에 생기가 돌고 더 나아가 치유 하는 기적을 일으켜 주실 거라는 생각이 든 것이다. 나는 마음 가득 희망을 가지고 죽을힘을 다해 울며 부르짖는 기도를 시작했다.

새벽이면 담요 한 장을 들고 교회로 가서 할 수 있는 한 계속 기도를 했다. 그러나 날이 밝으면 병원으로 가서 아들의 얼굴을 잠시 보고 다시 교회에서 기도하기를 반복, 반복했다.

하지만 기적은 일어나지 않았다. 병원에서는 피부가 괴사되는 증상이 시작 된 걸로 보아 가망이 없으니 인큐베이터에서 아이를 빼라고 했다. 나는 절대 포기 할 수 없으니 얼마가 들어도 좋으니 내 아이를 위해 인큐베이터를 돌리고, 최선을 다해 돌봐달라고 했다.

병원에서는 너무 감정적으로 생각하지 말고 현실적인 상황을 보라고 했다. 나는 이 아이가 죽으면 나도 죽는데 현실이 무슨 상관이냐고 버럭 소리를 질렀다. 그리고는 그분들이 아이에게 소홀 할 것이 두려워 제발 아이를 살려 달라고 빌었다.

그렇게 칼날 위를 걷는 것 같은 하루하루가 반복되었다.

어떤 날엔 의사가 아이를 인큐베이터에서 빼라는 말을 할까봐 그 말을 듣는 게 너무 무섭고 싫어서 몰래 아이만 보고 도망치듯 병원을 나오기도 했다. 그런 날엔 교회가 떠나가게 울며 "하나님 분명히 살려 주실건데 내가 무얼 무서워하고 있는지 모르겠다"고 기도했다.

기도하다 실신하기도 여러 번 아직 예수님을 모르고, 교회를 모르는 친정어머니는 교회가 뭐라고 거기 가서 그러고 있냐고 나에게 화를 내고 새벽 기도 나가는 나를 붙드셨다.

한 숨 더 자지 않으면 병원에도 안 보내겠다고 버티는 어머니를 이길 수 없어 안방으로 가서 누웠다. 그러나 잠이 올 리 없었다. 아이 생각에 한없이 눈물이 흘러 내렸다. 나는 몸을 일으켜 창문을 향해 무릎을 꿇었다. 내가 기도하는 순간에는 내 아들이 숨을 쉬고, 기도를 멈추면 숨을 못 쉴 것 같다는 절박한 마음에 기도를 멈출 수가 없었다.

한참을 기도하다 실신한 듯 잠이 들었는데 눈을 감는 순간 너무 밝고 찬란한... 환한 빛이 보였다.

반쯤 잠이 든 상태에서도 의아했다.

'나는 눈을 감았는데 왜 환한 빛이 보이는 거지?'

그런데 그 순간 그 빛 가운데 예수님이 계셨다. 분명하고 선명하게 빛 가운데 서 계셨다.

"사랑하는 딸아... 사랑하는 딸아..."

그분은 나를 부르시면서 말씀하셨다.

"사랑하는 딸아... 네 아들은 네 눈물의 기도로 말미암아 구원을 얻었노라."

너무 놀라 눈을 번쩍 뜬 나는 사방을 두리번거렸다. 어딘가 아직 예수님이 계실 것 같았다. 하지만 예수님의 모습은 보이지 않았다.

그런데 입술에서 찬양이 나오기 시작했다. 마음이 가볍고 몸이 깃털 같이 느껴졌다.

나는 그 길로 일어나 병원으로 달려갔다. 병원에 도착하자마자 초록가운을 입고, 장갑을 끼고 인큐베이터 구멍 안에 손을 얹고 안수 기도를 했다.

"내가 예수님의 이름으로 명하노니 아들은 새 생명을 얻고, 새 세포를 얻으리라."

내 입술을 통해 기도가 나갔지만 내 마음 안에 있는 예수님께서 내 아들에게 생명의 기도를 해주고 계심이 느껴졌다. 나는 펑펑 울면서 기도했다. 내 안에서는 예수님이 주시는 기도가 나오고, 그걸 듣는 내 마음과 눈에서는 감사의 눈물이 흐르는 너무나 신비로운 체험이었다.

면회시간이 끝난 후엔 응급실 문을 붙들고 간절하게 한참 동안 기도했다. 그리고 돌아와 그날은 오후 내내 푹 잠을 잤다. 저녁에 일어나 예배를 드리고 집에 돌아와 다시 잠을 청했다.

다음날 새벽 기도를 마치고 병원에 갔다

나를 본 간호사와 의사 선생님이 다급하게 달려 왔다. 순간 이제는 정말 안 되니까 아이를 포기하라고 말하러 오는 건가 싶어 겁이 났는데 동시에 뭔가 좋은 소식일지도 모른다는 기대감이 일어났다. 그래서 주춤주춤 앞으로 나가는데 의사 선생님의 외침이 들렸다.

"이 아기 어머니! 기적이 일어났습니다!!!"

우리 아들은 죽을 아기여서 이름이 없었다. 환자 이름 명패에도

'이 아기'라고 써져 있었다.

"이 아기 어머니! 기적이 일어났습니다!"라는 의사 선생님의 소리에 너무 놀라 무슨 말씀이냐고 물으니 아이가 발가락, 손가락을 움직이기 시작했다고 하셨다. 나는 너무 놀라 "정말 살려주셨어요. 이제 우리 아이는 살았어요! 하나님이 하셨습니다!"라고 외쳤다.

그날 아이는 태어난 지 3개월 만에 보리차 10cc를 먹었다. 그러나 그것은 기적의 시작에 불과했다. 매일매일 더 큰 기적이 일어났다. 촉감이 살아나고, 발을 까딱이고, 소변을 봤다. 여느 아이라면 태어난 첫 주에 했을 그런 일들을 내 아이는 태어난 지 3개월 만에 힘겹게 해내고 있었다. 다시 3개월이 흘러 태어난 지 6개월이 되던 날 중앙대부속병원에서 MRI, CT 촬영을 했고 모든 기능이 정상이라는 결과가 나왔다. 혹시나 하는 마음에 갈 때에는 앰불런스를 타고 갔는데, 돌아 올 때는 포대기에 싸서 내 품에 안고 병원을 나섰다.

나는 아이를 안은 채 친정 앞 교회로 갔다. 강대상에 아들을 올려놓고 하나님께 기도했다. 나는 물론 이 아이와 우리 가족 모두가 하나님을 믿는 사람으로 살 수 있도록 나를 드리고, 내 삶을 드리겠다고 선포했다.

"하나님은 우리의 피난처시요 힘이시니 환난 중에 만날 큰 도움이시라

그러므로 땅이 변하든지 산이 흔들려 바다 가운데에 빠지든지

바닷물이 솟아나고 뛰놀든지 그것이 넘침으로 산이 흔들릴지라도

우리는 두려워하지 아니하리로다"

(시편 46:1~3)

3

주신 비전을
발견하다

"푯대를 향하여 그리스도 예수 안에서 하나님이
위에서 부르신 부름의 상을 위하여 달려가노라"
(빌립보서 3:14)

비전을 주시는 하나님!

은혜의 빛을 통해 세상을 바라보는 순간
고난이 연단으로, 고통이 기쁨으로 바뀐다.
그 과정에서 하나님은 하나님의 뜻을 이루기 위해,
또 우리의 풍성한 삶을 위해 비전을 주신다.
그 비전이 목적있는 삶을 이루게 한다.

첫 번째 시험

 친정에서 몸조리를 마친 나는 건강해진 아들을 데리고 청주 집으로 돌아왔다. 이제는 여느 아이들과 다름없이 두 뺨에 살도 오르고, 옹알이도 하며 잘 노는 아들을 품에 안고 꼬박꼬박 예배를 드렸다.

이게 정말 현실인가 싶을 만큼 매일매일 너무너무 행복했다. 오물오물 우유를 먹는 그 입술이 신기하고, 쥐락펴락하는 손가락은 물론 어느덧 소복해진 머리카락까지 하나하나가 다 놀랍고 감사했다.

그런데 어느날 밤 아이를 재워놓고 기도를 하는데 마음에 이런 음성이 들렸다.

"사랑하는 딸아. 네가 나에게 약속한 것이 있지 않느냐. 내가 네 아들을 살려주었으니 이제 너는 네가 가진 전 재산 모두를 몽땅 드릴 수 있느냐?"

나는 '몽땅'이라는 소리를 듣는 순간 전에 아들을 위해 기도하며 '이 아들을 살려 주시면 내 모든 것을 드리겠다'고 기도 한 것이 선명하게 떠올랐다.

나는 벌떡 일어나 안방으로 갔다 그리고 무릎을 꿇고 기도를 했다.

'하나님, 생명과 같은 아들을 살려 주셨으니 저는 전부를 드릴 수 있습니다. 부디 지금 제게 지혜를 주셔서 주님께 드릴 것을 몽땅 찾아내게 해주세요.'

기도를 마친 나는 장롱을 열어 귀중품을 찾아내기 시작했다.

결혼 선물로 받은 캐논 카메라부터 시작해, 패물로 받은 다이아몬드반지, 금반지, 은반지, 금수저, 은수저, 첫 아이 돌 반지, 백일 반지, 교육보험까지 전부 꺼냈다. 다 모아보니 대충 팔백만 원은 될 것 같았다. 당시에 운천동에 17평 아파트가 팔백만 원 정도였으니 작은 집 한 채 값이 장롱에서 나온 것이다. 나는 그걸 고스란히 보자기에 싸서 다음날 새벽 예배 때 전부 헌금을 했다. 그리고 엎드려 기도를 하는데 마음에 청천벽력과도 같은 음성이 들렸다.

"이것은 전부가 아니다!"

순간 눈을 뜨고 십자가를 멍하니 바라보았다.

"주님!!! 교육보험까지 탈탈 털어서 가지고 나왔는데 전부가 아니라니요"

내가 믿음생활을 충실히 하니 사탄이 시험을 하는 것인가 라는 생각까지 들었다.

나는 다시 엎드려 간절히 기도했다.

'환란에서 나를 구하신 하나님께서 지혜를 주셔서 혹시 빠트린 것이 있다면 생각나게 해 주소서.'

그러나 당장은 아무 생각도 떠오르지 않았다. 조금은 의아해 하며 집으로 돌아온 나는 혹시나 하는 마음에 장롱을 열고 이불과 옷가지를 전부 다 들어냈다.

'그래.. 어디 돌 반지 하나가 빠졌어도 전부는 아닌 게 되는 거니까 일단 찾아보자.'

그런데 장롱에 있던 물건을 다 꺼냈는데도 눈에 띄는 게 없었다. 혹시 이불 틈에 빠진 게 있나 싶어서 이불을 한 채, 한 채 펴보는데 그 안에서 누런 서류 봉투 하나가 나왔다.

열어보니 어머니께서 결혼 무렵에 내 몫의 유산이라며 챙겨주신 14,000평 토지 등기 권리증이었다. 오빠들이 부도를 내서 집을 팔아 빚잔치 할 때 식구들 중 누구에게도 말씀하지 않으시고 이것만은 늦둥이 막내 거라며 챙겨두신 땅문서였다. 문간방 생활을 견디시고, 한 겨울에 연탄 땔 돈이 없어 냉골에서 주무시던 날에도 이 문서만큼은 지키셨다. 그런데 이 문서를 하나님 앞에 바쳐야 비로소 전부를 바치겠다는 약속이 지켜지는 것이었다.

나는 여전히 손을 벌벌 떨면서도 문서를 챙겨 성경책 사이에 끼워 넣었다. 그리고 이튿날 새벽 기도 시간에 내 마지막 재산인 땅문서를 하나님께 바쳤다. 하나님은 그렇게 나를 시험하셨다.

이 일을 알게 된 남편과 친정어머니는 정말 크게 놀랐다.

어머니는 내 등짝을 치시며 "너는 나처럼 문간방 신세를 지지않게 하려고 내가 모진 고생하면서 지킨 땅을 얼굴 한번 본적 없는 예수라는 작자에게 갖다 줬느냐"며 화를 내셨다.

평소 말이 없는 남편마저도 "아이 때문에 마음 고생하는 동안 교회를 통해 크게 위로 받은 건 알겠는데 두 번 이랬다가는 집안 거덜나는 건 순간이고 그때엔 당신이 그렇게 끔찍하게 생각하는 애들도 거지가 될 거 아니냐"며 고래고래 소리를 쳤다.

하지만 내 마음엔 조금의 후회도 없었다. 도리어 남편과 어머니가 하루빨리 예수님의 사랑을 알아서 돈보다 귀한 구원을 받아 '영원한 생명'을 얻게 되기를 기도하게 되었다.

'하나님 저는 하나님께 헌금을 했는데 제 친정어머니는 「예수라는 작자에게 돈을 주었다」라고 하셨고, 제 남편은 「목사한테 돈을 갖다 주었다」라고 합니다. 제 친정어머니도, 남편도 하나님의 존재조차 바르게 알지 못하고, 헌금이 무엇인지조차 모르는 상태입니다.

그러나 저는 하나님을 믿습니다. 제 아들을 살려주시고, 저에게 이런 깊은 은혜를 깨닫게 하신 하나님께서 제 어머니와 남편에게도 구원을 주실 것을 믿기 때문입니다. 비록 지금은 원망을 당했지만 저는 이 과정을 통해 이제 제가 해야 할 일을 깨달았습니다. 우리 가족들에게 하나님을 알게 하고 나아가 예수님의 「예」 자도 모르는 사람들에게 예수님을 전하겠습니다.

특히 우리 친정 집안처럼 대대로 무속을 믿거나 다른 종교에 깊이 빠져있어 주위 사람들이 예수님을 믿으라고 권유조차 안하는 그런 사람들을 전도하기 위해 더욱 기도하겠습니다.'

처음엔 남편과 어머니를 위해 기도를 하려고 했는데 어느 순간부터 대대로 무속이나 다른 신앙에 의지해 온 탓에 예수님의 복음을 들어볼 기회조차 없는 가정들을 위한 기도가 이어졌다. 한 참 기도를 마치고 나니 이런 생각이 들었다.

'그러고 보니 내가 자라는 내내 동네 사람들 중 누구도 우리 집에 복음을 전해 온 적이 없다.'

그도 그럴 것이 일 년 이면 몇 번 동네에서 제일 큰 굿을 하는 집에 누가 전도를 하러 온단 말인가.

남편 역시 마찬가지다. 어린 시절부터 어머니가 신 내림을 피해 '애기보살동자상'을 집에 모시고 살았으니 그 집을 드나드는 사람 누구나가 '이집 사람들은 애기보살동사상을 섬기고 있으니 당연히 복음은 듣지 않을 거야'라는 생각을 하고 주님을 전하지 않은 것이다.

생각이 여기에 이르자 내 마음에 이런 결심이 들었다.

"우리 가족에게 하나님을 전하자!"

비록 짧고 당연한 결심이었지만 생각보다 많은 사람들이 당연한 이 일을 하고 있지 않다는 생각이 들었다. 그래서 나라도 열심히 해서 하나님을 기쁘게 해드리고 싶다는 생각이 들었다. 절대 예외를 만들지 말고 몸에 힘이 있는 한, 내 앞에 사람이 있는 한 전하는 삶을 살자고 결심한 나는 그날부터 내 가족은 물론 과거 나와 같이 무속이나 다른 헛된 신앙에 붙들려 주님을 만날 기회를 잃고 살아가는 모든 사람을 위해 기도하기 시작했다.

"오직 성령이 너희에게 임하시면 너희가 권능을 받고 예루살렘과 온 유대와 사마리아와 땅끝까지 이르러 내 증인이 되리라 하시니라"(사도행전 1:8)

부침개 아줌마

매일 아침 새벽 예배를 마치면 마음에 기쁨과 행복이 가득 차올랐다. 하나님께 여유가 될 만한 재산을 다 드린 후라 살림살이가 빠듯해졌음에도 불구하고 시간이 나면 '내가 무얼 어떻게 하면 하나님에게 드릴게 더 생길까?'라는 생각이 들었다.

예배를 마치고 집에 돌아가면 하루 사이에 더 건강해지고, 더 자란 아들이 있었기 때문이다. 사랑스러운 아들을 보고 있노라면 문득문득 아직 내가 주님께 드릴게 많다는 생각을 하게 됐다. 나는 이 은혜를 꼭 갚고 싶었다. 그래서 무엇을 하면 좋을지 생각하게 됐고 전도를 결심하게 됐다.

내가 절망의 벽에 부딪혀 쓰러졌을 때 희망이 된 예수님을 누군가에게 마음껏 알리고 싶다는 생각이 들었다.

나는 300명을 전도하겠다는 목표를 세우고 한 달 동안 준비 기도를 했다. 마음에 이것이 옳다는 확신이 들었고 잘 할 수 있다는 자신감이 생겼다.

첫째는 등에 업고 막내는 유모차에 태워 나 홀로 노방 전도를 시작했다. 그런데 아이를 업고 다니는 게 힘에 부쳤다. 그래서 '레인보우'라는 유모차 회사에 전화해서 유모차를 특별 주문했다. 아이 두 명을 동시에 태울 수 있고, 언덕길을 오르는데 편하도록 앞바퀴가 360도 회전되는 제품을 요청했다. 한 달 만에 유모차가 도착했다 나는 두 아이를 유모차에 태우고 온 동네를 누비기 시작했다.

처음에는 동네 사람들이 나를 경계했다.

그것도 그럴 것이 멀쩡한 여자가 애 둘을 유모차에 태우고 하루 종일 노상에 서서 전도지를 나눠주고 있으니 예수에 미친 여자라고 한 것이다.

전도지를 300장씩 뿌려도 그 주에 교회에 오는 사람은 한 둘이 안됐다. 나는 전략을 바꿔서 하루에 100명에게 전도지를 나눠 주는 대신 10명과 대화를 하고 친해지기 위해 노력했다. 즉 관계전도에 힘쓰기 시작했다.

우선 이웃부터 공략했다. 대문을 열어 놓고 부침개를 붙여서 동네에 오가는 아줌마들이 보이면 와서 같이 먹자고 불렀다. 그렇게 서너 명이 마루에 둘러 앉으면 이제 그 서 너 명이 각자 아는 사람을 부르면서 거실에 사람들이 늘어났다.

일주일에 과일 한 박스가 전부 동나고, 밀가루, 기름, 애호박, 오징어, 새우, 깻잎을 사는 비용이 우리 네 식구 부식비보다 더 들었다. 하지만 전도 효과만큼은 만점이었다.

550만 원을 주고 전세로 빌려 살던 단독주택 2층집 창문과 현관문을 활짝 열어 놓고 오후 내내 계속 부침개를 부쳤다. 처음에는 연세가 있는 아줌마들이 많이 모이다가 내 또래 젊은 여자들도 하나둘 모이기 시작했다. 보통 아이를 두 명 정도는 데리고 왔는데 아이들을 위해서 앞 마당에 그네를 달아놨다. 그게 소문이 나서 이제는 젊은 엄마들이 더 많이 놀러왔다. 그런데 결국 그게 문제가 됐다. 아이들이 서로 그네를 타겠다고 실랑이를 하고 울고 하는 일이 잦아지니 주인집이 시끄럽다는 이유로 전세를 빼달라고 했다.

몇 번 사정을 했지만 전세금을 많이 올려 주거나 나가라는 대답뿐이었다. 하는 수 없이 인근에 다른 단독주택으로 이사를 갔지만 거기서도 사람이 너무 많이 드나든다는 이유로 방을 빼라는 통보를 받게 되었다. 아무래도 주인집과 같이 붙어있는 단독주택은 안 될 것 같았다.

평수가 좁아지더라도 아파트를 얻는게 낫겠다는 생각이 들어서 사창동에 있는 아파트를 알아봤다.

마침 5층에 17평 아파트 급매물이 있다 하여 얼른 들어갔는데 집에 놀러오는 사람들이 줄었다. 이전 동네와 멀지도 않은데 절반도 놀러를 안 오니 이상했다. 그래서 왜들 안 오냐고 물으니 엘리베이터 없는 5층까지 유모차를 끌고 갈 수 없다는 이유로 젊은 엄마들이 못 온다는 걸 알게 되었다.

주인집 눈치를 보지 않고 많은 사람들을 편하게 만나려고 집을 구한 건데 그 기능을 못하니 이건 실수라는 생각이 들었다.

나는 집을 내놓고 주변에 언덕이나, 턱이 많지 않고 1층에 위치한 집을 구해 이사해야겠다고 생각했다. 그때 내 머릿속에는 동네 젊은 새댁들이 유모차를 끌고 편하게 드나들 수 있는 집이 최고라는 생각뿐이었다.

나는 그것이 무엇이든 목표가 확실하게 서면 절대 지체하지 않고 그것이 해결 될 때까지 매달리고, 해결 방법을 찾는다. 레인보우 유모차에 아이 둘을 태우고 하루 종일 복덕방을 찾아다니며 "턱없는 집, 일층 집 나왔어요?"를 물어보고 다닌 끝에 3개월 만에 새 집을 구하게 되었다.

그날 저녁 또 이사를 가겠다고 하니 남편의 표정이 심상치 않았다. 그러나 워낙 말이 없는 사람이고, 종갓집에 시집와서 아들 못 낳는다는 구박에 겨우 아들을 낳았는데 그 아이가 아파 혹독하게 마음 고생한 아내에 대한 안쓰러움이 있어 이제껏 크게 싫은 소리를 하지 않았다.

그런데 그날은 많이 언짢아하면서 이사하는 것 자체도 피곤한 일이지만, 자꾸 환경이 바뀌면 아이들한테도 좋지 않다며 그동안은 둘째 때문에 마음 고생한 것이 있어 교회에 가고 거기서 기도하면서 푸는구나 생각했는데 교회와 전도 때문에 이사를 이렇게 자주하는 것은 정상이 아닌 것 같다는 말을 했다. 그러면서 말끝에 이런 말을 했다.

"동네 사람들이 당신을 두고 부침개 아줌마라고 하더라. 누가 들으면 부업으로 막걸릿집이라도 하는 줄 알겠다. 제발 동네 창피하니까 그만해라."

동네 사람들 말이 뭐 대수냐고 대답하려다가 남편의 표정이 너무 안 좋아 입을 다물었다. 남편 입장에서는 속이 상할 만 하다는 생각도 들었다. 본래 남자들은 여자들보다 체면을 중요하게 여기는 면이 있고, 남편은 그중에서도 보수적인 사람이라 늘 자기 도리를 다하고 남자로서 권위를 지키기 위해 노력하는 사람이다. 좋은 직장을 성실히 다녀 처자식을 제대로 건사하는 것을 남자의 자부심이라고 생각하는 사람이다. 그 자부심을 지키기 위해 실제로 제대하자마자 J식품이라는 탄탄한 회사에 들어갔고 결혼 후 오늘까지 가장의 역할을 충실히 해왔다.

내가 하나님을 몰랐다면 남편이 만들어준 안락한 울타리에서 당시에 또래 여자들이 그랬듯 자식 키우고, 콩나물 값 깎으면서 살림 불리는 재미에 푹 빠져있었을 것이다. 하지만 이미 내 마음에는 '복음'을 알려야 한다는 사명감이 일어났고, 세상이 만들어 놓은 행복의 기준은 나에게 큰 기쁨이 되지 못했다. 내가 시장에 나가 콩 나물 값 백 원을 깎으면 장사하는 주인은 백 원 만큼 서운하고, 나는 백 원 만큼 기쁜 것이겠지만 주인에겐 백 원 마이너스요, 나에게는 플러스 백 원으로 결국 크게 보면 제로라는 계산이 나온다.

그러나 복음은 달랐다.

내가 누군가에게 복음을 전하면 나에게도 기쁨이 생기고, 상대에겐 '구원'이라는 놀라운 사건이 된다. 그렇게 되면 복음 전한 나도, 예수님을 받아들인 사람도 돈으로는 환산할 수 없는 기쁨을 누리게 되니 이건 값으로 환산할 수 없는 행복인 것이다.

예수님을 구세주와 주님으로 영접한 후, 그분의 도우심으로 아들을 구하게 된 것만으로도 너무 기쁜데 전하면 전할수록 기쁨이 되는 복음의 원리까지 알게 되었으니 유한하게만 느껴졌던 내 삶이 무한대의 가능성으로 느껴졌다. 하지만 남편은 아직 이런 놀라운 은혜를 체험하지 못했으니 세상의 기준으로 나를 보는 것이라 생각하고 남편의 눈에 내가 어떻게 보일지를 생각해 봤다.

'한 푼 두 푼 아껴서 살림을 늘려야 할 판국에 내 가족 식비보다 많은 돈을 부침개 재료 사는 데 쓰고, 하루도 안 거르고 동네 여자들을 죄다 불러 간식을 먹이고 수다를 떠니 놀기 좋아하고, 살림 못하는 여자.'

찬찬히 생각해보면 남편 입장에서는 화를 낼 만 하다는 생각이 들었다. 하지만 이대로 전도를 멈출 수는 없기에 이번에 이사를 가면 다시는 이사하지 않겠다는 약속을 한 후 남편을 겨우 설득해 이사 허락을 받았다.

집을 내 놓으려고 복덕방을 찾아갔다. 아파트를 내놓으면서 "턱없는 일층집도 구해달라"고 했다.

88올림픽 때문에 다들 들뜬 분위기라 이사를 가는 사람도 오는 사람도 별로 없다는 얘기가 들렸다. 나는 한시가 급한 마음에 이사 올 때 880만 원을 주고 산 아파트를 급매로 850만 원에 내놨다.

시세보다 30만원이나 싼 덕에 바로 집이 팔렸다. 그런데 막상 올림픽이 시작되자 나라 경제가 좋아지더니 아파트 값이 마구 치솟기 시작했다. 그러더니 내가 팔백오십만 원에 급매물로 팔아버린 사창동 아파트가 1988년 겨울 무렵 삼천만 원까지 값이 올라갔다. 일이 이렇게 되자 남편도 더 이상 참지 못하고 화를 터트렸다.

"당신 당장 나와! 빨리 나와!"

일 때문에 사창동 아파트 값에 대해 모르고 있던 남편이 동료를 통해 아파트시세를 알게 되었다. 잔뜩 화가 난 남편은 퇴근 후 집에 들어서지도 않고 현관에 선채로 나에게 당장 나오라고 소리를 질렀다.

마침 집에 와있던 동네 아주머니에게 아이를 맡기고 맨발에 슬리퍼 차림으로 남편을 따라나섰다. 말이 따라 나선거지 손목을 잡혀 질질 끌려갔다. 남편은 나를 끌고 사창동 아파트로 갔다.

"봐라! 저게 지금 삼천만 원이다. 돈이 문제가 아니라. 무슨 정신으로 굴러 들어온 복을 차고 다니는 건지 얘기 좀 들어보자."

나도 사람인지라 불과 몇 달 전만해도 내 집이었던 아파트를 보니 아까워서 눈물이 났다. 눈발이 펄펄 날리는데 슬리퍼를 신고 맨발로 서서 계속 울었다. 남편은 씩씩 거리는 채로 서 있고 나는 울고 있으니 지나가는 사람들이 힐끔힐끔 쳐다보며 한 소리씩 하는 게 들렸다.

"부부싸움을 요란하게 하네."

"여자는 그나마 맨발이다. 남자 너무 하네."

이렇게 한 바탕 난리를 치곤 집으로 돌아왔다.

집에 오도록 한 마디도 없던 남편이 현관문을 열기 전 나에게 차갑게 한 마디를 했다.

"앞으로 교회 가기만 해봐라. 진짜 가만히 안 있는다."

한 번 말을 하면 반드시 그걸 지키고야 마는 남편의 성격을 알기에 마음이 우르르 무너지는 기분이 들었다. 그날 밤 나는 실망과 낙심으로 지쳐 기도조차 할 수 없었다. 소파에 모로 누워 몸을 잔뜩 웅크리고 하염없이 흐르는 눈물을 닦으며 하나님께 호소를 했다.

'하나님, 하나님은 제 마음 아시잖아요. 저는 전도를 잘하고 싶어서 이사를 갔어요. 그러면 복을 받고 모든 일이 잘 되어야 하는 것 아닌가요? 코앞에서 수천만 원을 잃고, 그 일로 남편의 마음까지 잃게 되었어요. 저는 하나님을 위해 최선을 다했는데 하나님은 왜 제게 이런 시련을 주시나요. 저는 억울해요. 너무 억울해서 잠도 안 오고, 무릎도 꿇어지지가 않습니다. 우리 아들을 살려주신 하나님은 인자하고 좋으신 하나님인데 오늘 이 사건에 계신 하나님은 도대체 어떤 분인지 모르겠어요. 아버지 제발 이 모든 상황을 해결해 주세요. 남편 마음에 분노를 사라지게 하시고, 이 모든 불행이 제게 일어난 이유를 납득 할 수 있게 지혜를 주세요.'

매주 설교 말씀을 통해 고난의 과정을 거쳐 연단 된 요셉과 가나안 땅에 입성하기 전 광야의 시간들이 있었음을 배웠고, 틈이 나면 성경을 읽었지만 그래도 마음에는 '하나님을 믿으면 복을 받는다', '하나님을 믿어 내 아들이 살아난 것처럼 하나님만 믿으면 불행이나 슬픔은 없을 거다'라는 생각이 늘 마음에 있었던 것 같다.

언제나 그렇듯 슬픔과 괴로움은 타인의 것일 때는 견딜만한 것으로 보이고 훗날 그가 받는 상급이 더 커 보이지만, 정작 내가 슬픔을 경험하게 되면 그 슬픔에 빠져 그 모든 일 위에 계신 하나님은 바라보지 못하게 된다. 결국 나는 그날 밤새도록 왜 나에게 이런 불행이 왔는지 이해가 가지 않는다는 하소연만 하다 새벽을 맞았고 그 무렵에야 잠이 들었다.

핍박

사창동 아파트를 문제로 크게 다툰 후 남편은 점점 더 노골적으로 교회 가는 것에 불만을 표했다. 초반에는 삼천만 원이라는 돈이 적은 돈이 아니니 이해하자라고 생각했는데 시간이 갈수록 남편의 핍박이 심해졌다. 텔레비전에서 부동산이나 이사에 대한 이야기가 나오면 대번에 집안 분위기가 안 좋아졌고, 집이 조금 지저분하거나 정돈이 안 되어 있으면 "당신이 교회에 미쳐 아파트만 날리지 않았으면 벌써 넓은 평수로 이사 갔을 걸, 여태 팔백만 원짜리를 전전한다"고 화를 냈다.

기회를 놓친 게 미안해서 한 동안은 그런 싫은 소리를 듣고 있었는데 찬찬히 생각할수록 화가 났다. 그냥 그 집에 살아서 아파트가 오르고 재산이 늘었다면 그야말로 행운이지만(말 그대로 그것은 행운이다) 누릴 수도 있고 못 누릴 수도 있는 것인데... 그 행운을 누리지 못했다고 해서 우리의 하루하루를 분노로 채워가는 남편이 야속

부의 거룩한 이동

했다.

'힘들 때 더욱 함께 하겠다는 결혼 서약은 대체 왜 한 것인가... 시댁 어른들이 아들을 못 낳는다는 이유로 나를 그토록 핍박했을 때도 대신 사과하는 남편에게 나는 당신이 모진 말 한 것 아니니 당신을 미워하지 않겠다고 말했고, 시댁 어른들로 서운해진 마음을 애꿎은 남편에게 풀게 될까 봐 늘 조심했었는데... 이 사람은 단 한 번의 잘못으로 나를 이렇게 내치는 구나...'

다른 여자들보다는 화통한 편이고 씩씩한 편인 나도 결국 남편에게 기대하는 건 보호와 사랑이었다. 그래도 내 남편은 나에게 좀 너그럽기를, 내가 진심으로 사과하면 다시 내편이 되어주기를 바랬지만 남편의 반응은 한겨울 서릿바람처럼 매섭고 차가웠다.

그러던 어느 날 교회에 부흥 강사님이 오셨다.

여전도회에서 돌아가면서 필요한 것들을 준비했는데 나는 강사님의 숙소 담당과 가운을 다리는 일을 맡게 되었다. 낮에 다려 놓아야지 생각했는데 그날 따라 효선이와 종혁이가 내 품에서 떨어지지 않아 결국 남편이 퇴근하는 시간까지 다림질을 못 했다.

그래서 남편이 잠들기를 기다렸다가 자정이 넘어 가운을 다리는데 잠들었던 남편이 그날따라 깬 것이다. 거실에서 가운을 다리는 나를 본 남편의 첫말은 "미쳤구나"였다.

화가 난 남편은 어디선가 야구 방망이를 가져와서 다리미 대를 부시고, 테이블을 부셨다. 단 한 번도 본 적 없는 남편의 살기등등한 모습에 놀란 나는 아이들 방으로 들어가 문을 잠갔다. 자다 깬 아이들이 놀라서 울고 문 밖에서는 집안 살림이 다 부서지는 소리가 나고 나는 벌벌 떨며 '하나님... 하나님'만 찾았다.

그때 하나님 말씀이 떠올랐다.

"내가 네게 명령한 것이 아니냐 강하고 담대하라 두려워하지 말며 놀라지 말라 네가 어디로 가든지 네 하나님 여호와가 너와 함께 하느니라 하시니라"(여호수아 1:9)

지난 수년 간 교회에 대해 이렇다 할 적대감을 드러내지 않았던 남편이 한 번 적대감을 드러낸 후에는 끝장을 보려고 했다. 이전에는 자신이 싫다고 하지 않았으니 내가 자신의 마음을 몰라 저러겠거니 했다가 교회에 다니지 않았으면 좋겠다는 의사를 표현했는데도 내가 교회에 계속 나가니 자신을 무시한다고 생각했다. 그것과는 전혀 다른 문제라고 당신을 사랑하기 때문에 구원받기를 원해서 더욱 기도하는 것이라고 말해도 막무가내였다. "교회에 가지 마"라는 자신의 뜻을 거슬렀다는 것 오직 그것 하나에만 집착하고 화를 냈다.

남편과의 불화로 너무 지친 나는 어느 날 결국 견디지 못하고 친정집을 찾아갔다. 그런데 친정어머니의 반응도 남편과 별만 다르지 않았다. 현관문도 열어주지 않고 "사람이 어떻게 사시사철 좋겠니? 남편도 사람인데 어떻게 평생 너만 위해 살겠어? 그래서 그렇게 남편이 돌아서고 핍박하는 날에 절대 기죽지 말라고 그 땅을 해준 건데, 그걸 교회에 다 갖다 줘? 네 발등 네가 찍었으니 어디 가서 하소연도 하지 말아라"라고 소리만 치셨다. 그날 나는 수원 친정집 문턱도 못 밟아보고 다시 청주 집으로 돌아왔다.

아이들을 재워놓고 남편도 잠든 것을 확인한 나는 교회로 향했다. 불이 꺼진 교회에 들어가 바닥 통로에 무릎을 꿇었다. 그냥 그렇게 하나님 앞에 무릎을 꿇었다는 생각만으로 마음에 안도가 되었다. **언제든 하나님만은 나를 반겨 주신다는 생각에 한편으론 안도가, 한편으로는 서러운 마음이 들었다.** 남편은 물론이고 어머니만큼은 세상누구보다 나를 위해 주시던 분이다. "막내야, 막내야" 부르시며 내 손, 내 등을 쓰다듬기를 좋아하셨던 분이 이제는 내 얼굴도 보려 하지 않으시니 마음에 차가운 얼음이 배긴 듯 시리고 아팠다.

하나님을 만나면 만사가 형통해 진다고 했는데 왜 이렇게 어려운 일만 계속 생기는 건지 납득이 가지 않아 가슴이 답답했다. 나는 하나님께 이 모든 상황을 이해하고, 헤쳐 나 갈 수 있는 지혜를 달라고 기도했다.

'하나님 저는 제 어머니에게 세상 누구보다 귀한 딸이었습니다. 제 남편에게는 세상 누구 부럽지 않은 사랑스러운 아내였습니다. 그런데 이제는 그 두 사람이 나를 외면합니다. 하지만 저는 하나님을 믿고 기도하는 이 모든 일들을 절대 포기할 수 없습니다. 어떻게 하면 어머니와 남편을 설득 할 수 있을까요? 세상의 가치 밖에 모르고 그 기준으로만 생각하는 두 사람에게 하나님의 나라를 이해시킬 수 있을까요?'

그렇게 기도하는 동안에 문득 이런 생각이 들었다.

'어머니와 남편에게 하나님의 나라를 어떻게 설명해야할까?'

어머니와 남편 두 사람 다 자기 주관이 확실하고 지혜가 있어 여태 실수 없이 살아온 탓에 각자의 내면에 확실한 기준과 고집이 있다. 그러므로 백 번 설명하는 것보다 한 번 하나님을 만나는 것이 중요한데 교회라면 질색을 하니 큰일이고, 교회를 질색하게 된 원인이 '나'라니 안타까웠다. 내가 너무 성급하게 굴어서 모든 걸 망친 건 아닌지 걱정이 들기 시작했고, 그러면 그럴수록 오늘은 더 확실한 이론과 증거를 들어 두 사람의 마음을 돌려야 한다는 조바심이 들었다. 그래서 제발 지혜를 달라고 기도를 하는데 어느 순간 마음에 "섬겨라"라는 한마디가 조용히 울렸다.

'섬겨라...?'

그 말을 듣는 순간 마음에 얹어져 있던 커다란 돌 하나가 산산이 부서져서 흩어지는 기분이 들었다. 그때 하나님의 말씀이 떠올랐다.

"인자가 온 것은 섬김을 받으려 함이 아니라 도리어 섬기려 하고 자기 목숨을 많은 사람의 대속물로 주려 함이니라"(마태복음 20:28)

'섬김'은 지금까지 내가 한 번도 생각하지 못했던 새로운 방법이었다.

이제껏 나는 하나님을 믿는 내 선택이 옳다고 확신하고, 분명 좋은 것이니 남편과 어머니에게 알리려고 수없이 노력했다. 그럼에도 두 사람은 전혀 설득되지 않았고 그럴수록 두 사람에게 복음을 더욱 자주 설명하고 똑바로 전하는데 온 마음을 쏟게 되었다.

수 없는 대화시도, 상세한 설명에도 반응이 없자 '내가 설명을 잘

못해서'라는 생각이 들고 점점 마음이 괴로워졌다. 그러다가 어느 날엔 분명 잘 설명했다는 확신이 드는데도 남편과 친정어머니의 반응이 없자 그들이 고집을 부리는 거라는 생각에 억울해 기도하며 울기도 했다.

그런데 '섬기라'라는 말을 듣고 보니... 내가 하나님을 믿게 된 과정 중 누구도 나에게 예수님을 설명하지 않았다는 깨달음이 들었다.

맨 처음 날 전도했던 성수 엄마도, 그리고 그 교회의 목사님도 설명이나 설득으로 복음을 전하지 않으셨다. 다만 날 섬겨 주셨다. 내가 문전박대 했음에도 불구하고 내가 그분들을 찾기가 무섭게 날 돕기 위해 달려와 주셨다. 그리고는 오직 기도로 날 섬겨 주셨다.

가만히 생각해보니 섬김이야말로 예수님께서 우리에게 늘 강조하시는 사랑의 실천 이었다. 그런데 정작 나는 그 방법대로 하지 않고 내 지식과, 내 믿음을 앞세워 내 방식대로 복음을 전달하려 했으니 그게 잘 될 리 없었다.

돌이켜 보니 주변의 이웃들에게는 부침개를 하며 시간을 내어 친구가 되는 수고를 아끼지 않으며 섬김과 위로라는 방법으로 전도를 해놓고 막상 내 가족에게는 말과 가르침으로 전도를 하려고 했으니 잘 되지 않는 게 당연했다.

더군다나 남편도, 어머니도 당신들만의 확고한 철학과 판단기준이 있는데 막내딸인 내가, 그리고 아내인 내가 가르치는 방법으로 예수님을 전하려 했으니 그게 잘 받아들여질리 없었다. 어머니 눈에 나는 어리디어린 막내딸이고, 남편의 눈에는 자신의 울타리 안에 있는 연약한 아내일 뿐이었다.

이 모든 걸 깨닫고 나니 섬김이야말로 온전한 전도의 도구라는 확신이 들었다. 나는 지금까지 내가 실천했던 모든 방법을 내려놓고 오직 섬김에 충실 할 수 있기를 기도했다.

'하나님 저는 설명하는 것을 잘 합니다. 그런데 그것이 방법이 아니란 것을 알게 되었습니다. 그래서 이제 하나님께서 알려주신 섬김으로 복음을 전해보려고 합니다. 그런데 전 아직 섬김을 잘 모릅니다. 이 부분을 솔직하게 고백하며 하나님 앞에 내놓습니다. 어머니에겐 제가 막내딸인 탓에 늘 응석을 부렸고, 남편에게는 연약한 아내임을 앞세워 늘 그가 제게 져주는 것을 당연하게 생각했습니다. 그런데 이제는 제가 그 두 사람을 품고, 섬기려 합니다. 제 안에는 막내딸의 마음과 사랑받고 싶은 여자의 마음이 커서 넉넉히 두 사람을 품을 사랑이 있을지 자신이 없습니다. 그러나 하나님께서 제 마음에 하나님의 사랑을 부어주시면 충분히 품을 수 있을 거라고 믿습니다. 아버지 제게 넉넉한 사랑을 주세요, 그 사랑으로 남편과 어머니를 넉넉하게 품고 그 사랑을 통해 두 사람이 하나님의 존재를 알게 되기를 소망합니다.'

기도를 마친 나는 성경을 펼쳐 사랑의 정의들을 공부하기 시작했다. 그중 고린도전서 13장의 말씀이 나의 마음에 깊이 와 닿았다.

"사랑은 오래 참고 사랑은 온유하며 시기하지 아니하며 사랑은 자랑하지 아니하며 교만하지 아니하며 무례히 행하지 아니하며 자기의 유익을 구하지 아니하며 성내지 아니하며 악한 것을 생각하지 아니하며 불의를 기뻐하지 아니하며 진리와 함께 기뻐하고 모든 것을 참으며 모든 것을 믿으며 모든 것을 바라며 모든 것을 견

디느니라"(고린도전서 13:4~7)

"내가 어렸을 때에는 말하는 것이 어린 아이와 같고 깨닫는 것이 어린 아이와 같고 생각하는 것이 어린 아이와 같다가 장성한 사람이 되어서는 어린 아이의 일을 버렸노라"(고린도전서 13:11)

말씀을 묵상하는 동안 내 마음에 이전과는 다른 새로운 '섬김의 사랑'에 도전해 보겠다는 비전이 생겼다. 전에나 지금이나 남편을 변함없이 사랑하지만 앞으로는 조금 더 큰 사랑을 실천 하겠다는 결심이 생긴 것이다.

오늘까지는 아내가 남편에게 줄 수 있는 크기의 사랑만을 주었지만 이제는 하나님께서 우리에게 부어주신 무한하고 거룩한 사랑으로 남편을 보다 넓고 깊이 사랑 할 결심을 했다.

어머니께는 막내딸로서 건강한 모습, 잘 사는 모습을 보여드리는 걸 최고의 효도라 생각하면서 살았는데, 이제는 한 차원 높은 하나님의 사랑으로 어머니를 품어 드리는 성숙한 딸의 모습을 보여드림으로 하나님의 살아계심을 증명해야겠다는 생각이 들었다.

나는 이제껏 나에게 가장 큰 의지처였던 남편과 친정어머니를 도리어 내가 품어보겠다는 엄청난 포부를 놓고 다시 간절한 기도를 시작했다.

"나의 왕, 나의 하나님이여 내가 부르짖는 소리를 들으소서 내가 주께 기도하나이다"(시편 5:2)

내적 성숙

남편과 친정어머니를 전도하기 위해 새롭게 선택한 **섬김이라는 방법은 실천하면 할수록 그 영향력이 남편과 친정어머니가 아닌 나에게 먼저 효과를 나타내기 시작했다. 정말 신기한 일이었다. 분명 남편과 친정어머니를 위해 시작한 일인데 내 내면이 먼저 깨지고 변화하기 시작한 것이다.**

가장 먼저 바뀐 건 주일 아침의 풍경이었다.

평일에는 남편 출근 시간에 맞춰 식사를 준비하고 배웅한 후 전도를 하러 나가거나 구역예배, 수요예배 등을 드렸기 때문에 교회문제로 크게 부딪힐 일이 없었지만 주일 아침만 되면 보란 듯 조기 축구회를 나가서 거나하게 취해오는 남편 때문에 번번이 마음이 상했었다.

일주일 중 매일이 하나님께서 주신 소중한 날이지만 그중 주일은 구별되어 거룩하게 드리는 날로 마음에 경건함을 갖고 있는데 하필 그날 취한 남편과 마주해야 하니 속이 상했고 말한 마디를 해도 다른 날 보다는 차갑게 나갔다.

하지만 새벽기도 중에 남편을 하나님 앞으로 인도할 방법을 간구하던 중 섬김이라는 새로운 방법을 깨닫게 된 나는 이전과는 180도 다른 모습으로 주일 아침을 시작했다.

아침 일찍 일어나 남편의 축구복과 축구 양말, 축구화를 준비해 놓고 아침 식탁에도 더 정성을 기울였다. 그러자 내 마음도 좋아졌다. 전에는 홀로 교회 갈 준비를 하면서 다른 가정들은 모두 주일을 성수하며 은혜를 받는데 우리 가정엔 언제나 그런 축복이 있을까...라는 생각에 사로잡혀 답답하고 아쉬웠는데 오늘은 전혀 그런 마음이 들지 않았다. 하나님께서 알려주신 이 방법이 분명 효과가 있을 거라는 믿음이 들었고 다시 희망을 갖게 됐다.

잠시 후, 나보다 조금 늦게 일어난 남편이 거실로 나오다 소파위에 정리된 축구복을 보고 머리를 긁적이며 서 있는게 보였다. 나는 일부러 아무소리 않고 아침 식탁 차리는 것을 마쳤다. 그리고 아주 기분 좋은 목소리로 "아침 꼭 챙겨 드시고, 이왕 하는 축구 이기고 오세요"라는 응원까지 했다. 남편은 전과 달라진 내 태도에 의아해 하면서도 좋은 기색을 숨기지 않았다.

하지만 그 한 번의 노력으로 남편이 당장 달라진 건 아니었다.

주일마다 조기 축구회를 나갔고 뒤풀이로 술을 마시고 들어왔다. 어떤 날엔 이대로 영영 변화가 없을까 걱정이 되고 낙심이 됐지만 이번 방법만큼은 내가 생각해낸 아이디어가 아니라 하나님께서 가르쳐주신 방법이니 뭔가 다를 거라는 믿음을 가지고 꾸준히 남편을 섬겼다. 가끔 트집을 잡아 교회에 가지 말라고 붙들면 전처럼 맞대응 하지 않고 되도록 부드러운 말과, 부탁하는 말로 교회를 다녀와야 하는 이유를 설명하고 그 예배를 통해 내가 얼마나 위로 받고 기쁜지를 얘기했다. 그리고 그 말끝에 "당신이 이렇게 못 마땅해 하면 내 맘도 편치 않으니 이왕이면 당신 허락을 받고 가고 싶어요"라고 얘기했다. 그러면 남편은 조금 누그러져서 "빨리 마치고 오라"는 말로 허락을 해주었다.

본래 나는 한 번 마음을 먹으면 내 뜻대로 끝까지 완주하는 성격이 있는 편이고, 남편이 어떤 핍박을 해도 이겨낼 의지가 있었다. 하지만 그건 하나님이 원하시는 방법이 아니란 걸 알게 되었고 이전에는 한 번도 실천 해 본 적 없는 '부드럽고 완곡한' 방법으로 남편을 대하려고 하니 마음에서 그야말로 천불이 났다.

오래전 미팅에서 남편을 처음 만났을 때도 남편을 보자마자 '저 사람과 만나야겠다'고 결심했고 우리가 연애하는 동안이나 결혼 생활 중에도 나는 내 의견을 늘 정확하게 말했고, 원하는 것이 생기면 그것을 얻기 위해 열정적으로 노력했다. 반대로 남편은 큰 모험 보다는 안정을, 새로운 시도 보다는 익숙한 것을 좋아하는 사람이라 주로 나를 따라와 주고, 내 의견에 동의해주는 걸 익숙해했다.

내가 새로운 결심이나 원하는 걸 선포하면 남편은 그걸 지지해주고, 도와주는 게 우리부부에게 익숙한 패턴이었는데 유독 신앙생활에서는 그게 안 된 것이다.

그러다 보니 섬김을 실천하는 동안에도 불쑥불쑥 내 성격이 나왔다. '이정도면 충분히 하나님의 사랑을 느끼지 않았을까? 이게 모두 하나님이 당신을 사랑해서 나로 하여금 당신을 섬기게 한 거라고 설명을 하면 남편이 달라지지 않을까?'라는 생각이 자꾸 들었고 그렇게만 하면 오늘이라도 남편이 교회에 나갈 것 같았다.

그러나 기도를 하면 '아직' 이라는 응답만 들려왔다. 무엇이든 부족하다고 느끼는 순간, 또한 변화가 필요하다고 느끼는 순간 능동적으로 대처하고 즉시 바로 잡는 것이 내 성격인데 그저 무작정 참으라니 이보다 답답한 노릇이 없었다.

시간이 흐를수록 섬김이라는 과제는 나 자신과의 싸움이 되어 갔다. 남편에게 '교회가자'라고 이야기하고 싶은 마음이 들면 그걸 꾹꾹 누르고 남편의 구두를 반짝반짝 닦았다. 주일날 술 냄새를 풍기고 들어오는 남편에게 "주일이 얼마나 거룩한 날인데 하필 이날 마다 술을 드시는거냐"고 이야기 하고 싶어지면 이불을 들고 베란다로 가 탈탈 턴 다음 안방에 좍 펼쳐주고 "한 숨 주무세요"라고 말했다.

이런 날들이 반복되자 어느 새벽 나도 모르게 이런 고백을 하게 되었다.

'언젠가 남편을 변화시켜줄 하나님은 믿지만, 그날까지 내가 잘 견뎌낼 수 있을지 정작 나를 못 믿겠습니다.'

솔직히 너무 힘들었다. 하고 싶은 말을 자꾸 참으니 답답함이 쌓여서 나중에는 무얼 먹어도 얹히는 느낌이 들 정도였다. 그래서 기도하는 중에 '하나님, 하나님이 더 잘 아시겠지만 제가 살면서 이렇게 참고 인내 해 본 적이 없습니다. 솔직히 지금 이렇게 참아내는 것도 기적입니다'라고 다시 고백하는데 마음에 별안간 '그래 정말 기적이다!'라는 깨달음이 들었다.

그랬다. 내가 이렇게 참고 내가 이렇게 누군가에게 온유하기 위해 노력하는 것 자체가 너무 큰 기적이었다. 정말 부끄러운 고백인데 나는 어렸을 때부터 예쁘고 좋은 건 당연히 내 것 인줄로 알고 자랐다. 다른 친구들은 못갖는 좋은 옷, 좋은 신발이 내 것이 되는 게 늘 당연하다고 생각했다.

고등학교 때 오빠들의 사업실패로 가세가 기울어 이전과 같은 호사는 못 누렸지만 그래도 집 안에서 뭐 하나 좋은 것이 생기면 가족들 모두가 막내인 나를 챙겨주기 바빴다. 특히 어머니가 유난히 나를 안쓰러워 하셨다. 어머니 생각에는 오빠들이야 장성할 때까지 뒷바라지를 다했으니 그 후엔 자기 복으로 알아서 사는 거라 그나마 걱정을 덜 하셨는데, 나를 보면 고등학교 졸업하자마자 사회로 나가게 한 것이 늘 마음에 걸리신다며 뭐 하나라도 더 보태주지 못해 걱정이셨다.

그러나 정작 나는 또래 친구들보다 취업을 일찍 해 주머니에 돈이 떨어지지 않았고 P사에 취직 한 후엔 매출 1,2위를 하며 웬만한 남자들보다 돈을 많이 벌었던 터라 원하는 것을 갖고, 하고 싶은 일을 하는데 망설일 일이 없었다. 그러다 보니 자연스럽게 진취적이고 당당한 성격을 갖게 되었는데 동시에 참을성이 늘 부족했다. 그런 내가 전도를 위해 남편을 섬기다 보니 어느 새 '기적'이라는 표현을 쓸 만큼 깊은 인내를 실천하게 된 것이다.

나는 그제야 하나를 구하면 둘을 주시는 하나님의 깊은 은혜를 깨닫게 되었다. 하나님은 남편을 전도하고자 하는 내 마음의 소망과 열정을 섬김이라는 과제를 실천하는데 사용하게 하셨다.

그리고 그 방법은, 추진력은 충만하지만 인내심은 부족한 나에게 너무나 필요한 훈련이었으며 그것에 순종한 결과 나는 이전에는 없던 인내를 배우게 된 것이다.

나는 하나님께서 나를 성장시켜 주고 계심을 깨닫게 되었다. 그리고 이토록 세밀하신 하나님께서 남편의 마음을 저대로 두시지 않으리라는 확신 또한 갖게 되었다. 이제 나는 한 단계 더 나아가 남편이 주일예배를 드리게 될 것을 굳게 믿고 그 시간을 준비하기 시작했다. 성전에 남편의 신발, 옷을 가지고 성전 의자에 놓고 새벽기도 때 그것을 붙들고 간절한 기도를 반복했다.

내가 실천한 다음 섬김은 남편의 마음이 열리는 순간 즉시 주일예배에 갈 수 있도록 축구복과 양복을 동시에 준비하는 일이었다. 이때에도 남편에게 교회에 가자는 말은 하지 않았다. 다만 토요일 저녁에 양복을 잘 손질해 놓고 일요일 아침에는 축구복을 준비하는 걸 여러 주 반복했다.

그러자 어느 토요일 양복을 손질하는 내게 남편이 말을 걸었다.

"혹시나 내일 내 마음이 바뀌어서 교회가자고 할까봐 준비하는 거지?"

그 말을 듣는 순간 마음이 두근!하며 큰 기대가 일어났지만 최대한 자연스럽고 무덤덤하게 대답을 했다.

"그러면 소원이 없겠네요."

나를 가만히 보던 남편은 "내일 되어봐야 안다"라고 대답하고 먼저 안방으로 들어갔다. 나는 다른 날보다 더 정성스럽게 남편의 양복을 준비해 거실에 걸어놓고 그날 밤 늦도록 남편에게 하나님의 은혜가 임하기를, 내일이 남편 생애의 첫 예배를 드리는 날이 되기를 기도했다.

다음 날, 아침 식탁을 차리고 있는데 남편이 나오더니 축구복을 챙겨 입기 시작했다. 마음에 크게 실망이 밀려왔다. 하지만 여기서 노하거나 원망하면 그간의 노력이 물거품이 되는 것이며 동시에 그저 섬기라는 하나님의 말씀을 저버리는 거라는 생각이 들어 서운한 마음을 꾹 참았다. 그래도 다행인 것은 나의 마음에 곧 평안이 찾아왔다는 것이다 비록 남편은 아직 달라지지 않았지만 내 마음 안에는 전보다 많은 인내와 수용이 생겼고 그것만으로 감사했다. 아침을 먹은 남편은 운동화를 신고 나갈 채비를 했고 나는 기분 좋게 배웅했다.

아침 식탁을 치우고 시계를 보니 예배시간까지 두 시간 정도가 남아 천천히 아이들을 깨우고 아이들이 먹을 아침을 다시 챙겨주고 거실을 청소했다.

아이들 먼저 주일학교에 보내고 이제 나도 교회에 가려고 준비를 하는데 현관문이 열리는 소리가 들렸다. 나가보니 막걸리에 살짝 취한 남편이 급하게 욕실로 들어가고 있었다.

무슨 일인가 싶어 거실에서 남편을 기다리니 대충 샤워를 한 남편이 거실에 걸어 놓은 양복을 가지고 안방으로 들어갔다.

'설마... 오늘 예배를 드리겠다는건가?'

기대와 궁금증으로 심장이 쿵쿵 뛰었다. 잠시 후 넥타이까지 갖취 맨 남편이 나왔다. 그리고는 나에게 "가자"라고 말했다. 물론 아직 술에 취한 상태였지만 그런 건 아무 상관 없었다. 나는 얼른 옷을 갈아입고 남편과 함께 수원순복음교회로 갔다.

그날 예배에서 남편은 술이 거나하게 오른 상태여서 내내 졸았다. 기도시간과 설교시간에는 졸다가 찬송을 부르면 잠깐 눈을 떴다가 그리고는 다시 졸기를 반복하다 예배가 끝난 다음 식당에서 주는 국수를 후르륵 먹고 바로 집으로 왔다.

만약 예전의 나였다면 이왕 교회에 갈 마음을 먹었으면 술도 마시지 말고, 예배에도 집중을 좀 하지 이게 뭐냐고 투덜거렸을 것이다. 그러나 그간 인내에 인내를 한 것이 정말 도움이 되어 남편에게 아무런 싫은 소리를 하지 않고 참을 수 있었다.

그 후에도 비슷한 날들이 이어졌다. 주일 아침이면 남편은 꼭 조기축구회를 갔다. 그리고 거기서 가볍게 한 두 잔 막걸리를 마시고 집에 돌아와 양복을 입고 교회로 갔다. 마음 같아서는 이제 예배도 드리게 되었고 하나님에 대해 알게 되었으니 조기축구회는 포기하고 온전히 주일을 지켰으면 했지만 그 말 역시 입 밖으로 내지 않았다. 다만 그런 아쉬움이 크면 클수록 새벽 기도시간에 철야 예배시간에 더 간절히 기도했다.

'하나님... 제가 아들을 낳고 하나님을 알게 된 후 그 아이가 5살이 되도록 남편에게 교회가자고 잔소리를 했지만 남편은 꿈쩍도 하지 않았습니다. 그런데 하나님께서 「섬김」이라는 방법을 가르쳐주셨고 그것을 실천하니 불과 1년도 되지 않아 남편이 스스로 교회에 갔습니다. 이제 남편이 하나님을 인격적으로 만나는 단계가 남았습니다. 저는 이것 역시 하나님께서 해주실 것이라 믿습니다. 부족한 것이 있다면 저의 섬김과 인내라고 믿습니다. 아버지 가르쳐주신 방법대로 계속 섬기고 인내하겠습니다.'

　전과는 비교 할 수 없는 평안이 내 마음에 가득해졌다. 아니 더 나아가 기대하는 방법까지 알게 되었다. **나는 하나님께서 일하시는 과정은 사람이 상상할 수 없는 차원의 것이라는 걸 어렴풋하게나마 깨닫고 있었다.** 언제든 남편은 하나님을 믿게 될 것이다는 확신이 왔다.

　이미 남편이 교회를 갔으므로 하나님께서 그것을 허락하시고 그를 불러 주신 게 확실하므로 그는 믿게 될 것이다. 그런데 그것이 당장 이루어지지 않는 이유는 나 때문일지도 모른다는 생각을 하게 된 것이다. 내가 하나님 보시기에 흡족하고 합당한 만큼의 인내와 섬김을 갖게 되면 그 때에 남편은 저절로 하나님을 만나게 될 것이다 라는 생각을 하게 된 것이다.

　'그래 이제 나만 잘하면 된다. 하나님 보시기에 합당한 인내와 섬김을 갖추자!'

　예전에는 어떤 문제가 있을 때에 그 문제를 해결 하면 된다는 생각에 설득과 도전을 최고의 방법으로 삼았다. 그런데 하나님을 믿고 난 후에는 나의 내면을 먼저 보게 되었다.

　어떤 물건을 갖고 싶어도 그것의 가격이나 그걸 살 돈을 마련하는 방법에 집중하는 것이 아니라 내가 저걸 갖는 게 합당한 일인지를 먼저 생각하게 됐고, 그것이 교회 안에 아무리 작은 직분이라도 소망하는 마음이 들면 그 자리에 오르게 해줄 지지자나, 임명할 권한이 있는 사람에게 집중하는 것이 아니라 저 직분을 갖기에 나의 내면에 그런 자질과 자격이 있는 지를 먼저 생각하게 된 것이다. 그러자 결국 하나님과 나의 관계에 더욱 집중을 하게 됐고 그 안에서 확신이 들면 외부적인 요인은 더 이상 문제가 되지 않았다. 그러자 매사 무엇을 하든 판단의 과정과 기준이 아주 명료해졌다.

'하나님 보시기에 준비된 상태인가?'

나는 오직 이것에만 집중하게 되었다.

남편은 조기축구회를 마치고 교회를 가는 일을 약 2년 간 꾸준히 병행했다. 그러던 어느 주일 아침에 일어난 남편이 내가 준비해 놓은 축구복을 자신의 손으로 개켜 장롱에 넣었다. 천천히 아침을 먹고 성경책을 챙기더니 나를 재촉해 30분이나 일찍 교회로 갔다. 예배 전 찬송을 하는 내내 하나님을 향해 손을 들고 경배하던 남편은 몇 개월 뒤 예수님을 구세주와 주님으로 믿어 구원의 확신을 갖고 침례를 받았다. 지금은 하나님께 귀하게 쓰임받는 이규두 장로가 되어 주님 일에 동역하고 있다.

"주 예수를 믿으라 그리하면 너와 네 집이 구원을 받으리라"(사도행전 16:31)

첫 번째 비전

남편이 마침내 예수님을 믿게 되었다는 것만으로 나는 세상을 다 가진 것처럼 기뻤다. 이제 친정어머니와 가족들, 시댁어른들이 하나님을 믿는 것을 제목으로 두고 새벽 기도를 시작했다.

그런데 어느 날 새벽, 내 기도와는 전혀 무관한 말씀을 기도 중에 암송하게 된다.

"네가 만일 네 하나님 여호와의 말씀만 듣고 내가 오늘 네게 내리는 그 명령을 다 지켜 행하면 네 하나님 여호와께서 네게 기업으로 주신 땅에서 네가 반드시 복을 받으리니 너희 중에 가난한 자가 없으리라"(신명기 15:4~5)

가족들을 구원해달라고 한 참 기도하는 중에 "네 하나님 여호와께서 네게 허락하신 대로 네게 복을 주시리니 네가 여러 나라에 꾸어 줄지라도 너는 꾸지 아니하겠고 네가 여러 나라를 통치할지라도 너는 통치 당하지 아니하리라"(신명기 15:6)는 축복의 말씀을 암송하게 되다니 참으로 신기한 일이었다.

나는 하나님께서 나에게 이 말씀을 주신 것이라면 그 뜻도 납득할 수 있게 해달라고 기도했다. 그러자 기도하는 중에 장롱 구석구석에 귀중품을 찾아 하나님 앞에 드리던 예전 내 모습이 떠올랐다. 그리고 거의 동시에 이런 말씀이 마음에 강하게 울렸다.

"세계선교를 위한 믿음의 기업을 너를 통해 이루리라."

너무나 선명한 음성이었다. 나는 하나님이 주신 말씀과 음성을 다시 입술로 암송했다.

"네 하나님 여호와께서 네게 허락하신 대로 네게 복을 주시리니 네가 여러 나라에 꾸어 줄지라도 너는 꾸지 아니하겠고 네가 여러 나라를 통치할지라도 너는 통치를 당하지 아니하리라"(신명기 15:6)

"세계 선교를 위한 믿음의 기업을 너를 통해 이루리라"는 하나님의 음성과 성경 말씀이 정말 정확하게 일치한다는 것에 놀라움과 두려움을 동시에 느꼈다. 나도 모르게 '하나님... 저는 아직 제 가족들도 다 전도하지 못한 그냥 그런 성도인데 세계선교라니요......'라는 고백이 나왔다.

그러나 하나님께서는 다시 한 번 강하게 '너를 통해 이루리라!'라는 확신을 주셨다. 그리고 세밀하신 음성으로 '모두 알고 모두 가진 자가 아닌 모두 내려놓은 너를 통해 이루리라'라는 말씀을 주셨다.

나는 그 순간에야 과거 아들을 살려주신 하나님께 뭐든 보답을 드리고 싶어 기도했을 때 모든 것을 바치라고 하셨던 하나님의 말씀이 바로 오늘 주실 비전을 위한 첫 번째 시험이었음을 깨닫게 되었다. 그리고 그것이 시험이었음을 확신하는 동시에 지금 주시는 이 말씀은 날 위한 비전임을 신뢰하게 되었다.

'하나님! 믿음의 기업을 이루겠습니다. 그것이 하나님이 주신 비전임을 신뢰합니다.'

"여호와께서 너를 위하여 하늘의 아름다운 보고를 여시사 네 땅에 때를 따라 비를 내리시고 네 손으로 하는 모든 일에 복을 주시리니 네가 많은 민족에게 꾸어 줄지라도 너는 꾸지 아니할 것이요 여호와께서 너를 머리가 되고 꼬리가 되지 않게 하시며 위에만 있고 아래에 있지 않게 하시리니 오직 너는 내가 오늘 네게 명령하는 네 하나님 여호와의 명령을 듣고 지켜 행하며"(신명기 28:12~13)

나는 그날 저녁 남편에게 나의 체험을 상세히 간증하며 하나님께서 우리에게 믿음의 기업을 주실 것이니 회사를 그만두라고 말했다. 그러자 남편이 허허 웃으며 이렇게 물었다.

"믿음도 좋지만 당장 내가 일을 그만 두면 우리 네 식구 어떻게 먹고 살 건지 대책은 있고?"

나는 하나님의 계획하심을 믿는다고 단호하게 말했다. 그제야 내 결심이 확고한 것을 느낀 남편이 이건 우리 네 식구 생계는 물론 미래가 달린 일이니 좀 더 신중하게 기도하고, 고민해 보자고 했다. 다소 혼란스러운 남편의 표정을 보니 내가 조금 성급했다는 생각이 들기도 해서 그럼 좀 더 기도하자는 걸 결론으로 대화를 정리했다.

그러나 내 마음에는 모든 걸 내려놔야 하나님께서 채움을 주실 거라는 생각이 확실하게 서 있었다. 거기에 '세계선교'라는 비전의 크기가 너무나 거대하니 하루빨리 준비해야 한다는 생각이 더해져 마음에 조바심이 났다.

'남편이 하나님을 믿기까지 꼬박 6~7년이 걸렸는데 세계선교라는 비전에 동감하기 위해서는 도대체 얼마나 기도를 해야 하는 걸까?'

나는 나의 고민이나 간절함으로는 상황을 바꿀 수 없다는 것을 이미 잘 알고 있었다. 그래서 그날부터 '세계선교 비전'이 나는 물론 우리 가정의 비전이 될 수 있기를 간절히 기도했다.

기도를 하면 할수록 태어나 오늘까지 나의 인생이 순간순간 반추되면서 '하나님의 기업'을 위한 훈련들이 삶속에 늘 존재했다는 것을 깨닫게 되었다. 너무나 놀라운 순간들이었다. **나는 그냥 살아왔다고 생각했는데 하나님을 모르던 때에도 하나님은 날 아시고 나에게 필요한 훈련을 주셨다는 걸 매일 깨닫게 되었다.**

'하나님... 하나님을 알기 전 오빠들로 인해 가정의 가세가 기운 건 그저 불행이고 재앙이었습니다. 그런데 이제 하나님을 알고 나니 그로 인해 제가 일찍 사회생활을 시작하고, 또 하필 미용 사원 일을 하게 하셔서 그 일을 하는 동안 각각 다른 경제 수준에 놓인 사람들을 두루 만나 가난한 사람의 일생도 듣게 하시고, 부자의 일생도 듣게 하심을 감사드립니다. 그리고 그 과정을 통해 사람의 행복에 있어 정말 중요한 것은 「돈」의 액수가 아니라 「목표」임을 알게 하심을 감사합니다. 나아가 우리 부모님의 일생을 통해 돈을 잘 버는 것도 중요하지만 그것을 자식에게 그냥 대물림하거나, 가족의 행복을 위해 사용하는 데 그치지 않고 보다 큰 목표가 있었다면 어땠을까? 라는 생각을 하게 하셨으니 그 또한 감사합니다.'

하루하루 이런 고백들의 연속이었다. 하나님을 만나기 전에는 내 인생의 모든 것이 그저 우연이었는데 하나님을 만나게 되니 모든 것에 이유가 생기고, 개연성이 생겼다. 그리고 그 안에 흐르는 스토리가 여전히 연결되고 있다는 생각이 들었다.

그 스토리의 주제는 경제였다.

부잣집의 막내딸로 태어나 부가 주는 달콤함을 누리던 나는 철들 무렵 그것이 아버지의 성실함과 어머니의 탁월한 경제 감각이 조화되어 부가 이루어졌다는 것을 깨닫게 되었다. 그런데 오빠들이 사업을 시작하면서 그 부가 갑작스럽게 이동했고 안타깝게도 산산이 흩어졌다. 하지만 아버지의 '성실함'과 어머니의 탁월한 경제 감각은 무형의 자산으로 남아 부를 창출하기 시작했고 모든 가산을 빚잔치에 사용한 후 수 년 만에 작게나마 집을 마련하고, 마련해 놓은 토지를 내가 시집갈 때 지참금으로 14,000평의 땅까지 주기에 이르렀다. 물론 그 땅까지도 하나님께 드렸지만...

이 모든 과정에서 내가 가장 크게 깨달은 것은 **목표가 없이 축적된 돈은 그만큼 쉽게 흩어진다는 것이었다.** 이런 생각은 성인이 되어 미용 사원 자격으로 다양한 형편의 사람들을 만나면서 더욱 굳어졌다. 많은 돈을 벌어 부는 이루었지만 그 돈을 버느라 누군가를 만날 시간을 낼 수 없었던 여사장님은 말년에 돈으로 해결 할 수 없는 외로움에 힘겨워했고, 젊은 나이에 화류계에 진출해 쉽게 돈을 번 미모의 여자 고객은 그 돈으로 사고 싶은 걸 다 사고, 하고 싶은 걸 다 해도 단 한 번 웃는 일이 드물 만큼 무미건조한 삶을 살고 있었다. 그런 두 고객을 보면서 결국 돈은 무엇의 수단은 될 수 있을 뿐 그 자체가 목표가 되면 안 된다는 생각을 하게 됐다.

사람은 누구나 돈을 벌고 싶어 한다.

나 역시 돈이 주는 편안함을 잘 알고 있었다. 그러나 다행히 큰 욕심이 없어 남편이 벌어다 주는 돈을 잘 굴리되 우리 네 가족이 행복하면 된다는 생각으로 살아왔다.

그런데 지금 생각해 보니 '욕심이 없다'는 합리화로 안주를 선택했다는 생각이 들었다. 내 부모님과 마찬가지로 나의 남편에게는 성실이라는 능력이 있고, 나에게는 어머니에게 물려받은 경제 감각이 있는데 우리 부부는 그중 남편의 성실만을 활용해 살고 있었다.

나는 이제 나의 능력도 힘껏 활용해 보고 싶다는 생각을 하게 됐다. 우리 네 식구를 위한 경제 활동이 아닌 세계선교를 위한 경제활동으로 삶의 목표가 바뀐 것이 가장 큰 이유였다.

나는 세계선교라는 엄청난 비전을 내 목표로 품고 그 비전을 이루기 위해 다시 한 번 능동적으로 경제활동을 할 결심을 했다.

나는 남편에게 이런 내 포부를 이야기하고 세계선교라는 비전을 이루기 위해서는 사업장이 필요하다고 말했다. 내가 다른 직장을 얻어 일해봐야 지금 당신이 월급으로 벌어오는 돈의 50%에서 70%를 벌 수 있을 텐데 그것으로는 세계선교를 할 수 없을 것 같으니 당신이 우선 회사를 그만두고 퇴직금을 받아 그 돈을 밑천으로 사업을 시작하자고 말했다. 내 말을 들은 남편은 둘 다 나이가 더 들기 전에 사업을 시작하는 건 좋지만 이렇다 할 아이디어도 없는데다가, 둘 다 사업 경험이 없다는 걸 이유로 망설였다. 나는 "일단 모든 걸 내려놓으면 하나님께서 채워 주실 것이다"라는 말로 남편을 설득했다. 그러나 네 가족의 생계가 달린 일 인 만큼 남편이 결심을 세우는 데 시간이 오래 걸렸다.

결국 6개월이나 시간이 흐른 뒤에 남편이 사표를 냈다.

마침내 모든 것을 내려놓게 된 우리 부부는 하나님 앞에 나아가 하나님의 기업을 달라고 부르짖었다. 그때 우리 손에 있는 돈이라고 해봤자 퇴직금 사백구십팔만 원이 전부였는데 그걸 들고 기업을 운운하며 기도를 했으니 담대해도 너무 담대한 기도였다.

실제로 남편이 J식품을 그만 두었다는 소식과 이제 사업을 할 거라는 우리의 계획을 들은 주변 형제나 친지들은 우리가 전에 사업을 해본 경험이 없고, 심지어 나는 꽤 오랫동안 가정주부로만 살아온 것을 이유로 남편과 내가 새로운 사업을 벌이는 건 위험하다고 충고했다. 그런 말을 들은 날은 다소 의기소침해 지기도 했지만 그래도 이튿날 새벽이면 교회로 나가 기도를 했고, 그때마다 신명기 8장 18절 말씀을 암송하고 묵상하며 새 힘을 얻었다.

"네 하나님 여호와를 기억하라 그가 네게 재물 얻을 능력을 주셨음이라

이같이 하심은 네 조상들에게 맹세하신 언약을

오늘과 같이 이루려 하심이니라"

4

SUCCESS

번성 창대케
하심을 믿다

"네 시작은 미약하였으나 네 나중은 심히 창대하리라"
(욥기 8:7)

번성 창대케하시는 하나님!

하나님의 은혜를 갚고자 하는 순전한 마음에 부어 주신
놀라운 비전을 이루게 하고자
하나님은 우리를 번성케하고 창대케 하신다.
세상의 기업은 성장 후 기여하지만 하나님의 기업은 기여를 위하여 탄생한다.
우리는 늘 생명력 있는 갈릴리 호수의 삶을 살아야한다.

다섯 평으로 시작

 기도하며 여러 날 고민하던 우리는 청주를 떠나 수원
으로 거처를 옮겼다. 포터 한 대를 빌어 거기에 세간을
싣고 내가 작은 아이를 안고 조수석에 타고, 남편이 큰 아이를 데리
고 짐칸에 탔다.

처음 청주에 신접살림을 차릴 때는 처가와 시댁 사람들로 떠들썩
하게 이삿짐을 옮기고 신접살림치고는 집이 크다는 칭찬을 들으며
시작했는데, 잘 다니던 J식품에 사표를 내고 아무런 기약 없이 다시
수원으로 터전을 옮기는 것이니 양가의 환영도 없었고, 나중에 어떻
게 될지 몰라 가장 싸게 빌릴 수 있는 포터를 빌려 남편과 내가 짐
을 꾸리고 오직 말씀에 순종하여 청주를 떠났다.

수원 송죽동 주택 1층으로 이사를 온 첫날 전세방에 대충 짐을 정리한 다음 작은 아이를 등에 업고, 큰 아이의 손을 잡은 채 친정집을 찾았다. 친정엄마는 아이들을 데려오면 너무 귀하게 여기고 예뻐하시던 분이라 아이들을 앞세우면 문이라도 열어주시겠지...라고 생각했는데 내 오산이었다. 엄마는 끝내 문을 열어주지 않으셨고 마지막엔 "그 애들까지 예수쟁이 만들어 신세 망치면 내가 정말 가만히 있지 않겠다"는 목소리만 아파트 안에서 들려왔다. 그 소리에 놀란 아이들은 울음을 터트리며 집에 가자고 보채기 시작했다. 요 며칠간 이사에, 이런저런 살 궁리로 지쳐 있던 나는 그 길로 아이들을 데리고 집으로 돌아왔다.

울다 지친 애들을 재우고 집 앞 골목으로 나왔다.
사업할만한 꺼리가 있는지 알아보러 나간 남편을 마중할 겸 길에서 서성거리고 있는데 저쪽 골목 입구에 크고 작은 간판들이 보였다.
무지개 슈퍼, 금강 전파사, 나주상회... 저 많은 가게들 중 무얼 해야 기업으로 키울 수 있을까...
하지만 아무런 좋은 생각도 떠오르지 않았다. 한참을 그렇게 서 있으니 영업을 마친 가게들이 하나 둘 간판 불을 끄는데 내 마음에 희망도 그렇게 맥없이 수그러드는 기분이 들어 마음에 수심이 가득 찼다.
"내가 괜한 일을 벌인 걸까? 이사 비용도 생각보다 많이 나오고... 친정엄마의 마음은 전보다 더 멀어졌구나...."

나는 나도 모르는 사이 친정엄마에게 은근한 기대를 했다는 걸 깨닫게 됐다. 정말 힘들면 어머니가 좀 도와주겠지라는 마음이 내 안 깊은 곳에 있었다는 걸 알게 된 순간, 나를 여기까지 끌고 온 것이 누구를 향한 믿음인지 잠시 혼란스러워졌다.

나는 하나님을 믿고 여기까지 왔다고 생각했는데 그 와중에도 내심 사람의 생각으로 살길을 찾아 친정어머니 그늘로 온 것 인가... 하지만 오늘 어머니의 차가운 모습을 보니 내가 의지 할 곳은 하나님 밖에 없다는 생각이 들었다.

이런저런 생각을 하는데 멀리서 비틀비틀 걸어오는 남편의 모습이 보였다. 아무래도 일이 잘 풀리지 않아 술을 한잔 한 모양이다. 축 처진 남편의 어깨를 부축해 집으로 들어오는데 내 마음에 미안함이 가득 차올랐다.

'그래... 이 모든 일은 내가 시작했다. 남자만 여자를 책임지라는 법 있나? 이 가정에서 내가 먼저 하나님을 믿는 복을 누렸으니 남편 역시 그 복을 누리게 내가 더욱 헌신하자. 난 이 모든 사태를 책임 질 수 있다. 나에겐 기도가 있으니 그것으로 모든 걸 바로잡고 더 잘 되게 만들 것이다.'

다시 눈물의 기도가 시작됐다. 내심 믿었던 친정어머니라는 의지처도 믿을 수 없게 되었으니 나에겐 정말 오직 하나님 한 분 뿐이었다. 남편은 언제나처럼 말없이 묵묵하게 기도를 했고, 나는 새벽마다 울며 부르짖으며 기도를 했다. 아이를 봐줄 사람이 없으니 옆에 두 아이를 눕혀 놓고 부르짖어 기도하다가 아이들이 깨서 울면 다른 사람들에게 방해가 될까봐 업고 나가 달래서 재우고 다시 들어와 기도하기를 반복하는 날들이 계속됐다.

"내가 주의 지성소를 향하여 나의 손을 들고 주께 부르짖을 때에 나의 간구하는 소리를 들으소서"(시편 28:2)

남편도 나도 일 없이 한 주를 보냈더니 이사비용이며 생활비로 돈이 계속 줄어들기만 했다. 이러다가는 아무것도 못 해보고 돈을 모두 쓸 것 같아서 우선 가게 자리를 계약하기로 했다. 가게가 있으면 하다못해 과일이라도 떼어다 팔 수 있고 뭐든 할 수 있으니 도움이 될 것 같다는 생각이 들어 당장 동네 복덕방을 돌아다녔다. 우리가 가진 돈이 얼마 되지 않아 선택의 폭이 좁았고 그 덕에 빨리 결정을 할 수 있었다. 단 며칠 만에 **보증금 오백만 원에 월세 이십만 원을 내는 조건으로 수원 권선동 1061-2번지에 위치한 다섯 평짜리 점포를 얻게 되었다.**

점포를 계약하는 날 복덕방 아저씨가 여기서 무슨 장사를 할 거냐고 물어보면서 간판이나 집기류가 필요하면 아는 사람이 많으니 소개해주겠다고 하기에 아직 정한 게 없다고 했더니 너무 황당한 표정으로 우릴 쳐다보았다. 그러면서 하는 말이 "세상에서 제일 득달같이 달려오는 게 월세 내는 날이니 얼른 뭐든 시작하시오"라고 했다. 그때 복덕방 아저씨의 황당한 표정과 말투를 보니 우리가 정말 대책 없이 일을 저지르고만 있다는 생각이 다시 들었다.

점포를 얻었지만 정작 무얼 할지 몰랐던 우리 부부는 그날부터 금식기도로 하나님께 매달렸다. 수원 순복음교회를 찾아가 지하 성전에서 지내며 3일을 꼬박 금식하고 기도를 했다. 그런데 마지막 날 작정 새벽 기도 3일째 되던 날, 하나님께서 또 한 번 세밀한 음성을 들려주셨다.

"사랑하는 딸아... 오늘 너에게 주의 천사를 보내마."

단 한마디였는데 마음에 너무 선명하게 들려왔다. 나는 엎드린 채로 울며 "하나님 믿습니다. 오직 순종으로 하나님의 모든 말씀과 계획하심을 따라가겠습니다"라고 고백했다. 나는 예배당 한 쪽에서 잠든 아이들을 깨워 집으로 돌아왔다. 하나님께서 오늘 안에 우리에게 새 일을 주실 거라고 굳게 믿고 준비를 시작했다.

집에 도착하자마자 집 안과 밖을 깨끗하게 청소하고 우리가 입을 옷도 잘 다려 준비했다. 아침 밥상을 차려 배를 든든히 채우고 설거지를 하는데 전화가 한 통 걸려왔다.

받아보니 큰 오빠의 친구였다. 이전에도 사업을 여러가지 한 적이 있는 분이라 좋은 사업이 있으면 나에게도 알려달라고 해 놨었는데 오늘 전화가 온 것이다. 내 목소리를 확인한 오빠의 첫 마디는 "순복아, 돈 하나 없이도 할 수 있는 장사가 있다!"였다.

놀란 내가 정말 그런 장사가 있냐고 물어보니 "백조 싱크대라는 회사에서 대리점 무상 오픈 캠페인을 하고 있으니 본사로 찾아가 봐!"라고 말했다.

그날 오후 남편과 함께 '백조 싱크' 본사를 찾아갔다.

수원지역을 담당하는 분을 만나 '대리점 무상 오픈 캠페인'에 대한 상세한 설명을 듣게 되었다. 백조싱크에서 대리점을 늘리는 목적으로 간판, 내부 인테리어와 집기, 제품안내서를 무상으로 지원해주고 있으니 가게만 준비하면 바로 오픈이 가능하다는 내용이었다. 현재 우리상황과 딱 맞는 조건이었다. 오늘 새벽에 하나님께서 "오늘 너에게 주의 천사를 보내마"라고 말씀 하신 게 떠오르며 '바로 이 기회를 두고 하신 말씀이구나'라는 생각이 들었다. 두 번 망설일 것 없이 대리점 계약을 하고 매장 오픈 날짜까지 받았다.

간판 공사와 인테리어가 일사천리로 진행되었고 1992년 4월 5일 5평에 백조싱크 수원남부 대리점을 오픈 하게 되었다.

간판과 인테리어는 회사에서 지원해 줬지만 샘플 싱크대는 우리 돈으로 사야했다. 마음 같아서는 이런 저런 디자인을 많이 들여놓고 싶었지만 가게도 좁고 가진 돈도 얼마 없어 싱크대 두 세트를 진열하고 가게를 열기로 했다.

장사에 앞서 첫날 목사님을 모시고 창업예배를 드렸다. 예배를 인도하시던 목사님께서 "십일조를 오십만 원 드릴 수 있는 기업이 되리라"고 선포해주셨다. 그때 나는 십일조 5만 원을 드리고 있을 때였다. 나는 망설임 없이 "아멘. 아멘. 오십만 원! 하겠습니다"라고 대답했다. 월세 이십만 원짜리 가게에서 월 매출 오백만 원 이상을 선포한 것이다. 목사님께서는 그 열정과 패기대로 될 것이니 반드시 십일조 오십만 원을 하는 사업장이 되길 바란다고 다시 기도하고 선포해주셨다. 그런데 그 순간 내 마음에 반드시 그렇게 될 것이라는 확신과 함께 그것을 믿고 먼저 드리면 하나님께서 더 확실하게 축복해 주실 거라는 믿음이 들었다.

"너의 행사를 여호와께 맡기라 그리하면 네가 경영하는 것이 이루어지리라"(잠언 16:3)

그런데 대리점을 준비하는 동안에 모든 돈을 다 써버려서 주머니에 오십만 원이 없었다. 고민하던 나는 다시 한 번 용기를 내서 어머니를 찾아갔다. 나는 닫힌 문을 붙들고 안에 계신 어머니에게 소리쳤다.

"엄마! 내가 권선동에 싱크대 대리점을 하나 차렸어요. 그런데 지금 오십만 원이 꼭 필요해요. 수중에 있던 돈으로 가게를 꾸리고 나니 한 푼도 없는데 꼭 오십만 원이 필요해요!"

안에 어머니가 계시는지 안 계시는지도 확인 할 수 없는 상태에서 냅다 소리만 질러본 상태라 잠시 기다렸다. 그런데 아무런 인기척이 없기에 오늘은 허탕인가 싶어 돌아서는데 텅! 하는 소리와 함께 현관문 잠금이 열렸다. 3년 만에 어머니가 나에게 문을 열어 주신 것이다. 생각 같아선 한 걸음에 달려 들어갈 것 같았는데 뭔가 어색하고 미안해서 주춤주춤 하며 집안으로 들어갔다.

거실에 하얀 봉투를 든 어머니가 서 계셨다.

내가 '엄마…'라고 부르기도 전에 봉투만 내려놓고 안방으로 들어가셨다. 봉투를 열어보니 만 원짜리 오십 장이 들어있었다. 거실에 앉아 잠시 기다렸지만 안방문은 열리지 않았다. 나는 오늘 대문이 열린 것에 우선 감사하고 조만간 다시 찾아와야겠다는 생각을 하고 집을 나섰다.

내 손으로 대문을 닫고 돌아서 오는데 눈물이 왈칵 났다. 어머니가 미워서가 아니었다. 내가 무언가 사업을 시작했다는데 얼마나 하실 말씀이 많으시고, 도와주고 싶으실까.... 결국 그 마음을 이야기 못하시고 이렇게 돈을 주셨으니...

지난 3년 간 날 문전박대한 미움이 새로 사업을 시작한 내 걱정에 녹아졌다는 게 느껴졌다. 그만큼 사업이란 게 녹록치 않다는 걸 어머니는 알고 계셨고, 나는 그 일을 지금 하려고 하는 것이다. 나는 하얀 봉투를 꽉 쥐고 어머니 딸답게 이 사업을 정말 잘 해내겠다고 굳게 다짐했다.

"너는 범사에 그를 인정하라 그리하면 네 길을 지도하시리라"(잠언 3:6)

바라봄의 법칙

사업을 시작하고 내가 가장 먼저 한 일은 어머니께 빌린 오십 만원으로 선 십일조를 드린 것이다. 그 다음으로 한 일은 아침에 출근하자마자 대리점이 있는 상가를 일곱 바퀴 돌며 여리고 성의 기적을 소망한 것이다.

현재는 다섯 평이지만 믿음으로 순종하면 그 작은 평수의 한계가 무너지고 이 나라와 세계가 나의 사업터가 될 것임을 믿었기 때문이다. 기도와 함께 상가 돌기를 마치면 대리점으로 돌아와 책상 앞에 앉아 팩스를 켜고, 그날 일할 준비를 하면서 다시 한 번 기도를 했다.

마음속에 꿈과 비전은 원대했지만 태어나 처음 하는 일인 만큼 말과 손은 서툴러 많은 시행착오를 겪었다.

일단 손님이 들어오면 가슴이 콩닥콩닥 뛰었다. 전에 미용 사원으로 일해 본적이 있어 낯선 사람을 대하는 것 자체는 두려움을 느끼지 않았지만, 싱크대와 주방가구에 대해서 아직 잘 알지 못하니 그걸 들킬까봐 겁이 났던 것 같다. 실제로 손님 중 몇 분은 내가 초보라는 걸 눈치 채고 이런저런 옵션과 서비스를 요구하였고 아무것도 모르는 나는 당연히 해줘야 하는 서비스인 줄 알고 전부 해드리겠다고 했는데 나중에 대리점에 확인하니 손님께 약속드린 옵션과 서비스가 모두 유료라서 그 값을 고스란히 내가 치르기도 했다.

또 어떤 날에는 모델 번호를 착각해서 삼십만 원 짜리 싱크대를 십만 원에 팔아 큰 손해를 보기도 했고 그러다 어떤 날에는 십만 원 짜리를 이십만 원에 팔았는데 손님이 몰고 온 트럭에 물건을 바로 싣고, 돈도 현금 계산한 터라 되찾아 줄 길이 없어 내내 미안해했던 기억도 있다.

이런 우여곡절을 겪고 첫 달 정산을 하니 매출액 오십만 원이었다. 대리점을 연 첫날에 오백만 원 매출 오십만 원 십일조를 선포했는데 그의 10분의 1일인 오십만 원 매출에 오 만원 십일조를 하게 된 것이다. 한 술 밥에 배부를 수 없다는 건 당연히 잘 알고 있었지만 대리점을 차리는 모든 과정이 정말 기적 같았으니 장사도 기적

같이 될 거라고 내심 기대를 했는지 사람 마음이 참 연약해 실망감
이 크게 들었다.

몸도 마음도 고된데 갈 길은 멀게만 보이니 여러 날 의기소침해
졌다. 특히나 나를 힘들게 하는 건 청주에서 지낼 때 보다 훨씬 못
한 하루하루를 보내는 아이들의 모습을 보는 것 이었다. 사업을 시
작했다는 말에 마지못해 오십만 원을 내어 주었다고 해서 친정엄
마의 마음이 풀린 것은 아니었다. 내가 하나님을 믿은 후 3년 간 생
긴 공백이 그 한 번의 왕래로 해결 될 리 없었고, 시댁 역시 내가 교
회를 다니는 걸 싫어해 모든 지원을 끊은 상태였다. 결국 남편과 나
외에는 아이들을 돌볼 사람이 아무도 없었다.

청주에 있을 때는 오전에 잠깐 유치원을 다녀오고 그 다음 나와
함께 지냈던 아이들이 수원에 오자마자 종일반에 맡겨졌다. 유치원
에서 아침, 점심, 저녁을 먹은 아이들은 오후 6시에 대리점으로 왔
다. 하지만 그때에 대리점에 손님이 있으면 아이들을 돌볼 수가 없
어 여섯 살인 큰 아이에게 백 원을 주고 동생 손을 붙들려 내보낸
다. 그러면 두 아이가 상가 뒤편 문방구에서 떡볶이나 어묵으로 군
것질을 하고 놀이터에서 해가 지도록 놀았다.

어느 날엔 대리점 셔터를 내리고 아이들을 데리러 갔더니 여섯 살
첫째가 벤치에 앉아 졸고 있고, 둘째는 그런 첫째의 무릎을 베고 아
예 잠들어 있었다. 얼굴에는 땟국이 흐르고 옷에는 떡볶이 국물이
묻어 누가 봐도 거지 같은 몰골이라 아이들을 부르지도 못하고 엉엉
울어버렸다.

하지만 또 다음날이 되면 아침 일찍 아이들을 유치원에 데려다주고 저녁 6시쯤에 아이들이 유치원을 마치고 돌아오면 큰 아이에게 백 원을 들려 내보내야 했다. 그러다 주일이 되면 아침 7시부터 밤 열시까지 교회 안에서 놀았다.

예배는 오전 9시와 11시였지만 여 선교회장과 엘조이라는 이름의 찬양 선교단 단장을 맡아 일 할 때라 주일 아침 7시 기관장들 모임에 참석하는 것을 시작으로 오전 예배, 찬양인도, 저녁예배 후 찬양연습까지 하면 밤 10시였다. 평일보다 더 바쁜 주일을 보내는 엄마를 기다리느라 아이 둘은 교회 안에서 하루 종일 놀았다. 나중엔 교회 집사님들이 우리 애들을 두고 성전에서 크는 아이들이라며 '사무엘'이라고 부를 정도였다.

처음엔 아이들이 성전에서 지내는 시간이 너무 많아 그렇게 부르나보다 무심하게 넘겼는데 들으면 들을수록 사무엘이라는 말이 축복으로 느껴졌다. 나는 예배를 드리기 위해 어쩔 수 없이 아이들을 교회 마당에 풀어놔야 했다는 형편 대신 그로인해 많은 성도들에게 사무엘이라 불리게 된 것을 더 비중 있게 바라보기로 했다.

'그래... 결국엔 내가 무엇을 바라보느냐에 따라 상황이 변화 할 것이다. 우리 아이들은 사무엘과 같이 신실하고 총명하게 자랄 것이다. 오직 그것만을 바라보자.'

모든 상황에서 좋은 것을 보느냐 나쁜 것을 보느냐는 우리의 선택이다. 나는 하나님께서 주신 자유의지를 긍정사고를 하는데 사용할 결심을 했다. 모든 선택의 상황에서 긍정과 발전을 택할 결심을

한 나는 이후 모든 태도를 하나씩 바꿔 나갔다.

엄마 노릇을 제대로 하기위해 지금의 사업을 포기해야하나 고민하는 대신 더 많이 기도하는 방법을 선택했다. 출근 후 건물 주위를 일곱 바퀴 돌며 여리고 성의 기적을 묵상 할 때도 더 씩씩하게 걸었다.

사업장 셔터를 열고 들어가 책상에 앉으면 하루를 위해 기도하는 것은 물론 사업에 필요한 책들을 틈틈이 읽기 시작했다. 그리고 이 습관은 나의 인생에 큰 터닝 포인트가 되었다. 전에는 일부러 읽으려고 해도 잘 읽어지지가 않던 경제 신문부터 사업가들의 전기들이 이 무렵부터는 눈과 마음에 쏙쏙 들어왔고 좋은 아이디어는 즉시 실천했다. 그중 내가 첫 번째로 시도한 방법은 '바라봄의 법칙'이었다.

"믿음은 바라는 것들의 실상이요 보이지 않는 것들의 증거니"(히브리서 11:1)

바라봄의 법칙을 세우고 실천하게 된 최초 계기는 어느 책에서 읽은 '머릿속에 있으면 상상 이지만, 글로 적는 순간 실천이 된다'는 한 줄의 글이었다. 여기에 성전에서 놀고 있는 내 아이들을 '엄마 없이 심심한 아이들'로 볼 것이냐 사무엘이라 믿을 것이냐 라는 갈림길에서 결국 사무엘을 선택함으로 마음에 평안이 찾아 온 경험을 더해 '반드시 현실로 만들고 싶은 긍정적인 관점'을 세우기로 했다.

나는 깨끗한 A4용지를 꺼내 일 매출, 주간 매출, 월 매출, 상반기 매출, 일 년의 매출을 적는 칸을 만들었다. 곧장 액수를 적으려고 하다가 그건 내가 결정 할 수 있는 일이 아니기에 기도를 하기로 결정하고 대리점이 쉬는 날 오산리 기도원으로 갔다. 나는 일 매출, 주간 매출, 월 매출, 상반기 매출, 일 년 매출 칸이 적힌 종이를 들고 기도 굴로 들어갔다.

'하나님! 이 기업의 주인은 하나님이십니다. 그러므로 이 기업의 금융계획 또한 하나님께서 세워주실 것을 믿습니다. 저는 그것을 이루기 위해 일하는 일꾼입니다. 하나님이 사업장에 꼭 맞는 계획을 세워주세요!'

기도하는 가운데 맨 처음 이 사업장을 열고 예배를 드렸을 때 목사님께서 선포해주신 '십일조 오십만 원'이 떠올랐다. 이제 어느 정도 장사를 해봤으니 하루에 얼마를 벌어야 그 정도 월 매출이 나오는지 계산을 할 수 있게 되었다. 나는 월 매출 오백만 원, 연 간 매출 육천만 원을 기준으로 빈 칸 들을 채워나갔다.

이것을 응답으로 확신한 나는 대리점으로 가서 같은 내용의 매출 계획표를 여러 장 만들었다. 그리고 그것을 대리점과 집안 곳곳에 붙여 놓았다.

어떤 시련과 어려움이든 그걸 이길 방법이 기도 밖에 없다는 걸 뼈저리게 느끼던 하루하루였다. 시댁도 친정도 일가친척 누구하나 나를 돕지 않았다.

"저 아이는 지금 예수에 미쳐서 사리분별이 온전하지 않다"가 이유였다.

그러므로 나는 그들을 전도하기 위해서라도 "예수님" 한 분으로 보란 듯 성공을 해야 했다. 처음에는 사방이 꽉 막혀 어디로도 도망

갈 수 없어 두려웠지만 어느 순간에 보니 동서남북 사방으로 막힌 현실이 '남은 것은 하늘이니 오직 하늘만 보라'는 하나님의 메시지로 느껴질 만큼 마음에 은혜가 가득했다.

그러자 정말 기적이 일어나기 시작했다.

기도하며 작성한 매출 계획표를 책상, 냉장고, 화장실, 화장대에 붙여 놓고 일어나자마자 읽고, 점심에도 읽고 저녁에도 읽었다. 그렇게 눈으로 바라보고 입으로 시인하니 매 순간 그것을 이룰 방법을 찾게 되었다.

과거엔 손님을 대할 때 머릿속에 많은 생각들이 들어있었다. 아이들에 대한 걱정, '과연 이길이 맞는 것인가'라는 회의, 또 어떤 날에는 단순하게 배가 고프고 쉬고 싶다는 욕구 등이 늘 교차됐다. 그런데 눈만 돌리면 매출 계획표가 보이니 그것을 이룰 수단인 손님에게 모든 오감이 집중됐다. 목표가 집중력을 만드는 것을 온몸으로 경험하게 된 순간이었다. 또한 원하는 것을 파는 것이 세일즈라고 생각했던 것에서 생각이 발전해 「고객의 필요를 파악하고 제안하는 세일즈다」라는 나만의 철학을 갖게 되었다.

이런 생각의 변화는 점점 매출의 변화로 이루어졌고 이제 나는 '무엇이 필요하세요?'라는 말 대신 그 고객이 하루 동안 주방에서 무슨 일을 하는지를 묻고 그 고객이 되어 주방에서의 동선을 체크해 필요한 것을 제안하는 나만의 노하우까지 갖게 되었다. 우리 대리점에 가면 싱크대가 아닌 원하는 '주방 디자인'을 갖게 된다는 입소문이 났고 멀리서도 고객이 찾아오기 시작했다. 점점 매출이 상승

하기 시작했다. 그 후 1년 매출 오백만 원과 십일조 오십만 원 목표
가 달성되었다.

관리자 프로젝트

수원에 싱크대 대리점 문을 연 이듬해부터 매년 새해
첫날이 되면 오산리 기도원으로 올라갔다. 지난해 매출
계획표를 통해 큰 은혜를 받은 것에 감사하고 이제 다시 시작되는
한 해의 비전을 받기 위해 간절히 기도했다. 다시 하나님의 인도하
심을 받아 지난해 보다 훨씬 큰 목표액이 적힌 매출 계획표를 작성
하게 되었고, 그 계획표에 따라 그 목표를 이룰 방법을 놓고 간절히
기도하는 가운데 '다섯 개의 통장'이라는 아이디어를 얻게 되었다.

이전에 사업을 해본 경험이 전혀 없는 남편과 내가 무작정 사업
을 시작해 일 년을 무사히 버틴 것 자체가 하나님의 은혜였다. 우리
가 세 들어 있는 상가 안에 점포들만 봐도 그 사이 몇 군데나 문을
닫고 새로운 간판이 달렸다. 그러므로 내 마음에는 올 한해도 빚지
거나 적자를 내지 않고 이 사업이 무사하게 해달라는 기도가 먼저
였다. 그런데 막상 기도가 뜨거워지면 '이 기업을 번창하게 하소서'
라는 소망이 선포 되었다.

남들은 우리 사업장을 두고 가게라고 말하고, 실제로 고작 다섯
평에 불과한 싱크대 대리점이니 사업체나 기업이라는 말보다는 가

게라는 말이 어울리는 상태였다. 하지만 대리점 문을 연 날부터 나는 한 번도 내 사업장을 가게라고 생각하지 않았다. 이 자리에서 기업이 일어날 것이라 믿었고, 매일 아침 상가 주변을 일곱 바퀴씩 돌면서 대리점을 둘러 싼 다섯 평의 한계가 무너지고 세상에 우뚝 서는 기업이 되기를 기대하고 소망했다.

'하나님, 저의 계획은 모두 내려놓겠습니다. 하나님께서 이끌어주시는 대로 담대하게 나아가겠습니다. 올 해 어떤 기적이 일어난다 해도 저는 놀라지 않겠습니다. 이 기업이 세계선교를 위해 세워진 기업임을 분명히 하고 이제 시작 될 기적과 축복은 오직 선교를 위한 준비로 알겠습니다. 청지기로서의 역할을 신실하게 수행하겠습니다.'

그날 기도 가운데 나는 매월 오천만 원의 매출을 다시 선포했다.

다섯 평의 매장에서 매월 오천만 원의 매출이라니… 더군다나 마진이 정확하게 정해져 있는 주방가구 대리점을 하면서 전년 대비 100%이상 매출 성장을 계획한다는 것은 상식적으로 말이 안 되는 일이었다. 하지만 나는 상식을 믿는 대신 하나님을 믿기로 결심하고 더욱 간절히 하나님께 매달렸다.

'아버지 매월 오천만 원의 매출은 아주 큰 돈 입니다. 전에는 이런 수입을 가져 본 적도 없고 관리 해본 적도 없으니 그 돈을 관리 할 지혜를 주세요.'

나는 하나님께서 내게 보여주신 월 오천만 원의 매출을 생생하게 믿었고, 거기서 한 걸음 더 발전해 그 돈을 관리 할 방법을 하나님께 여쭈어 보았다. 하나님께서 이 사업장을 허락하신 목적이 선교이므로 선교에 적극적으로 지출해야겠다는 생각이 들었는데 그 동시에 '사업장을 키워야 지속적으로 선교를 할 수 있지 않나?'라는 반문도 들었기 때문이다.

'아버지 지금 생각 같아서는 제게 허락하신 매월 오백만 원을 모두 선교에 사용해도 아깝지 않습니다. 그러나 그렇게 되는 순간 지금 사업장은 계속 다섯 평에 머물 것이고, 매출액도 오백만 원에 머물 것입니다. 이왕이면 그보다 더 많은 매출을 내고 더 큰 선교 사역을 하고 싶습니다. 그러나 저에게는 지금 현재 다섯 평의 매장을 운영하는 경제 지식 밖에 없습니다. 하나님 저에게 지혜를 주시기를 소망합니다.'

나는 돈을 버는 능력만큼 중요 한 것이 돈을 관리하는 능력이라는 생각을 늘 갖고 있었기에 이제 본격적으로 사업이 확장 될 이 시점에서 가장 절실하게 구할 것이 '하나님이 주신 재물을 올바르게 관리하는 방법'이라고 생각했다. 내 마음 안에 선교에 대한 비전이 확고하게 서 있는 한 하나님께서 내게 재물을 주시지 않을 이유가 없었다. 그러니 재물의 복은 이미 허락하신 줄로 믿고 그 재물을 잘 관리 할 능력을 소망했다. 그렇게 한 참 기도하는 중에 나의 마음에 '관리자'라는 말이 또렷하게 남았다. 나는 잠시 기도를 멈추고 그 말 자체를 깊이 묵상했다.

관리자라는 말 안에는 권한과 한계가 분명하게 정의되어 있다.

하나님께서 주신 재물 앞에서 나의 역할은 분명코 관리자이다. 하나님께서 허락해주신 재물을 운용하고 사용 할 수 있는 권한은 있지만 그것의 궁극적인 주인은 내가 아니다. 이런 기준을 명확하게 세우자 마음에 이런 아이디어가 떠올랐다.

'내가 관리하는 주인의 돈과 내게 허락된 수고의 대가를 분명하게 구분하는 일부터 시작해보자. 지금까지는 매출에서 십일조를 제한 나머지 금액을 나의 소유라 생각해 사용했는데 이제부터는 이 기업이 세워진 궁극의 목적인 선교를 위한 비용을 제하고, 또 일부는 이 기업을 위해 재투자하자. 그리고 나머지 금액에서 저축과 나의 수고비를 제하자.'

나는 다섯 개의 통장을 만들고 각각 정해진 목적별로 돈을 구분해 관리해가야겠다는 구체적인 계획까지 떠올렸다. 묵상 중에 떠오른 귀한 아이디어가 사라질까봐 얼른 노트를 꺼내 '다섯 개의 통장을 만들어 돈의 흐름을 투명하게 하자'라고 메모를 하고 이 결심과 실천과정을 꾸준히 메모하기 위해 '관리자 프로젝트'라는 제목까지 붙였다. 기도원을 떠나오는 길에 은행에 들러 다섯 개의 통장을 만든 다음 대리점으로 향했다.

셔터를 열고 대리점에 들어서니 다섯 평의 공간이 나를 맞이했다.

어제와 다름없는 가게의 모습을 보니 내 손에 들린 '월 오천만 원 매출계획표'가 문득 허황되게 느껴졌다. 나는 얼른 눈을 감고 큰 목소리로 비전을 선포했다.

'하나님, 이 매장에서 월 오천만 원의 매출이 일어 날 것을 믿습니다. 그 재물로 선교 사명에 충실하고 은혜와 복을 받아 세상에서 축

복의 통로가 되는 세계 선교 기업으로 무럭무럭 확장 될 것을 믿습니다.'

전심으로 비전을 선포하니 다시 마음에 힘이 차올랐다.

매출표를 여러 장 복사해 눈에 잘 보이는 곳에 붙이고 다섯 개의 통장에 번호와 이름표를 붙였다.

1. 십일조

2. 선교헌금

3. 종잣돈(씨앗돈)

4. 배가 재테크(투자 준비금)

5. 생활비

통장 앞에 붙인 숫자는 우선순위를 의미했으며 생활비 통장 옆에는 감사헌금과 일천 번제 헌금 포함이라고 메모를 했다. 이제 매월 매입 매출 정산 후 순 수익금이 확정되면 첫 번째 통장에는 십일조를, 두 번째 통장에는 선교헌금을, 세 번째 통장에는 종잣돈(씨앗돈)을 위한 자금을, 네 번째 통장에는 배가 재테크(투자)를, 다섯 번째 통장에는 생활비를 넣는 것을 원칙으로 하고 감사헌금과 사업을 위한 일천 번제 헌금, 자녀를 위한 일천 번제 헌금은 생활비에서 드리는 프로젝트가 시작 된 것이다.

이렇게 통장을 분류한 가장 큰 이유는 이 사업장의 주인이 내가 아닌 하나님이심을 확실히 하고 싶었기 때문이다. 남편과 내가 대리점의 대표 역할을 맡아 운영하고 그 수익을 내가 관리하지만 어디까지나 나는 관리자(청지기)의 신분이고, 모든 수입은 이 사업장을 열어주신 하나님의 뜻을 최우선으로 해야 한다는 생각에 '세계선교기업'이라는 설립 목적에 충실하도록 십일조와 선교헌금을 최우선으로 두고 그 다음 종잣돈, 배가 재테크(투자금), 생활비 순서로 우선순위를 정했다.

다섯 개의 통장을 분류해 두 달 정도 운영해보니 돈의 흐름이 투명하고 정확해졌다. 사업장은 물론 우리 가정의 경제도 안정이 되었다. 그리고 시간이 점점 흐를수록 다섯 개의 통장은 뜻밖의 위력을 발휘했다. **처음엔 하나님이 우리 사업체의 주인이시고 나는 그 돈을 관리하는 사람으로서 돈의 흐름 자체를 투명하게 하겠다는 의도가 전부였는데 그 위력은 어떤 경제전략 보다 강력했다.**

우선 첫 번째 효과로는 매출의 많고 적음에 휩쓸리지 않고 적당한 생활비를 지출 할 수 있게 되었다는 점이다.

그런데 이 생활비라는 항목이 늘리면 한 없이 늘어날 수 있는 부분이라 매출이 많은 달에는 자연스럽게 지출도 늘어났다. 식구들 새 옷을 산다거나 외식 횟수를 늘리면서 지출도 더불어 늘었다. 그런데 또 신기한 것이 생활비라는 항목이야말로 줄이는 데 한계가 있는 항목이라 절약이 쉽지 않은데 매출이 적은 달에도 생활비는 늘 들어가는 만큼 들어가니 적자가 되기 쉬운 항목이었다. 그러나 다섯 개의 통장으로 분류해 돈을 관리하게 된 후에는 매출이 많은 달에는 선교비와 종잣돈, 배가 투자 항목을 늘리고, 매출이 적은 달에는 사전에 예금해 놓은 저축에서 생활비를 충당할 수 있으니 좋았다.

또 하나 놀라운 건 '배가 재테크(투자금)'의 위력이었다. 예전에는 여유자금이 생겨도 다음 달 매출을 예측 할 수 없어 예비비나, 여윳돈으로 갖고 있다 흐지부지 써버리는 경우가 많았는데 투자금 통장이 생긴 후에는 소액이라도 차곡차곡 적립하니 나중에 목돈으로 진짜 투자를 할 수 있게 된 것이다. 하지만 역시나 기쁜 것은 선교헌금이 적립되고 있다는 사실이었다. 이제야 비로소 사명을 수행하고 있다는 생각으로 마음에 기쁨과 기대가 차올랐다. 그리고 이 힘은 사람이 어떤 방법으로도 만들 수 없는 큰 동기부여가 됐다.

처음 사업장을 차렸을 때는 '이게 잘 못 되면 나는 정말 모두에게 버림을 받겠구나'라는 걱정에 답답해지기도 했었다. 남편을 설득해 잘 다니는 직장을 그만 두게 하고, 평온했던 청주에서의 삶을 포기했다. 친정식구와 시댁식구들에게 '교회에 미쳐서 남편을 실업자로 만들었다'는 힐난까지 받으며 차린 사업장이었다. 그야말로 사면초가의 상황이었다. 그런 이유들로 인생에 어떤 시기보다 치열하고 절박하게 일했지만 '관리자 프로젝트'를 시작 했을 때보다 힘차게 일하지는 못했다.

당연히 그런 것이 처음 사업장을 차렸을 때에는 생업이라는 생각에 그저 열심히 매달리는 마음이 더 컸다. 그런데 지금은 세계선교라는 비전을 위한 자금이 차곡차곡 쌓이는 것을 목격하며 일을 하니 늘 다니던 동네 길을 걸어도 구름 위를 걷는 것 같아 덜 피곤했고, 똑같은 계약을 성사 시켜도 그 하나하나가 세계선교의 디딤돌이 되는 것 같아 너무 자랑스러웠다. 이건 정말 경험해보지 않은 사람은 절대 알 수 없는 특별한 기쁨이었다. **'돈'이 궁극목적이 되는 것이 아니라 '하나님'이 궁극의 목적이 되는 순간 나의 직장이 곧 교회가 되고, 내가 하는 모든 일들이 '예배'가 되는 것과 같은 경건과 자랑스러움이 마음 깊은 곳에서 우러났다.**

나는 관리자 프로젝트를 통해 일과 신앙이 하나로 연결되는 것이 매우 자연스럽다는 걸 체험하게 되었다. **나의 일, 직업의 궁극적인 목표와 주체를 돈을 획득하는데 두는 것이 아니라 신앙을 실천하는데 두는 순간 나의 삶의 모든 순간이 은혜로 채워지는 놀라운 기적이 일어났다.** 예전에는 월요일부터 토요일까지 일을 하고 주일 하루 받은 은혜로 일주일간을 버틴다고 생각했다. 실제로 주일 예배와 일정들을 마치고 헤어질 때 성도들이 서로를 향해 "오늘 주일 하루 동안 얻은 힘으로 다음 한주 승리하자"는 인사말을 건넨다. 그런데 나의 일터의 대표가 하나님이심을 분명히 하고 나의 모든 노동이 세계선교를 위한 헌신이라 믿게 되니 그 자체가 긍정적인 반전을 선사했다.

하나님을 믿는 사람이라면 누구나 '돈'을 위해 사는 것보다 '사명'을 위해 사는 것이 보람됨을 안다. 그런데 우리들의 마음에 사명을 위해 사는 사람은 목사님, 선교사님, 전도사님같이 특별한 부르심을 받은 사람이라는 생각이 강하다. 그일 외에 다른 직업들은 그저 돈을 벌기 위한 수단으로만 인식해왔다. 그러나 관리자 프로젝트를 통해 돈의 흐름을 바로 잡으니 내 직업이 사명이 되는 과정이 일어났다.

과거엔 돈을 벌어 십일조를 떼고 나머지는 나를 위해 썼을 땐 10%의 헌금과 90%의 소비생활이 돈의 종착지였다. 그러나 관리자 프로젝트를 통해 나를 위해 사용하는 돈이 약 30% 그 외 70%가 헌금과 하나님의 사업장을 확장하기 위한 거룩한 투자로 사용되니 하나님의 선한 청지기라는 사명자로 거듭나게 된 것이다.

1월 1일 하나님께서 내게 주신 관리자 프로젝트는 단순한 경제 관리 비법이 아닌 평범한 생활자이자 성도의 직분에 만족했던 나를 하나님의 청지기이자 사명자로 만든 놀라운 터닝 포인트가 되었다.

"요셉이 그의 주인에게 은혜를 입어 섬기매 그가 요셉을 가정 총무로 삼고 자기의 소유를 다 그의 손에 위탁하니 그가 요셉에게 자기의 집과 그의 모든 소유물을 주관하게 한 때부터 여호와께서 요셉을 위하여 그 애굽 사람의 집에 복을 내리시므로 여호와의 복이 그의 집과 밭에 있는 모든 소유에 미친지라"(창세기 39:4~5)

갈릴리 호수가 되라

사업을 시작하고 햇수로 삼 년이 되도록 그렇게 소망했던 '오천만 원 매출' '오백만 원 십일조'는 이루어지지 않았다. 그러다 보니 나도 모르는 사이 마음에 낙심이 생겼다. 아무 준비 없이 사업을 시작하고 지금까지 큰 탈 없이 온 것 만해도 감사하다는 생각을 하면서도 마음에 뭔가 서운함이 생기고 자꾸만 내

기도가 부족해서 이렇게 되는 건 아닌가 불안한 마음이 들었다. 어느 날엔 몸도 마음도 너무 힘드니 '괜히 오백만 원을 선포해서 내가 이 고생을 하는구나…'라는 후회까지 들었다. 아침에 일어나 새벽예배를 드리고 아이들을 유치원에 데려다 준 다음 하루 종일 가게에서 일하고 밤 10시나 되어 문을 닫고 집에 들어오면 그야 말로 손가락 하나 까딱할 기운이 없는데 그때부터 네 식구 빨래와 설거지, 아이들이 내일 먹을 간식 등을 챙겨야 했다.

자정이 넘은 시간에 설거지를 하다 그만 졸음이 밀려와 그릇을 놓쳐 떨어지면서 그릇이 깨지고 그 그릇의 파편이 다른 그릇에 부딪혀 큰 소리를 냈다. 안방에 잠든 남편과 아이들이 깰까봐 얼른 안방 문을 닫는데 낮게 코고는 소리가 들렸다. 조심스럽게 문을 닫은 나는 뭔지 모를 허탈감과 공허함에 주저앉아 눈물을 뚝뚝 흘렸다.

절대 울지 않겠다고 실망하지 않고 믿음으로 나아가겠다고 다짐했는데 결국 북받치는 설움에 눈물이 터졌다. 나는 아이들과 남편이 깰까봐 입을 꾹 틀어막고 엉금엉금 기어서 부엌 냉장고 뒤편으로 갔다. 그리고 거기서 마음껏 울었다. 한 참을 울고 나니 마음이 평안해 졌다.

열린 창문에서 바람이 한 줄기 불어오는데 그 바람이 나의 얼굴을 시원하게 어루만졌다. 그 바람이 마치 주님의 손길 같다는 생각을 하는데 마음에 신명기 28장 1절 말씀이 잠잠히 떠올랐다.

"네가 네 하나님 여호와의 말씀을 삼가 듣고 내가 오늘 네게 명령하는 그의 모든 명령을 지켜 행하면 네 하나님 여호와께서 너를 세계 모든 민족 위에 뛰어나게 하실 것이라."

나는 성경책을 펼쳐 말씀을 암송했다.

그러자 마음에 이런 생각이 들었다.

'그래... 주님이 주신 명령 중에 실망과 슬픔은 없다. 여기 분명하게 「모든 명령을 지켜 행하면 네 하나님 여호와께서 너를 세계 모든 민족 위에 뛰어나게 하실 것이라.」라고 쓰여 있다. 아직 성과가 없는 것은 주님이 계시지 않기 때문이 아니라 아직 내가 모든 명령을 지켜 행하지 않았기 때문일 것이다. 그러므로 오늘부터 최선을 다하면 된다. 모든 명령을 지켜 행하면 반드시 약속이 이루어 질 것이다.'

나는 실망하고 눈물을 흘리는 대신 내가 할 수 있는 노력들을 하기로 결심했다. 하나님 보시기에 좋은 복을 받기에 합당한 일들을 하기로 했다. 그간 선교에 대한 비전에만 집중해 지금 내가 출석하는 교회 담임 목사님을 충분히 섬기지 못했다는 생각이 들어 우선 당장 할 수 있는게 무엇이 있을까 생각하다 그 무렵에 맥반석 정수기가 크게 유행하는 것이 생각나 목사님께 좋은 물을 드리기로 결심했다.

하지만 당장 맥반석 정수기를 사드릴 형편은 되지 않아서 주변에 맥반석 정수기 대리점을 하는 사장님을 찾아가 좋은 맥반석을 몇 개 구입했다. 그리곤 가게 사장님이 알려주신 대로 매일 아침 삶은 맥반석과 거름종이를 이용해서 한 방울, 한 방울 물을 정수해서 그 물을 설교하는 목사님을 위해 새벽 제단 강대상에 올려놓았다. 그리고 그 순간마다 목사님의 입술에서 선포된 약속의 말씀이 반드시 이루어져 언젠가는 더 좋은 선물을 드릴 수 있게 되기를 소망했다.

"너희는 먼저 그의 나라와 그의 의를 구하라"(마태복음 6:33)는 말씀을 붙들었다.

그 다음으로는 무슬림 선교지에 선교비를 송금 할 결심을 했는데, 내가 찬양단장으로 일하는 어느 선교단에서 선교사님을 통해 선교지에서 주님을 섬기다 순교하신 한 선교사님의 사연을 듣게 된 것이 계기가 되었다.

그 선교사님과 사모님이 워낙 선량한 분들이라 그 지역 사람들의 사랑을 아주 많이 받았는데 어느 날 다른 지역을 심방하고 오다가 선교사님이 순교를 당하셨다. 사모님은 선교지를 너무나 사랑하신 남편 선교사님의 마음을 알아 그 곳 선교지에 선교사님을 묻으셨고, 홀로 선교지에 남아 남편의 사역을 잇고 있다고 했다. 나는 형편이 허락하는 한 최선을 다해 그곳에 선교비를 송금했다.

그렇게 다시 일 년 쯤 시간이 흐르자 매출이 차차 상승하기 시작하더니 마침내 한 달 매출이 오천만 원에 이르고 오백만 원 십일조를 하게 되었다. 누구의 도움도 없이 오직 하나님의 은혜만으로 목표한 매출액을 이루게 되자 그동안 단절됐던 관계들이 하나 둘 회복되는 은혜가 일어나기 시작했다.

어느 날 저녁 대리점 일을 마치고 셔터를 내린 다음 상가 뒤편 놀이터에서 놀고 있던 아이들을 불러 집으로 돌아가려고 하는데 등

뒤에서 "막내야!"라고 부르는 목소리가 들렸다. 돌아보니 친정어머니였다. 내가 대리점을 시작 한 후에도 한 번도 발길이 없으시던 어머니가 찾아오셨다.

"애들이 매일 여기서 이렇게 노는거냐?"

진즉 오셔서 놀이터에서 저희들끼리 노는 아이들의 모습을 다 보신 모양이다. 어머니의 방문이 반갑기는 한데, 한편으로는 귀한 아이들을 이렇게 밖에 건사를 못하냐는 꾸중을 들을 것 같단 생각이 들어 아무 대꾸를 못하고 서 있는데 어머니가 둘둘 말아 올린 큰 아이의 소매를 차근차근 내려 주시며 "우리 효선이 많이 컸네... 내일부터는 집에서 할머니랑 놀을까?"라고 말씀하셨다. 어머니는 작은 아이의 얼굴도 가만히 쓰다듬으시더니 "내일부터는 유치원 파하면 집에 데려다 줘라. 그 시간 맞춰 내가 너희 집으로 가마"라고 말씀하셨다.

그 다음날부터 어머니가 아이들을 돌봐주셨다.

신기한 것이 이전에는 날씨가 조금만 차가우면 밤새 기침하고, 밤에 깨서 울곤 하던 아이들이 친정엄마와 지내게 된 뒤로는 감기드는 횟수도, 잠이 깨는 횟수도 줄어갔다. 덩달아 나도 밤에 단 잠을 자고 전보다 훨씬 건강한 몸 상태를 유지 할 수 있었고, 이제는 좀 더 적극적으로 '세계선교 기업'이라는 비전에 임 할 수 있게 되었다.

이후로도 어머니는 내가 사업을 시작한 것에 대해 잘했다, 못했다 평이 없으셨다. 그런데도 어머니가 내 가까이에 계시다는 것만으로 큰 위안을 느꼈고 아이들에 대한 걱정을 완전히 덜게 되었으니 무엇이든 할 수 있다는 자신감까지 얻게 됐다. 매출도 점점 상승하던 때라 그대로만 일하면 그 이상의 매출 달성도 가능 할 것 같았다. 그러나 나는 사업에 점점 가속도가 붙던 시기임에도 잠시 일을 멈추고 선교를 떠날 결심을 했다.

사실 나의 마음에는 선교를 떠나고 싶은 마음이 늘 있었다.

그러나 내가 선교를 위해 한국을 떠나 있는 동안 아이들을 맡길 곳이 없다는 현실이 발목을 잡았다. 물론 친척집이든 절친한 이웃이든 간곡하게 부탁하면 아이들을 맡아 줄 것 같았지만 하나님이 원하시는 때가 이르면 누구보다 믿을 수 있는 사람이 나서서 아이들을 맡아 줄 거라는 확신이 있었다. 그래서 그때까지는 오직 일과 예배에 전념하라는 뜻으로 알고 그 상황에 순종했다.

그런데 기도하며 때를 기다려보니 하나님의 인도하심은 참으로 절묘했다. 청주에서 올라와 수원에 대리점을 차리고 매출이 안정되는 시점까지 정말 세상에 누구도 나를 돕지 않게 하심으로 현재의 모든 결과가 하나님이 이루신 기적임을 명확히 하셨다.

도움을 받으려고 하면 도울 사람들이 남편과 내 주변에 아주 없는 게 아니었다. 시댁만 해도 재산이 넉넉하니 재정적으로 도움을 줄 수 있었고, 친정에는 사업과 장사 경험이 풍부한 오빠들이 세분이나 계셨다. 그러나 내가 하나님을 너무 유난스럽게 믿는다는 것이 빌미가 되어 양가 가족들이 등을 돌렸고 남편과 나는 등 돌린 가족들에게 매달리는 대신 하나님께 매달리는 쪽을 선택했다.

매출이 안정되고 이 사업장이 성공했다라고 확신하게 된 오늘까지 당연히 많은 고비들이 있었다. 물건 대금이 부족해 밤잠을 설치는 일은 몇 달 걸러 한 번씩 의례 있는 고생이었고, 다른 대리점들이 평수를 넓히고 근사하게 인테리어를 하니 일시적으로 우리 지역의 손님들까지 그 대리점으로 몰려 적자를 본 달도 많았다. 그런 날엔 어떻게든 돈을 융통해서 보란 듯 사업장을 확장하고 싶었지만 기도를 하면 그것이 사람의 과시욕에서 일어나는 충동이지 하나님께서 원하시는 성장이 아님을 깨닫게 되곤 했다. **하루 한 걸음씩 타협이나 요령 없이 하나님만을 의지하여 마침내 하나님께서 정하신 어느 선에 닿으니 그간 단절되었던 관계가 자연스럽게 회복이 되고, 마침내 세계선교를 떠날 수 있는 환경이 열렸다.**

나는 지금이 세계선교를 떠날 시기인지를 놓고 기도를 시작했다.

당시 내 주변의 사람들은 지금이야 말로 사업을 크게 확장 할 시기인데 무슨 선교를 가냐며 만류했다. 하지만 내 마음에는 오직 세계선교를 향한 사모함만 계속 커졌고 새벽 예배에 나가 기도를 시작했다.

'하나님, 사람들은 지금이 사업을 확장 할 절호의 시기라고 합니다. 그러나 제 마음에는 세계선교가 마치 갚지 않은 빚처럼 남아 있습니다. 하나님을 만난 그 순간에 아들을 살려주시는 은혜를 입었습니다. 그런데 그것은 은혜의 시작이었습니다. 청주 작은 도시에서 두 아이로 평범하게 살아갈 제게 「세계선교 기업」이라는 비전을 주시고, 사업장을 열게 하셨으며 그 사업장위에 물질의 축복을 부어

주셨습니다. 그리고 그것을 운용할 지혜를 가르쳐 주셨습니다. 제 아들을 살려 주심으로 건강한 두 아이의 엄마로 살고 있습니다. 이 것은 여자로서 누릴 수 있는 최고의 축복입니다. 천국을 소망하고 동네 사람들을 전도하는 것을 기쁨으로 알았던 제게 「세계선교 기업」이라는 비전을 주셨습니다. 이것은 성도로서 누릴 수 있는 최고의 영광임을 고백합니다. 제게 일터를 주시고 그 안에서 매일매일 선교의 비전을 쌓게 하시니 이제 저는 사도의 삶을 사는 영광까지 누리게 되었습니다. 하나님 이제 두 번째 선교 헌금 통장에 차곡차곡 쌓인 하나님의 물질을 들고 선교의 현장으로 가고 싶습니다. 아버지가 지혜를 주시고, 길을 주시고, 용기를 주세요.'

새벽에 시작된 기도는 출근 시간을 넘긴 아침까지 계속 되었다. 나는 그 기도가운데 하나님께서 내 삶의 궤도를 바꾸셨음을 깨닫게 되었다. 내가 그냥 송순복으로 살 수 있었던 삶의 지경을 이미 너머서 있음을 깨닫게 되었고, 그 모든 게 하나님의 은혜임이 너무 절절하게 느껴져서 감사의 눈물을 흘렸다. 누군가는 꿈을 꾸고 그 비전을 이루기 위해 하나님께 매달린다고 하지만, 나는 꿈이 없던 때에 하나님을 만나 꿈을 얻었고, 비전의 길 위에 서 있게 된 것이다.

하나님을 몰랐을 때엔 그저 나 한 사람 적당히 사는 정도의 일과 경제력이면 족하다고 생각했다. 남편과 결혼 후엔 주말마다 여행을 다니는 게 가장 큰 낙이었고 그러다 아이를 낳고 키우는 재미로 살다 할머니가 되는게 내 인생에 적당하고 충분한 행복이라고 생각했다. 그런데 하나님을 알게 된지 불과 수년 만에 '세계선교 기업'이라는 엄청난 꿈을 꾸게 되었다. 지금까지 한 걸음 한 걸음 변화를 이루어 온 것이라 그 차이가 얼마나 큰 것인지를 미처 몰랐는데..... 오늘 돌이켜 보니 하나님을 만나기 전 삼십 년간 꿈도 꿔본 적 없는 삶을 살고 있었다.

가끔 교회에 간증을 하시는 분들이 오시면 그들의 삶이 하루아침에 바뀌었다는 고백을 하신다. 특히 물질 축복에 대한 간증은 아주 많이 고생을 하다가 어느 날 갑자기 누군가 나타나 투자를 하거나, 또는 기도하거나 꿈을 꾸는 중에 떠오른 아이디어가 소위 대박이 나면서 극적으로 부자가 되거나, 별 쓸모없는 땅을 물려받아 놀리고 있는데 도로가 나서 부자가 된 경우들이 많다. 그래서 나를 비롯한 많은 크리스천들이 하나님이 허락하신 부는 그렇게 별안간 일어날 거라는 착각을 많이 하게 된다. 그런데 오늘 **내가 기도하는 가운데 발견한 것은 '하루 아침에 이루어진 건 없다'였다.**

수 년 전, 먹고사는 걱정 없이 평생을 살면 그게 행복 한 건줄 알았던 평범한 가정주부가 스스로의 존재를 하나님의 사도라고 확신하며 세계선교 기업을 마음에 품게 된 이 모든 변화는 지난 과거 중 어느 한 날의 기적이 아니라 하루하루 이슬 같은 은혜로 이루어졌다.

나는 너무나 세밀한 하나님의 은혜에 감사하며 한 참 눈물을 흘렸다. 그런데 그 순간 하나님께서 내 마음에 음성을 들려주셨다.

"너는 갈릴리 호수가 되어라."

갑자기 호수라니... 잠시 이해가 가지 않아 어리둥절해 있는데 문득 내 머릿속에 얼마 전 읽은 책 내용이 떠올랐다.

일주일쯤 전 성경에 등장하는 지역과 지물에 대한 정보를 모아놓은 "성경의 맥을 잡아라"(문봉주 저)라는 책을 읽다가 갈릴리 호수와 요단강, 사해를 상세하게 설명한 부분을 특히 감동있게 보았는데 그 기록들이 새삼 생생하게 떠올랐다. 나는 그때 함께 읽었던 시편 133편 말씀을 찾아 읽어보았다.

"보라 형제가 연합하여 동거함이 어찌 그리 선하고 아름다운고 머리에 있는 보배로운 기름이 수염 곧 아론의 수염에 흘러서 그의 옷깃까지 내림 같고 헐몬의 이슬이 시온의 산들에 내림 같도다 거기서 여호와께서 복을 명령하셨나니 곧 영생이로다"(시편 133:1~3)

헐몬산의 이슬은 갈릴리 호수의 주요 수원이다. 헐몬산의 정상에는 365일 청정한 눈이 쌓여 있고 그 눈에서 흘러나온 이슬이 갈릴리로 흐른다. 그러면 헐몬산의 이슬과 갈릴리의 바닥에서 솟아오르는 수천 톤의 생수가 하나로 모이는데 이것이 다시 요단강으로 되어 흘러나간다.

그러므로 갈릴리는 위로는 헐몬산을 아래로는 요단강을 두고 끊임없이 공급과 흘려보냄을 반복했고 한시도 고여 있지 않은 이 호수에는 다양한 생명체가 산다.

반대로 사해는 전 세계에서 가장 낮은 지대에 있는 바다로 물이 그 지점에 이르면 어디로도 흘러 나가지 못한다. 그래서 계속 고이기만 해 결국 아무런 생명체도 살 수 없는 죽음의 바다라는 이름을 갖게 되었다.

갈릴리 호수와 사해에 대해 묵상을 하던 나는 그 둘의 가장 큰 차이점이 흘려보냄과 쌓아둠이라는 것을 생각하게 되었고 그 순간 나의 마음에 '갈릴리 호수'의 의미가 깨달아졌다.

갈릴리 호수는 끊임없이 물을 흘려보낸다.

헐몬산의 눈이 녹아 흘러오면 그것을 성실하게 모아 요단강으로 흘려보낸다. 쌓아두지 않고 흘려보냄으로 생명을 얻게 된 것이다. 이것은 세상의 어떤 경제논리로도 설명 할 수 없는 하나님의 경제 정의였다. 나눌수록 부자가 된다는 것은 마음에나 해당하는 것이지 돈에는 해당되지 않는다는 걸 누구나 상식으로 알고 있다.

돈은 실체가 있는 재화이다. 이것을 타인에게 무상으로 나눠 주면 창고와 금고가 동시에 비어 부도 상태에 이른다. 그러나 나는 세상의 상식보다 하나님의 진리가 더 강함을 이미 경험했다.

마침내 모든 것이 선명해졌다. 헐몬산의 눈이 녹아 호수가 되기까지 과정은 티끌 같은 이윤들을 모아 부를 창출하는 초기의 과정과 너무나 일치한다. 그리고 마침내 호수라 부를 만큼 부가 창출되면 그 부를 필요로 하는 곳으로 빠르게 흘려보내야 하는 것이다. 그리고 이 과정은 요단강과 같다. 실제로 요단강은 굽이굽이 흘러간다. 나는 그 중 '갈릴리 호수'의 사명을 받은 것이다.

사업에 전념해 더 큰 부를 쌓는 것과 선교를 떠나는 것 두 개의 길을 놓고 기도를 했는데 '갈릴리 호수'가 되라는 응답을 받았으니 정말 완벽한 응답이었다. 그간 받은 은혜와 복을 낮은 곳으로 흘려보낼 시기가 되었다는 하나님의 싸인이 떨어진 것이다. 나는 한 걸음에 집으로 달려가 본격적인 선교 준비를 시작했다.

"하늘과 땅의 모든 권세를 내게 주셨으니 그러므로 너희는 가서 모든 민족을

제자로 삼아 아버지와 아들과 성령의 이름으로 세례(침례)를 베풀고

내가 너희에게 분부한 모든 것을 가르쳐 지키게 하라

볼지어다 내가 세상 끝날까지 너희와 항상 함께 있으리라 하시니라"

(마태복음 28:18~20)

5

시련을 통해
훈련하심을
믿다

"내 형제들아 너희가 여러가지 시험을 만나거든
온전히 기쁘게 여기라 이는 너희 믿음의 시련이
인내를 만들어 내는 줄 너희가 앎이라"
(야고보서 1:2,3)

시련을 통해 훈련시키시는 하나님!

사람은 내일을 바라보지만
하나님은 수십 년 후와 영원을 예비하고 계신다.
막연한 은혜가 시간을 거쳐
완전한 큰복으로 완성되기까지
그에 맞는 사람으로 준비시키기 위해
고난 학교 훈련 과정이 있을 수 있다

첫 번째 선교

나의 첫 번째 선교지는 무슬림 국가였다.

수도 T 공항을 통과해 그 땅에 발을 디디는 순간 모래 바람이 훅 휘몰아쳐 왔다. 바람이 지나가기를 기다렸다가 주위를 살펴보니 마음에 '어둡다'라는 느낌이 대번 들었다. 우리 일행을 인솔해주기로 한 현지교회 목사님을 만나 준비된 차에 올랐다. 이동하는 동안 목사님께서 선교지에 대한 간략한 설명을 해주셨다.

"이곳은 우리가 사역을 할 선교지 수도입니다. 우리는 수도를 벗어나 외곽지역에서 선교 활동을 하게 됩니다. 아시다시피 이곳 선교지는 이슬람 국가로 전체 인구의 88%가 이슬람을 섬기고 있습니다. 국가 차원에서 기독교의 선교 활동을 엄격히 제한하기 때문에 선교

활동 중 적발되면 즉시 강제추방이 됩니다. 허가받지 않은 종교 서적을 소지하는 행위, 종교 집회는 단속 대상이니 조심 하셔야 합니다. 특히나 이 나라의 인종 구성이 현지인 80%, 그외 인종들이 있는데, 고려인은 약 0.9%로 구성되어 있어서 한국 사람들은 어디를 가나 눈에 띄게 되어 있으니 개별행동은 절대 안 됩니다."

선교를 떠나오기 전 모두 학습했던 내용인데 현지에 와서 들으니 뭔가 공포감이 더 느껴졌다. 차창 밖을 보니 공산국가인 탓에 기관 산업과 중요 건물들은 매우 으리으리한데 그 주변을 오가는 서민들의 모습은 대체로 남루했다.

"우리가 선교를 펼칠 지역에는 고려인들과 현지인들이 살고 있는데, 특히 이 나라의 복음 사역에 가장 앞장서는 사람들이 고려인들입니다. 이곳 선교지에 상주하는 민족들 중 가장 소수에 해당하는 고려인들이 이 나라 복음화를 책임지고 있다고 해도 과언이 아닙니다."

목사님의 설명이 끝나고도 한 참 차를 달려 마침내 교회가 있는 외곽마을에 도착했다. 차에서 내리기 직전 목사님이 마지막으로 강조한 주의 사항은 이제부터 방문하는 지역, 만나는 사람에 대한 정보를 한국 신문이나, 인터넷에 노출하지 말라는 내용이었다.

"여러분이 무심코 노출 시킨 기록들이 이곳에 남아 선교하시는 분들과 기독교를 섬기는 현지인들에게 목숨을 위협하는 일이 될 수 있으니 절대 보안을 유지해 주시기 바랍니다."

마지막 당부를 듣고 현지교회에 도착하니 생각보다 많은 성도들이 우리를 기다리고 있었다.

성도들과 인사를 나눈 후 제일 먼저 한 일은 찬양이었다.

무슬림 지역을 선교 할 때 가장 많은 교감을 일으키는 것이 찬양이다. 대부분의 공산 국가가 타국가의 종교인이 설교나 강의 하는 걸 법으로 막고 있는데 노래를 함께 부르는 건 허용이 됐다.

성도들은 새로운 복음성가에 특히 관심이 많았다. 나는 그간 엘조이 선교 찬양단 단장을 하며 배운 찬양들을 되도록 많이 알리기 위해 애썼고 그분들은 한 곡이라도 더 배우기 위해 애썼다. 모든 언어가 완전하게 소통되진 않았지만 가르쳐주는 사람의 마음에도 배우는 사람의 마음에도 오직 그 한곡으로 하나님을 더 깊이 만나고 체험하기를 바라는 소망이 있어 공감과 소통이 일어났다.

하나님을 너무 사랑하는데 그분께 올릴 찬양을 불과 몇 곡 밖에 알지 못해 목말라하는 분들을 만난다는 건... 정말 어떤 화려한 간증보다 강력하고 뜨거운 신앙체험이었다. 불과 하루가 지나기도 전에 선교를 간 사람도, 선교단을 맞은 사람도 애틋한 마음을 도무지 가눌 수가 없어 엉엉 울며 찬양을 했다.

집회를 마친 뒤에는 미용 봉사로 현지 분들과 소통을 시작했다. 선교단을 꾸리면서 어떤 봉사를 할까 알아보던 중에 이곳 선교지에는 미용실이 별로 없고, 있다 해도 너무 비싸 서민들은 이용하기 어렵다는 정보를 듣게 되어 호산나 미용팀을 조직해 오게 되었다.

미용 봉사를 받기 위해 모인 사람들은 대부분 고산지대에 사는 분들이었는데 겨울이면 영하 20도에서 30도까지 내려가는 기후에

견디기 위해 늘 모자를 쓰고 다닌다. 그러다보니 머리 쪽에 압박을 가하게 되고 이것이 혈액순환을 막아 두통과 심장질환 환자가 많다고 했다. 떠나기 전 이런 얘기를 들었을 때는 그래도 종종 모자를 벗고 운동을 하면 그런 문제는 덜 할 텐데 라는 생각을 했는데 막상 가서 모자를 벗은 그분들의 모습을 보니 평소에 모자를 벗는 게 어려운 일이라는 걸 대번에 알게 되었다. 겨울 내내 모자를 쓰고 지낸 탓에 위생상태가 엉망이었다. 모자를 벗는 순간 제대로 감거나 빗지 못해 마치 빨랫줄처럼 엉킨 머리카락 사이로 이와 석회가 잔뜩 있는 게 보였다. 줄 선 순서대로 머리를 자르고 그중에 몇 분은 아예 밀어줄 것을 원하기도 했다. 나도 바리깡을 들고 서투른 기술로 미용 봉사에 동참했다.

미용 봉사를 하면서 말이 통하는 고려인들과 대화를 나누다 보니 나라 전체를 누르고 있는 어두운 분위기의 원인을 조금이나마 이해하게 되었다. 그러니 올바른 영성, 비전을 위한 기도는 꿈같은 이야기이고 최소한의 정의회복을 위해 기도하기 바쁜 나날이라고 했다.

그런데 정말 놀라운 것이 그날 대화를 나눈 사람들 중 어느 누구도 개인의 행복에 대해 먼저 말하지 않았다는 점이다. 우선 이 나라에 복음의 빛이 더해지고 하루빨리 영적인 각성이 일어나며 그 복음의 힘으로 회복되기를 바라는 마음들뿐이었다. 종교의 자유가 있는 우리나라에서도 국가를 위해 기도하는 건 가끔 있는 일인데, 예수그리스도를 믿는 것 자체를 탄압하는 나라를 위해 이토록 간절히 기도하다니 그 선함에 저절로 고개가 숙여졌다.

낮에는 찬양과 미용 봉사를 하고 저녁이 되면 소리죽여 기도회를 하는 일정이 반복되었고, 모두가 잠들어 적막한 밤에 아픈 자들을 위한 안수기도가 시작되었다. 미용실을 가는 것도 어려운 나라이니 병원 문턱도 당연히 높았다. 아프지만 비싼 병원비 때문에 치료를 받지 못해 고통 받는 사람들이 너무 많았다. 선교팀들이 한 사람씩 붙들고 전심을 다해 기도했다. 여기저기서 소리를 죽여 눈물 흘리는 소리가 들렸다. 나 역시 이유를 알 수 없는 두통으로 늘 괴롭다는 성도의 손을 꼭 잡고 마음과 힘을 다해 간절히 기도했다.

정해진 선교 일정을 대부분 마치고 떠나기 전날 나는 성도들이 모였던 자리에 앉아 하나님께 기도했다.

'하나님, 제 사업은 선교 기업이 될 것임을 믿습니다. 오늘 여기 와서 제 사업이 반드시 선교 기업이 될 것임을 더욱 확신하게 되었습니다. 이제 돌아가면 전심을 다해 사업을 일으키겠습니다. 여기 가난한 성도들과 이 나라를 위해 기도하는 성도들에게 반드시 힘이 되는 사람이 되어 다음 해에 또 오겠습니다.'

마음에 너무나도 많은 비전이 일어났다.

찬양을 좋아하는 이곳 성도들을 위해 다음에 올 때엔 좀 부족하더라도 이 나라말로 녹음된 찬양을 부르고 싶다는 소망에서부터 또한 이 나라의 수도인 도시에 건물을 지어 사방 각지에 흩어진 기독교인들이 모이고 소통할 수 있는 장소를 만들고 싶다는 비전까지 어디를 바라봐도 도움이 필요한 곳이고, 누구와 얘기를 해도 저마다 너무 귀한 하나님의 자녀들이니 내 힘껏 뭐든 돕고싶다는 생각에 가슴이 뜨거워졌다. 모든 일정을 마치고 공항에 도착한 나는 여전히 어두운 사람들의 얼굴을 바라보며 이듬해엔 더 많은 사람들이 복음을 듣고, 그 이듬해엔 그보다 더 많은 사람들이 하나님의 나라와 복음의 놀라운 비밀을 깨닫고 구원을 받아 그들의 얼굴에서 나오는 환한 은혜의 빛으로 이 나라가 밝혀지는 날을 반드시 목격 할 수 있기를 간절히 기도했다.

"그러므로 예수께서 자기를 믿은 유대인들에게 이르시되 너희가 내 말에 거하면 참으로 내 제자가 되고 진리를 알지니 진리가 너희를 자유롭게 하리라"(요한복음 8:31~32)

최고의 경제 지침서는 성경이다

무슬림 국가에 첫 선교를 다녀온 후 나는 매출 계획표에 적힌 금액을 월 오백만 원에서 이천만 원으로 수정했다. 나는 내가 해야 할 몫과 나의 사명의 크기를 선교지에서 선명하게 깨달았다. 나는 선교지 중심도시에 기독교인들이 모이고 교류할 수 있는 건물이 필요했고, 그 외 지역에도 오직 교회로만 쓸 수 있는 건물을 사고 싶었다.

길거리 도처에 기독교인을 향한 감시의 눈초리가 도사리고 있고, 누군가의 가정에 모이면 이웃에 사는 무슬림이 신고를 하는 상황이니 그들을 보호해줄 튼튼한 벽이 있는 공간이 필요했다. 찬양을 해도 소리가 새어나갈 걱정을 하지 않는 튼튼한 벽과 창이 있는 그런 건물이 내 머릿속에 자꾸 그려졌다.

그래서 한국에 돌아와 선교지 중심도시에 교회를 짓는데 필요한 금액을 알아보니 당시 단층짜리 건물은 천만 원, 2층 정도의 건물은 이 천만 원이 들어간다고 했다. 한국에 교회를 짓는 것보다는 훨씬 싼 가격이었고, 이미 한국에는 교회가 많지만 무슬림 지역에는 너무나 절실한 보루로서 필요한 상황이니 무슬림 지역에 교회를 세워야겠다는 구체적인 목표가 생겼다.

"묵시(비전)가 없으면 백성이 방자히 행하거니와 율법을 지키는 자는 복이 있느니라"(잠언 29:18)

나는 내년 선교 때까지 매출 목표를 달성하기 위해 기도하며 경제 공부를 시작했고 위대한 사업가들의 자서전과 이론서를 읽기 시작했다. 돈의 흐름에 정통한 사람, 세일즈와 마케팅에 능통한 사람, 자수성가한 CEO와 관련 된 정보를 차곡차곡 쌓아가기 시작했다. 그것이 책의 형태이든 방송의 형태이든 할 수 있는 한 구해서 보고 들었으며 나에게 필요한 내용이 있으면 반드시 손 글씨로 필기해 노트에 남기고 머리에 새기려 노력했다.

경제와 관련된 책을 읽으면 읽을수록 돈에 대한 대부분의 원리가 성경과 일맥상통한다는 것을 깨닫게 되었다.

현대의 경제 이론서에서 강조하는 것은 크게 세 가지였다.

● **첫 번째 – 목적이 있는 경제 활동을 하라**

분명 경제와 돈, 부를 주제로 한 책인데 그중 어느 한 권에도 돈에 집중하고 돈의 흐름을 쫓으라는 내용이 없었다. 물고기를 잡고 싶으면 낚시터로 가고, 사냥을 하고 싶으면 숲으로 가는 것이 당연한 이치인데, 유독 돈은 '쫓을 때 달아나는 성질을 갖고 있으며 확실한 목표를 갖고 그 목표를 이루기 위해 열정을 불사르면 돈은 따라오는 것이다'라는 정의가 지배적이었다. 그리고 이것은 성경에 이미 명시되어 있는 논리이다.

"집 하인이 두 주인을 섬길 수 없나니 혹 이를 미워하고 저를 사랑하거나 혹 이를 중히 여기고 저를 경히 여길 것임이니라 너희는 하나님과 재물을 겸하여 섬길 수 없느니라"(누가복음 16:13)

우리 일생의 목표를 돈에 두어서는 안 된다. 사람은 물질을 섬겨 행복에 이를 수가 없음이 성경에 이미 명시되어 있다. **하나님은 우리에게 재능을 주셨다. 그리고 이 재능에 꼭 맞는 비전을 주시는데 하나님은 우리 중 누구에게도 돈을 비전으로 주시지 않으셨다.** 누가복음 16장 13절을 통해 재물은 섬김의 대상이 아님을 분명히 경고 하시고, 우리가 온전히 섬길 가치는 오직 주님 한 분 뿐임을 분명히 말씀하고 있다.

● 두 번째 - 투자 없이는 부도 없다

자수성가한 자산가들이 다투어 말하는 부의 첫 계단은 '종잣돈'이며 더불어 강조하는 것이 결코 그것이 부채여서는 안 된다는 점이다. 그러므로 맨 처음 종잣돈은 성실한 노동과 아이디어 그리고 티끌 같은 푼돈을 절약해 목돈으로 만드는 끈기로 일궈지며 **이때 경험하게 되는 가난과 절제력은 훗날 부자가 된 뒤에도 돈을 잘 관리**

할 수 있게 하는 뒷심이 되기도 한다.

　나는 이런 의견들을 읽을 때마다 갈릴리 호수를 떠올렸다. 앞에서 언급했다시피 갈릴리 호수의 주요 수원은 헐몬산 정상에 쌓인 눈이다. 그 눈이 녹아 이슬이 되고 그 이슬이 흘러 모인 것이 갈릴리 호수인데 그 과정이 자수성가를 한 자산가들이 초기에 티끌 같은 푼돈과 저축을 통해 종잣돈을 이루는 과정과 매우 유사하다.

　나 역시 그와 동일한 과정을 겪었다.

　맨 처음 대리점을 열 때 남편의 퇴직금 500만 원을 기반으로 그 금액에 맞는 규모의 사업을 시작했다. 만약 그때 주변에 손을 벌려 도움을 받았거나 대출을 받았다면 위기 상황에서 마음고생은 하지 않았겠지만 돈의 가치와 경제의 흐름에 대해 그토록 치열하게 학습하지 않았을 것이다. 사업을 시작 한 후 초반 3년은 그야말로 한 푼과 두 푼 사이로 흑자와 적자를 오가는 경험을 반복하면서 정말 열심히 경제를 공부하고, 돈의 가치와 성질을 맨 몸으로 느꼈다.

　부채 없는 종잣돈으로 사업의 기반이 세워지면 그 다음으로 겪게 되는 난관이 투자에 대한 고민이다. 최소 1년 이상 사업장을 운영하다보면 그 사업장에서 일으킬 수 있는 최대매출이 눈에 보인다. 그러면 그때에 그 돈으로 만족 할 것인가 그 이상을 벌기 위해 투자할 것인가에 대한 고민을 반드시 하게 된다. 그런데 모든 자산가들이 동일하게 강조하는 것이 적은 돈을 벌기 위해서는 노동력을 투자하면 되지만 '큰 돈'을 벌기 위해서는 반드시 돈을 투자해야 한다는 사실이다.

성실한 노동을 통해 부를 이룬 후 그것을 더 크게 만들기 위해서는 투자라는 도전을 하게 된다. 실제로 투자는 내가 노동하지 않는 순간에 돈이 스스로 증식하는 원리이니 잘만 활용하면 노동으로는 이루기 힘든 부까지 창출 할 수 있다. 그런데 대체 무엇에 어떻게 투자를 해야 안전하고 온전한 수익을 얻을 수 있는지는 모두가 어려워하는 문제이다. 하지만 성경에는 이것에 대한 기준도 명확하게 제시되어 있다.

"너희가 건너가서 차지할 땅은 산과 골짜기가 있어서 하늘에서 내리는 비를 흡수하는 땅이요 네 하나님 여호와께서 돌보아 주시는 땅이라 연초부터 연말까지 네 하나님 여호와의 눈이 항상 그 위에 있느니라 내가 오늘 너희에게 명하는 내 명령을 너희가 만일 청종하고 너희의 하나님 여호와를 사랑하여 마음을 다하고 뜻을 다하여 섬기면 여호와께서 너희의 땅에 이른 비, 늦은 비를 적당한 때에 내리시리니 너희가 곡식과 포도주와 기름을 얻을 것이요"(신명기 11:11~14)

투자하기에 가장 좋은 사업장, 투자처는 바로 하나님이 세우신 기업이다. 세상에서도 손꼽히는 경제 교육을 받은 CEO들, 천재라 불리는 CEO들도 때를 따라 비를 내리게 할 순 없다. 언제 어떻게 될지 모르는 자연의 영향을 받고, 뜻밖의 여론에 밀려 사업에 실패하기도 한다. 때로는 CEO의 부정한 사생활이 그 기업의 주가를 폭락시키는 일도 일어난다. 그러나 하나님이 세우신 기업, 하나님이 세우신 CEO는 다르다. 하나님께서 하늘의 보고를 열어 축복을 내려 주시고, 때에 따라 비를 내리시며 모든 일에 복을 주신다.

만약 당신이 투자를 통해 부를 증식시키고 싶다면 두 가지 방법

이 있다. 스스로 하나님의 기업을 세워 그 기업에 투자하거나, 하나님께로부터 택함을 받아 배가로 재테크에 성공하는 리더에게 투자하는 방법이다.

나는 나 스스로 하나님이 세워주신 기업을 일구고 있음을 확신하는 만큼 앞으로 하는 모든 일에 최대한의 투자를 할 결심을 했다. 투자 없이는 부를 이룰 수 없다는 것은 세상의 경제인들도 앞 다투어 강조하는 법칙이고, 하나님의 기업에는 하나님의 복이 충만 할 것이란 말씀이 있으니 세상의 기준으로 세워진 대기업의 주식을 사는 것보다 하나님이 세워주신 나의 사업장에 투자하는 것이 훨씬 안전한 방법이라고 확신했기 때문이다.

● 세 번째 – 빚을 지지 말아라

세계 어느 나라든 성공한 기업들이 하루아침에 허무하게 무너지는 일이 종종 일어난다. 그 기업들의 주력 사업과 경영자의 철학은 각기 다르지만 실패의 원인은 하나같이 부채이다. 그리고 이 부채는 투자를 투기로 변질시키는 악한 성질이 있다. 그리고 부채의 악한 성질 역시 성경에 아주 잘 설명되어 있다.

"부자는 가난한 자를 주관하고 빚진 자는 채주의 종이 되느니라"(잠언 22:7)

부자가 가난한 자를 주관하게 된다는 이 말씀은 자본주의 사회에 이르러 더욱 강력한 진리가 되었다. 무엇을 하든 돈이 필요한 이 사회에서 경제력이 계급이고, 경제력이 발언권이며, 경제력을 가진 사람이 공동체의 방향을 정한다.

이제는 교회 안에서마저 성경에 대한 지식이나 믿음의 덕이 있는 사람의 발언권보다 교회 안에 일어난 어떤 문제를 경제력으로 해결할 수 있는 자산가의 발언권이 커지고 있는 게 사실이다. 그러나 이 문제는 세상에 하나님을 바로 믿는 선한 부자가 늘어나면 해결 된다. 악한 부자들이 가난한 사람들을 핍박하고, 그들의 자존감을 무너트릴 때 선한 부자들은 가난한 사람들을 보호하고 자립시키려 노력한다. 그런데 안타깝게도 선한 부자들은 물론 교회마저도 종종 넘어지는 시험이 있으니 바로 빚이다.

성경에 빚진 자는 채주의 종이 된다고 했다. 그러나 우리는 하나님 외엔 누구도 주인으로 모실 수 없는 사람들이다. 그런데 자본주의가 발달한 현대에는 너무 쉽게 빚을 주인으로 모시게 한다. 부동산에 가면 은행 대출 상품을 소개하며 좀 더 넓은 집을 사라고 부추기고, 때로는 남들보다 근사한 차를 타기 위해서 신용카드 한도를 올린다. 그런데 이 모든 행동은 우리 자신을 맘몬의 영의 지배아래 내려놓는 일이다. 성경 중 잠언 22장 7절 단 한 절의 말씀만을 잘 묵상해도 이 모든 게 사단이 준 욕망에 무릎 꿇은 결과라는 걸 알 수 있음에도 세상 대부분의 사람들이 그렇게 살아가니 크리스천들마저 그렇게 살아가는 걸 당연하게 여기게 됐다. 또한 잠언 13장 22절에 "선인은 그 산업을 자자손손에게 끼쳐도 죄인의 재물은 의인을 위하여 쌓이느니라"라고 말씀하고 있다. 여기서 의인은 갈릴리 호수처럼 은혜를 베푸는 자를 의미하기도 한다.

빚에는 2가지 유형이 있다고 생각한다.

돈을 빌려주는 사람과 돈을 빌려쓰는 사람이다(자칫하면 주인과 노예 관계가 될 수 있다).

첫째, 빌린 돈은 배가 투자 할 수 없는 가치에 사용하기 위해 돈을 빌리는 사람이 있는데 이 사람은 빚의 노예가 된다.

둘째, 빌린 돈은 배가 투자하고 빌린 돈 보다 훨씬 더 돈을 벌수 있는 곳이나, 가치가 증가 할 수 있는 곳에 투자하기 위해 빌리는 조건적인 거래는 잠시 빌려쓰는 것으로 빚이라 볼수 없을 것이다.

자본주의 사회에서 경제생활은 선택이 아닌 필수이다. 자본을 가진 사람이 리더가 되는 이 시대에서 기독교 영성으로 세워진 강력한 자본가가 나와야한다. 그래야만 나라의 방향이 바뀌고, 하나님을 경외하는 사회로 바뀔 것이다.

과거 청빈을 최대의 덕으로 내세웠던 유교의 사상이 기독교와 혼합되면서 가난한 성직자, 가난한 신앙인이 존경을 받는 분위기가 형성된 적이 있다. 그러나 이런 사고는 유교 사상에 근간을 둔 잘못된 기준이다. 성경에서 비판하는 것은 남을 돕지 않는 탐욕스러운 부자일 뿐 솔로몬과 같은 지혜로운 부자는 하나님의 사랑을 받았고 많은 신앙인들의 본으로 인정받고 있다.

또한 예수님 역시 재물에 대해 구원이라는 단어 보다도 더 언급하셨고 이때에 내용들은 하나같이 합리적이고, 청지기적인 물질관에 대한 이야기들이다. 가장 쉬운 예로 마태복음 25장에 나오는 타국으로 떠나는 주인이 세 명의 종에게 달란트를 맡김으로 일어나는 이야기만 보아도 성경은 합리적인 경제활동을 권면하고 있음을 알 수 있다.

"또 어떤 사람이 타국에 갈 때 그 종들을 불러 자기 소유를 맡김과 같으니 각각 그 재능대로 한 사람에게는 금 다섯 달란트를, 한 사람에게는 두 달란트를, 한 사람에게는 한 달란트를 주고 떠났더니 다섯 달란트 받은 자는 바로 가서 그것으로 장사하여 또 다섯 달란트를 남기고 두 달란트 받은 자도 그같이 하여 또 두 달란트를 남겼으되 한 달란트 받은 자는 가서 땅을 파고 그 주인의 돈을 감추어 두었더니 오랜 후에 그 종들의 주인이 돌아와 그들과 결산할새 다섯 달란트 받았던 자는 다섯 달란트를 더 가지고 와서 이르되 주인이여 내게 다섯 달란트를 주셨는데 보소서 내가 또 다섯 달란트를 남겼나이다 그 주인이 이르되 잘하였도다 착하고 충성된 종아 네가 적은 일에 충성하였으매 내가 많은 것을 네게 맡기리니 네 주인의 즐거움에 참여할지어다 하고 두 달란트 받았던 자도 와서 이르되 주인이여 내게 두 달란트를 주셨는데 보소서 내가 또 두 달란트를 남겼나이다 그 주인이 이르되 잘하였도다 착하고 충성된 종아 네가 적은 일에 충성하였으매 내가 많은 것을 네게 맡기리니 네 주인의 즐거움에 참여할지어다 하고 한 달란트 받았던 자는 와서 이르되 주인이여 당신은 굳은 사람이라 심지 않은 데서 거두고 헤치지 않은 데서 모으는 줄을 내가 알았으므로 두려워하여 나가서 당신의 달란트를 땅에 감추어 두었었나이다 보소서 당신의 것을 가지셨나이다 그 주인이 대답하여 이르되 악하고 게으른 종아 나는 심지 않은 데서 거두고 헤치지 않은 데서 모으는 줄로 네가 알았느냐 그러면 네가 마땅히 내 돈을 취리하는 자들에게나 맡겼다가 내가 돌아와서 내 원금과 이자를 받게 하였을 것이니라 하고 그에게서 그 한 달란트를 빼앗아 열 달란트 가진 자에게 주라"(마태복음 25:14~28)

주인이 타국으로 떠나면서 세 명의 종에게 자신의 달란트를 맡겼다. 이때 주인이 달란트를 준 것이 아니라 맡겼다. 만약 달란트를 종들에게 주었다면 어쩌면 마지막 종도 경제 활동을 했을지도 모른다. 그러나 주인이 맡긴 돈이므로 그것을 묻어두고 전혀 관심을 갖지 않았다. 그러나 두 명의 종은 달랐다. 주인의 돈 임을 알면서도 그 주인을 기쁘게 하기 위해 최선을 다해 돈을 불렸다. 그리고 그 수단이 장사라고 구체적으로 언급되어 있다. 장사의 속성은 어떤 물건을 준비해 그것을 원하는 고객에게 이윤을 남기고 파는 것이다. 즉 정당한 이윤행위는 바람직 한 것이며 칭찬 받아 마땅한 노동의 행위로 인정하고 있다. 그리고 이 논리는 현대에도 당연히 실천 되어야 하는 근면의 논리이다.

또 하나 주목 할 것은 주인이 아무것도 하지 않은 종에게 맡겼던 한 달란트를 빼앗아 열 달란트를 가진 자에게 주었다는 사실이다. 이 이야기는 우리가 선한 청지기로서 본분을 다하면 할수록 중간에 그 역할을 다하지 못한 청지기들의 몫까지 관리하고 운용하게 된다는 의미로 볼 수 있다. 이 이야기 속에 주인은 적극적인 경제 활동을 한 종을 향해 탐욕이 있다거나 돈을 밝혔다고 꾸짖지 않는다. 그의 노고를 칭찬하고 주인의 즐거움에 동참 하는 은총을 내렸다.

나는 이것에 대해서도 신뢰한다.

다시 말하지만 하나님은 나에게 다섯 개의 통장을 만들게 하셨다. ❶십일조 ❷선교헌금 ❸종잣돈(씨앗) ❹배가 재테크 ❺생활비 통장이다.

십일조와 선교헌금 통장에 헌금을 적립하게 하셨지만 저축과 생활비 통장은 나 개인의 필요와 일상을 설계하고 누리게 하셨다.

수많은 자본가들의 책을 읽었지만 그들이 얘기하는 부의 비법은 성경에 이미 나와 있는 내용이었다. 더불어 그 책을 읽기 전 기도 가운데 은혜로 깨닫게 된 방법들이 역사 속에 내노라하는 자본가들이 제시한 노하우들과 큰 줄기는 동일하다는 것에 또 한 번 놀라게 되었다.

나는 다시 한 번 성경이 모든 학문의 진리임을 깨달았고 '세계선교 기업'을 세워가는 과정에 첫 번째 지침서로 성경 말씀을 세워야 함을 다시 한 번 깨닫게 되었다.

메아리 법칙

한동안 치열하게 경제공부에 열을 올리던 나는 지금 운영하는 사업장이 하나님의 은혜 안에서 어떤 기업보다 견고하고 안전하게 성장하고 있음을 신뢰하게 되었다. 나는 이 사업장에 하나님의 축복이 더욱 크게 임할 것을 확신하고 선교비 통장에 일천만 원을 입금했다. 그리고 그날부터 내년 여름으로 예정된 2차 선교를 떠날 때까지 이 금액에 절대 손을 대지 않고 사업을 운영 할 수 있게 해달라고 기도하기 시작했다. 맨 처음 오십만 원 십일조를 선포 한 후 선 십일조를 바친 것처럼 이번에도 선교헌금을 미리 떼어놓고 선교기간 동안 문을 닫아 놓았던 대리점을 열고 일을 시작했다.

정말 놀라운 일이 일어났다. 한 동안 문을 닫아 놓았던 대리점이라는 사실이 무색하게 문을 연 날부터 연일 손님이 몰려들기 시작했다.

매출이 수직으로 상승하기 시작했다. 선교를 떠나느라 사업장 휴가 기간에 벌어들일 금액을 빠르게 만회하고 매출 목표와 십일조를 달성하게 되었다.

사업장을 열던 날 선포했던 비전이 만 3년 만에 현실이 된 것이다. 천만 원을 선 입금 했던 선교 헌금 통장에 두 배 이상의 금액을 적립하게 되었고, 창업예배를 드리던 날 '오십만 원 십일조'를 기꺼이 축복해주신 목사님께 국산 차 중에 가장 좋은 모델의 승용차를 선물했다.

이후엔 내 사업장을 통해 모인 재물을 어떻게 하면 하나님이 주신 방향으로 흘러가게 할까를 고민하면서 기도했고, '하나님을 최우선으로 섬기면서 본 교회와 목사님을 먼저 섬기고, 세계선교 지역을 그 다음으로 섬기며, 마지막으로 나와 내 가족을 섬기자'라는 기준을 정했다. 얼핏 들으면 나 자신과 가족에게 소홀한 것처럼 보이는 결심이지만 나와 내 가족이 세상을 기준으로 평균 이상을 누리고 세계선교는 그 이상, 목사님과 교회는 최상의 것을 누리게 될 것임을 확신했기에 두렵지 않았다. 왜냐하면 나는 하나님이 나와 내 자녀들을 너무나 사랑하신다는 것을 굳게 믿었기 때문이다.

이듬해 선교를 약속한 날짜가 되어 사업장 휴가를 내고 2차 선교를 떠났다. 이번에도 무슬림 국가를 방문하게 됐고 그동안 적립했던 선교헌금으로 중심도시에 성전을 건축했다.

그리고 한국에서 미리 준비한 찬양 반주 녹음테이프와 CD, 현지어 악보를 가지고 가서 어설프게나마 현지어로 찬양을 했다. 고려인들은 물론 현지인들과도 한 목소리로 찬양하게 되니 마음에 너무 큰 기쁨이 일어났다. 그렇게 시작된 무슬림교회 짓기가 수년 간 우리 사업장의 가장 큰 프로젝트로 진행되었다.

매년 짓고 싶은 교회 개수를 정하고 그만큼의 선교헌금을 모으기 위해 열심히 일했다. 하고 싶은 일이 너무 많았다. 더 많은 교회를 짓고 싶었고, 더 많은 성경과 찬양테이프를 보급하고 싶었다. 아침에 눈을 뜨는 순간부터 하루 종일 무슬림지역 선교 생각이라 만나는 사람마다 붙들고 그 얘기를 하게 됐다.

그러던 중에 여의도 순복음교회 연예인 선교회를 섬기시는 김기호 집사님을 만나게 되었는데 그분이 뜻밖의 제안을 했다.

"제가 오중기획이라는 회사를 운영하는데요. 발매된 찬양음반을 다량 구매 하시는 것 보다 직접 제작하는 쪽이 돈이 덜 듭니다. 자비로 선교하시는 분이니 제가 최소의 비용으로 음반을 만들어 드릴 테니까 직접 찬양을 부르시면 어떨까요?"

선뜻 용기가 나진 않았지만 같은 비용으로 더 많은 분들에게 찬양테이프를 드릴 수 있다는데 마음이 끌렸다. 더군다나 내가 목소리로 재능을 기부하면 김기호 집사님이 전체 프로듀싱을 기부해 준다고 했다. 그렇게 되면 최소한의 제작비만으로 많은 음반을 확보 할 수 있다. 기도 끝에 도전하자는 마음이 들어 찬양음반을 내게 됐다.

직접 녹음한 찬양 음반을 들고 무슬림 지역 선교를 나가자 성도들의 반응이 생각보다 훨씬 좋았다. 선교의 경험이 있는 사람이라면 누구나 공감 할 것인데 선교지에서 만난 인연은 단시간에 정말 깊어진다.

더군다나 기독교를 탄압하는 무슬림의 영토에서 목숨을 걸고 드리는 예배를 공유하면 그게 단 몇 시간이라도 우리가 주안에서 형제자매임을 느끼고 뜨거운 사랑의 마음을 품게 된다. 그 후 헤어지는 시간이 다가오면 언제 또 살아서 만날까 애틋한 마음이 들어 눈물바다가 된다. 그런데 그 순간에 테이프를 전달하면 목소리라도 남길 수 있다는 것만으로 서로에게 큰 위안이 됐다.

매년 선교 준비에 새로운 곡을 녹음해 음반을 만드는 일이 또 하나의 사명으로 포함됐다. 전액 자비로 제작하고 무상으로 배포하길 거듭했다. 그러다 지난해에 갔던 지역에 다시 가게 됐는데 이전에 준 찬양 테이프를 너무 듣다보니 테이프가 늘어나 더 이상 찬양을 듣지 못해 답답했다는 것이다. 그런데 이렇게 새 음반을 갖게 되어 너무 기쁘다는 성도들이 많아졌다. 나의 찬양이 누군가에게 힘이 된다는 걸 알게 되니 그 자체가 다시 내게 힘이 됐다.

더 많은 찬양을 선물하기 위해 5집까지 음반을 자비량으로 제작했고, 더 많은 교회를 짓기 위해 사업의 규모를 늘려야겠다는 결단이 일어났다. 그동안에는 모두 조립된 싱크대 완제품을 소비자에게 판매하는 일을 했는데 이제 한 걸음 더 나아가 싱크대와 관련된 비품들을 유통하는 사업까지 하게 됐다. 창고를 하나 임대해 '하나유통'이라는 간판을 달고 싱크대를 만드는데 필요한 상판, 물받이, 가

스레인지, 후드 등을 사서 재고를 확보하고 필요한 곳이 있으면 납품하는 일을 했다.

'백조싱크대 대리점'을 통해 개개인의 집에 1조씩 싱크대를 납품하고 설치하는 일을 하고, '하나유통'을 통해서는 신축되는 빌라나 아파트에 싱크대 비품들을 납품하는 일을 하게 된 것이다. 새로운 사업을 시작한 목적은 무슬림 지역에 더 많은 교회를 짓기 위함이었고, 보다 많은 매출을 올리기 위해 그간 적립해 두었던 종잣돈(씨앗)으로 많은 물량을 확보해 창고에 적립했다. 그런데 놀랍게도 바로 그 시기에 건축 붐이 일어나면서 내가 미리 사둔 물건들의 값이 하룻밤에 두 배 이상씩 뛰기 시작했다.

신명기 28장 12절에서 14절의 말씀이 눈앞에서 실제로 실현되기 시작한 것이다.

"여호와께서 너를 위하여 하늘의 아름다운 보고를 여시사 네 땅에 때를 따라 비를 내리시고 네 손으로 하는 모든 일에 복을 주시리니 네가 많은 민족에게 꾸어 줄지라도 너는 꾸지 아니할 것이요. 여호와께서 너를 머리가 되고 꼬리가 되지 않게 하시며 위에만 있고 아래에 있지 않게 하시리니 오직 너는 내가 오늘 네게 명령하는 네 하나님 여호와의 명령을 듣고 지켜 행하며 내가 오늘 너희에게 명령하는 그 말씀을 떠나 좌로나 우로나 치우치지 아니하고 다른 신을 따라 섬기지 아니하면 이와 같으리라."

새벽 기도를 가면 이 말씀이 마음에 풍성하게 울렸다.
마치 은은한 향기처럼 나의 마음에 잔잔하고 평안하게 스며왔다.
무슬림 지역에 세운 1호 교회인 G 교회의 성도가 약 700명에 이르게 되었다는 소식이 들려오더니 그간 선교헌금으로 사용한 비용들이 몇 배가 되어 나에게 돌아왔다. 그러면 나는 그것을 다시 선교통장에 입금해 이듬해 선교비로 사용했다.

초반에는 일 년 중 여름휴가 기간에 선교를 다녀왔는데 갈수록 그 횟수가 늘었다. 8월 첫째 주는 정기적인 휴가기간이니 선교팀과 함께 사역을 떠났고, 설 기간과 추석 연휴 기간은 선교사님, 목사님을 모시고 소수로 움직이며 순회선교 가운데 찬양사역을 했다. 선교를 마치고 돌아오면 하나님께서 선교비로 사용한 금액의 몇 배를 매출로 부어 주셨다. 1년 365일 중 단 하루도 낮잠을 자본적이 없을 만큼 바빴다. 선교기간에 물질과 시간의 헌신을 드리면 회사로 복귀하는 날부터 쌓을 곳 없이 큰복을 부어 주셨다.

나는 이 과정에 '메아리 법칙'이라는 이름을 붙였다.

'하나유통'을 겸하게 되면서 다섯 평 규모의 싱크대 대리점에서는 꿈 꿀 수 없었던 규모의 매출이 일어났다. 선교비와 회사 매출이 서로 맞물려 계속 확장됐다. 트럭 한 대에 물건을 실으면 어디로든 갈 수 있으니 전국에 모든 건설현장이 나의 고객이나 마찬가지였다. 나는 '하나유통'이 성장하여 보다 많은 선교를 할 수 있게 되기를 소망하며 천만 원으로 책정되어 있던 투자예산을 다섯 배인 오천만 원으로 늘리고 그 돈을 모두 풀어 싱크대 상판 및 비품을 구입해 '하나유통' 창고를 꽉 채운 후 사업 확장을 위한 작정기도를 시작했다.

뜻밖의 시련

'하나유통' 사업을 통해 더 많은 무슬림 지역에 교회를 세울 생각에 열심히 일을 하고 있는데 본 교회 건축이 선포됐다. 여 선교 총회장을 맡고 있던 나는 우리 교회만큼은 건축으로 빚지는 교회를 만들고 싶지 않다는 생각에 작정헌금을 낼 결심을 하고 기도를 시작했다.

그런데 그 와중에 남편이 건축위원장을 맡게 되었다. 나는 차라리 잘 됐다는 생각을 하며 남편에게 그동안 무슬림 지역에 교회를 계속 지어왔는데 이제는 우리 교회 성전을 짓는 일에 힘을 쓰는 게 좋겠다고 말하고 대신 우리 교회를 위한 헌금은 저축과 생활비 통장에서 지출하자고 말했다. 남편도 동의하여 금액을 놓고 기도한 끝에 삼억 원을 헌금하기로 작정했다.

작정헌금을 정하고 저축통장과 생활비 통장을 확인하니 총 잔액이 오천 만 원이었다. 갈릴리 호수와 같이 살겠다는 결심을 한 후 돈을 모으고 묻어두는 대신 하나님의 뜻이 임한 곳으로 빠르게 흘러가는 것을 최선으로 한터라 수중에 많은 돈을 묶어두지 않은 탓이었다. 남편조차도 "우리가 버는 돈이 얼마인데 정말 그것밖에 없냐?"며 의아해 할 정도였다. 하지만 나는 이번에도 하나님이 채워주실 것임을 믿었다. 우선 교회에 삼억 원을 건축 작정 헌금으로 드릴 것임을 말씀드리고 오천만 원을 먼저 헌금했다. 20여 년 전 일이다.

다행히 싱크대 대리점과 하나유통 둘 다 모두 잘 운영되고 있던 때라 내가 조금만 더 열심히 하면 머잖아 작정한 헌금을 다 드릴 수 있다는 기대가 생겼다. 그래서 신바람 나게 일을 하는데 어느 날부터인지 대리점에 오가는 거래처 분들이며 가족들이 내 안색을 걱정하기 시작했다.

"사장님 못 보던 사이에 예쁜 얼굴이 왜 이렇게 말랐어요?"

"그러게 사장님 피부가 늘 반짝반짝 윤이 나서 예뻤는데 오늘은 많이 푸석푸석해요."

웃으면서 인사로 하는 말인데 말끝에 한 결 같이 전과는 다르게 안 좋아 보인다는 의중을 이야기하니 슬슬 마음에 걸리기 시작했다.

하루는 자려고 누웠는데 낮에 사람들이 하던 말이 생각나서 불을 켜고 거울을 보니 눈 밑이 다른 때보다 푹 꺼져 어둡고 살도 많이 빠진 것 같았다. 매일 보는 내 얼굴인데 정말 뭔가 낯설어 보였다. 이건 뭔가 문제가 생긴 것 같다는 생각이 들어 다음날 바로 건강검진을 받았다. 며칠 뒤 결과가 나왔다고 내원해달라는 연락이 왔다.

점심시간을 이용해 수원 성빈센트병원으로 향했다.

그간 주로 사무실에서 점심을 시켜 먹느라 낮 동안에는 밖에 나올 일이 별로 없었는데 어느 새 5월이라 가는 길에 하얀 배꽃이 흐드러지게 펴 있었다. 그런데 진료실에 들어가니 의사선생님의 얼굴 표정이 좋지 않았다. 자리에 앉으면서 나도 모르게 '이렇게 좋은 날에 별일이 있겠어...'라고 속으로 혼잣말을 하는데 그 순간 선생님께서 "유방암 2기입니다"라고 말했다. 너무 놀라 무어라 대답을 못하고 창밖을 멍하게 보는데 하얀 배꽃이 바람에 살랑살랑 흔들리고 있었다. 나는 나도 모르게 "하필 이렇게 좋은 날에... 그런 병에 걸렸네요"라고 앞뒤 없는 말을 해버렸다.

유방암 2기는 성빈센트병원에서 치료가 안 된다고 하여 서울 공릉동에 있는 원자력병원으로 갔다. 거기서 다시 검사를 받았는데 유방암 2기가 확실했다. 5월 28일로 수술날짜가 잡혔고 그 날짜에 맞춰 입원을 했다. 내가 다니고 있는 수원 순복음교회의 이재창 목사님이 아침마다 수원에서 서울 공릉동까지 2시간 거리를 달려와 심방을 해주시며 담대하라고 격려해 주셨다. 둘째 아들을 힘들게 낳은 후 산후조리기간에 고생을 한 것 외에는 크게 아픈 적이 없어 체력에는 자신이 있다고 생각했다. 믿음도 있고 건강도 있으니 이런 병쯤은 잘 이겨 낼 수 있다고 생각했는데... 암은 상상보다 훨씬 고통스러웠다.

10시간 동안 유방 완전 절제 수술이 병행되었고, 치료기간 중 1회에 12번씩 이루어지는 항암제와 방사선 치료를 수회 받았고, 수술 후에는 한 달 동안 가슴에 피 주머니를 달고 다녔다. 구멍이 뚫린 자리는 상처가 아물지 못한 채로 있으니 계속 통증이 일어나는데 아침이 되면 염증이 생기지 않도록 펌프로 그 피들을 뽑아내야 했다. 내 몰골이 너무 흉해 밤에도 화장실에 불을 켜지 않았다. 더듬더듬 들어가다 어딘가에 부딪혀 멍드는 것이 거울 속 끔찍한 내 몰골을 보는 것 보다 덜 고통스러웠기 때문이다.

머리카락은 숭덩숭덩 빠져 거의 남지 않았고, 몸무게도 18kg이나 빠졌다. 두통 때문에 구토가 나는 것인지 구토를 자꾸 해서 두통이 생기는 것인지 나 스스로도 구분 할 수 없었다. 분명 내 몸인데 통증과 어지럼증이 내 몸 어디서 시작되고, 어느 증상이 제일 심한지 감지조차 할 수 없었다. 물 한 모금만 마셔도 위장 전체가 뒤집어지는 듯 지독한 구토가 났다. 변기를 붙들고 한 참 토하다가 주저앉으면 앙상해진 엉치뼈가 화장실 타일에 텅 닿는 소리가 날 정도였다. 그러면 이번에는 꼬리뼈부터 허리 목까지 저릿저릿 통증이 올라왔다. 그러면 그냥 그대로 화장실 바닥에 모로 쓰러져 숨만 헐떡거렸다. 입술로 하나님을 부를 기운이 없어서 뜨거운 눈물만 바닥에 뚝뚝 떨어지고 마음에는 서러움만 꾸역꾸역 차올랐다.

남편에게 핍박 받았던 순간들, 결혼 지참금으로 선물한 땅을 교회에 바쳤다는 이유로 크게 화난 친정어머니의 마음을 돌리겠다고 한겨울에 친정집 앞에 서서 열리지 않는 대문을 두드리는 내 모습, 제사를 모시지 않으려면 얼씬도 말라며 호통을 치시는 시아버지의 모습이 하나하나 스쳐 지나갔다. 이제 겨우 하나님을 의지하기 시작한 남편과, 아직 하나님을 모르는 친정식구들과 시댁식구들이 이런 내 모습을 보며 결국 하나님은 없다고 생각할까봐 걱정이 됐다.

'하나님... 제가 이 지경으로 쓰러져있으면 누가 하나님이 살아있다고 믿을까요...'

겨우 몸을 일으켜 침대로 오니 배게 옆에 높인 핸드폰이 보였다.
나는 핸드폰을 열고 문자를 쓰기 시작했다.
'하나님 제발 나를 죽여주세요. 나를 천국으로 데려가 주세요'

수신전화번호에는 '333'을 누르고 이 문자가 제발 천국에 도착하길 부질없이 바라며 전송 버튼을 눌렀다. 당연히 답장이 올 리가 없었다. 하지만 나는 핸드폰을 손에서 놓을 수가 없었다. 정말 말도 안 되는 기대지만 무슨 말이라도 좋으니 답신이 오는 기적이 일어났으면 좋겠다는 생각뿐이었다. 당장 이 밤에 기적이 없으면 내일 하루를 살아내지 못 할 것 같았다.

힘이 없어 자리에 누웠지만 잠이 오지 않았다.

대체 나에게 왜 이런 시련이 왔는지 그걸 알 수 없어 답답한 마음에 눈물이 났다. 다시 두통이 시작되고 가슴부위에 통증이 시작 되는게 느껴졌다. 나는 기적까지는 바라지 않을테니 당장 이 고통이라도 덜어달라고 기도하기 위해 주님의 이름을 불렀다. 그런데 그 순간부터 내 마음과는 전혀 다른 내용의 기도가 내 입술에서 나왔다.

'주여, 나로 하여금 예수님의 고통을 알게 하소서...'

조금 전까지만 해도 나를 죽여 달라고 문자를 보냈는데 고통을 알게 해달라니... 이제는 머리도 어떻게 되어서 기도도 못하게 된건가 겁이 더럭 났다. 그런데 그 순간에 골고다 길을 올라가시며 채찍질 당하시는 예수님의 모습이 내 마음에 떠올랐다. 그리고 기도가 계속 이어졌다.

'아버지, 나로 하여금 참 긍휼을 알게 하소서... 이날까지 내가 아픈 사람을 향해 느꼈던 것은 가식이며, 가난한 사람을 향해 느꼈던 마음은 형식입니다. 나는 오늘에야 비로소 참 고통을 알았고 이후로는 고통 받는 사람들의 마음을 진실로 공감하며 긍휼을 베풀 수 있기를 소망합니다.'

지독한 고통을 겪어보지 않은 사람은 모를 것이다. 나도 암이라는 병을 겪는 동안에야 사람은 고통 앞에서 너무 쉽게 작아지고 자존감을 잃는다는 걸 알았다.

그간 누가 보아도 하나님 앞에 열심히 살았다. 그런데 병으로 고통을 겪는 순간 나도 모르게 내가 무얼 잘못해 벌을 받고 있는건 아닌가라는 생각이 들고 괜한 두려움과 자책이 들었다.

내가 연약한 틈을 타 사단과 우울의 영이 나를 흔든 것이다. 이두려움은 잠시나마 나와 하나님의 거리를 멀게 했다. 나는 버려졌다는 생각에 너무 마음이 아팠고 조금씩 체념을 하고 있었다. 그러나 이 고통을 통해 긍휼을 배우고 병과 슬픔으로 아파하는 사람들을 품겠다는 소망을 갖게 되었다. 하나님께서 반드시 나를 살리시고 그 고백을 실천하게 하실거라는 믿음이 생겼다.

기도를 마친 나는 몸을 일으켜 성경을 펼쳤다.

기도를 하는 동안 '인내는 연단을 연단은 소망을'이라는 말씀이 내 마음에 자꾸 생각이 났기 때문이다. 그 부분의 말씀을 온전히 선포하고 이 고통이 '연단'임을 믿기로 작정 한 것이다.

"다만 이뿐 아니라 우리가 환난 중에도 즐거워하나니 이는 환난은 인내를, 인내는 연단을, 연단은 소망을 이루는 줄 앎이로다 소망이 우리를 부끄럽게 하지 아니함은 우리에게 주신 성령으로 말미암아 하나님의 사랑이 우리 마음에 부은 바 됨이니."(로마서 5:3~5)

나는 내가 '환난 중에 즐거워하라' 는 명령을 잊고 있었음을 기억했다. 하나님이 살아계시므로 나를 치유해 주실 것을 진실로 믿고 더

한 고통이나, 죽음을 걱정하는 대신 지금 기뻐하는 쪽을 선택하는 게 믿음이며 내가 할 수 있는 최선의 노력이라는 생각을 하게 되었다. 병과 고통은 하루아침에 사라지지 않는다. **그러나 오늘 하루 몸의 고통에 집중 할 것인지, 언젠간 나을 것이라는 소망에 집중 할 것인지는 내가 선택 할 수 있는 것이니 이제부터는 나음과 기쁨을 택하기로 결심했다.**

다음날부터는 낮이나 밤이나 성경을 읽고 찬양을 하면서 기쁨을 회복하기 시작했다. 이런 나의 변화는 나의 몸은 물론 나를 바라보는 주변 사람들에게도 긍정적인 영향을 끼쳤다. 의사와 간호사는 물론, 보험회사 직원들이 특히 놀라며 "정말 하나님이 살아 계시냐?"는 질문을 했다. 전도할 당시 내 앞으로 보험을 여러개 들어놨었다. 보험회사 설계사들이 보험을 들어줘야 교회를 나온다 했기 때문이다(이것 역시 하나님의 섭리였다). 그래서 보험회사 직원들이 보험금 지급을 의논하고 병문안도 할 겸 자주 왔는데 며칠 만에 싹 달라진 내 태도와 안색을 보고 무슨 좋은 약을 먹었냐고 묻기에 "하나님이 주신 구약, 신약을 먹고 건강해 졌다"고 말하니 처음에는 못 믿는 눈치였다가 나날이 내 건강상태가 좋아지니 점점 믿기 시작했다.

병원 안을 혼자 돌아다닐 만큼 체력을 회복한 나는 내 가슴이 전과 달라졌음을 알았다. 암을 없애기 위해 절제한 왼쪽 가슴이 아닌 나의 내면의 가슴이 이전과 너무 달라져 있었다.

하나님을 믿고 그나마 많이 관대해졌지만 여전히 내 안에는 깍쟁이 같은 구석이 있어서 똑똑하다는 소리는 들어도 푸근하다는 소리는 못 듣는 성격이었다.

그런 나이기에 맨 처음 무슬림 국가에 선교를 갔을 때 현지 성도들의 머리에 이와 석회가 있는 것을 보고 정말 기겁을 했었다. 찬양이라면 열 시간도 쉬지 않고 하겠는데 그 머리에 손을 대고 이와 석회를 만져야하는 미용 봉사는 할 때마다 너무 힘들었다.

그런데 내가 죽도록 아파보고, 그 고통 때문에 여러 날 머리도 못 감고 보니 그때 그 상황을 절절하게 알게 되었다. 그래서 병원 안에서 상처가 큰 사람을 보거나, 통증으로 아파하는 사람들을 보면 주체할 수 없이 눈물이 나고 마음에 긍휼함이 솟았다. 상대의 아픈 곳을 보는 순간 내 가슴이 즉각 미어지고 열이 나서 그 사람 얼굴에 평안이 있을 때까지 그를 껴안든, 손을 잡든 위로해야만 나도 편안해졌다. 밤이 되면 오늘 대화를 나눈 환자를 위해 잠이 들기 전까지 기도를 했으며 그러는 사이 나의 고통은 잠시 잊게 됐다.

하루하루 은혜가운에 마음에 평안과 몸의 평안을 찾아가는데 수십 년 간 연락이 끊겼던 창복이라는 중학교 친구로부터 연락이 왔다. 안부를 묻는 창복이에게 지금 원자력병원에서 치료를 받고 있다고 하니 병원으로 나를 찾아왔다. 나를 본 창복이는 인사에 앞서 눈물부터 보였다. 나는 창복이의 손을 잡고 이제 나는 나았으니 걱정하지 않아도 된다고 했다.
그런데 내 말을 들은 창복이가 고개를 가로 저으면서 말했다.
"미경이가... 미경이가 다 죽어간다."
미경이... 나와 함께 매향 중학교를 다니며 사격을 하고, 고등학교까지 단짝으로 지냈던 미경이가 폐암 말기로 위독하다는 소식이었다. 고등학교 졸업 후 연락이 끊긴 뒤로 만날 길이 없어 언젠가는 그리운 사람을 찾아주는 프로인 'TV는 사랑을 싣고'에 사연을 보냈는데 채택이 되지 않아 실망하기도 했다.

"미경이가 널 찾는다. 마지막으로 너를 보고 싶대. 그래서 백방으로 연락한 끝에 어떻게 연락이 닿았는데 너도 아프니 어떻게 할지 모르겠다. 미경이는 지금 걷지도 못해..."

그 말을 들은 나는 당장 자리에서 일어나면서 "내가 가야지. 내가 가... 지금 가자"라고 창복이를 재촉했다. 그러자 남편이 그 정신으로 가다 넘어진다며 잠시 마음을 추스르라고 붙들었다. 하지만 한시도 지체 할 수 없었다. 남편의 말은 듣는 둥 마는 둥 신발을 신고 병실 밖으로 나가 내 담당 간호사를 찾아 외출을 시켜달라고 했다.

간호사는 아직 항암제 치료기간이니 외출은 삼가는 게 좋겠다는 대답을 했다. 안 된다는 말을 들으니 눈물이 났다. 그래서 간호사 앞에서 울고 있으니 남편이 따라와 자초지종을 설명한 끝에 하루 외출을 허락받았다.

창복이를 따라 서울 외곽에 있는 미경이의 집으로 갔다. 작은 단칸방 방문을 열고 들어가니 산소통에 연결된 호스를 꽂고 있는 미경이가 보였다. 나를 알아본 미경이가 수척한 얼굴로 웃었다. 나는 그런 미경이가 너무 가여워 바닥에 주저앉아 엉엉 울었다. 미경이도 눈물을 흘렸다. 나는 미경이가 우는 게 싫어 눈물을 꾹꾹 누르고 "우리 오래간만에 만났는데 뭐 맛있는 걸 먹을까?"라고 물었다.

그러자 미경이가 힘들게 "갈비"라고 대답했다.

나는 미경이를 데리고 근처에서 제일 좋은 한우 갈비집을 찾아갔다. 요 며칠 죽 넘기는 것도 힘들어 했던 미경이가 갈비를 맛있게 먹었다. 식사를 다하고 미경이가 힘들어 해서 차 한 잔도 못 마시고 집에 데려다줬다. 오래간만에 외출이 힘들었는지 금방 잠이 들었다. 나는 항암치료가 끝나는 대로 다시 오겠다는 메모를 남겨 놓고 미경이의 집에서 나왔다.

그러나 그날 그 모습이 미경이의 마지막 모습이었다. 함께 식사를 하고 이튿날엔 기분 좋은 얼굴로 이대로 힘이 나면 이제는 내가 순복이 문병을 가겠다던 미경이는 두 밤을 못 넘기고 하늘나라로 떠났다. 미경이를 만나느라 무리하게 했던 외출이 감기로 번져서 나역시 여러 날을 앓았다. 더 이상의 충격은 몸에 큰 위험이 된다는 의사와 남편의 만류로 미경이의 장례식에 가지 못했다. 나는 미경이의 죽음을 겪으며 **우리의 삶이 유한하다는 걸 마음 깊이 받아들이게 됐고 나에게 주어진 하루에 내가 할 수 있는 최선의 선을 베풀어야겠다고 결심했다.**

이 모든 과정을 하나님이 주시는 성장의 기회로 받아들이게 된 나는 모든 치료는 하나님께 맡기고 병원 안을 돌아다니며 통증과 두려움에 슬퍼하는 환자들을 위로했다.

그러자 놀랄 만큼 빠르게 상태가 호전되었다. 예상한 기간보다 훨씬 빨리 회복이 되었고 퇴원 후 일터에 곧장 복귀할 수 있을 만큼 체력도 좋아졌다.

또 하나 보너스로 기적과 같은 일이 일어 난 것은 전도 때문에 가

입했던 보험에서 암 진단금부터 치료자금이 많이 나왔다는 점이다. 그것을 모두 모아보니 약 7천만 원이 되었다. 나는 건축헌금 3억을 작정해놓고 병상에 눕게 되어 부담이 됐는데 암 진단 보험금이 지급되는 즉시, 기쁜 마음으로 보험금 전액을 약정했던 건축헌금으로 드렸다. 나는 아주 평안한 마음으로 그간 밀렸던 일들을 차차 처리하기 시작했고 하나님께서 내게 주실 다음 계획을 기대하게 되었다.

"야베스가 이스라엘 하나님께 아뢰어 이르되 주께서 내게 복을 주시려거든 나의 지역을 넓히시고 주의 손으로 나를 도우사 나로 환난을 벗어나 내게 근심이 없게 하옵소서 하였더니 하나님이 그가 구하는 것을 허락하셨더라"(역대상 4:10)

하나님의 기름 부으심

1998년 5월 28일에 입원하여 수개월 동안 암 치료를 마치고 일선에 복귀하니 그동안 사업장에 이런저런 문제가 발생해 있었다. 투병 직전에 사업규모를 키울 계획으로 보통 천만 원 정도 물량을 확보하고 유통하던 것을, 투자액을 다섯 배로 늘려 오천만 원어치 자재들을 구입해 창고에 가득하게 쌓아놨는데 싱크대 상판 한 장 못 팔아보고 나는 투병을 남편은 간호를 하느라 모두 재고로 남아 있었다. 창고에 있는 물건들을 팔려면 영업사원을 고용하는 등 마케팅 비용을 사용해야 하는데 십일조 통장과 선교통장 외에 나머지 3개의 통장 잔고가 바닥이었다.

투자금 통장에 있던 돈은 자재들이 되어 창고에 쌓여있고, 병원에 입원하기 전 건축헌금으로 삼억 원을 약정 한 다음 저축 통장과 생활비 통장에 있던 오천만 원을 헌금했고, 보험회사에서 나온 돈도 건축헌금으로 전부 드린 탓이었다.

하지만 바로 욥기 말씀이 떠올랐다.

"이르되 내가 모태에서 알몸으로 나왔사온즉 또한 알몸이 그리로 돌아가올지라 주신 이도 여호와시요 거두신 이도 여호와시오니 여호와의 이름이 찬송을 받으실지니이다 하고"(욥기 1:21)

"네가 만일 하나님을 찾으며 전능하신 이에게 간구하고 또 청결하고 정직하면 반드시 너를 돌보시고 네 의로운 처소를 평안하게 하실 것이라 네 시작은 미약하였으나 네 나중은 심히 창대하리라"(욥기 8:5~7)

병원에 입원해 있는 동안 하나님의 섭리와 진리를 망각해 깊은 절망을 경험한 후 '제 아무리 사소한 명령, 권면이라도 성경 안에 있는 말씀이라면 절대 지키자'라는 결심을 했는데 이번이야말로 그 결심을 제대로 지킬 기회라는 생각이 들었다. 나는 모든 고민을 내려놓고 오산리 기도원으로 향했고 첫 날부터 금식하며 비어 있는 통장 잔고와 거래처 기업을 달라고 기도했다.

하나님께서 나에게 다시 건강을 주셨고, 입원해 있는 동안에 가장 큰 선물로 주신 것이 긍휼을 깨달음이니 다음에는 더 큰 선교를 하게 하실 거라는 확신이 있었기에 전심으로 기도했다. 그리고 3일 째 되던 날 기도하는 가운데 하나님께서 나에게 음성을 들려 주셨다.

"사랑하는 나의 딸아, 이제 때가 왔다."

하나님의 음성을 따라 사무실 내 책상의 모습이 떠올랐다.

처음엔 늘 보던 책상이라 왜 이걸 보여주시나 의아해 하면서 계속 기도를 하는데 다른 때와 달리 책상 한가운데 전화번호부 책이 펼쳐져 있는 것이 보이더니 다시 하나님의 음성이 들려왔다.

"전화국으로 가서 전화번호부를 찾아라."

나는 그 말을 듣고도 당장 무슨 뜻인지 이해 할 수가 없어 한 참 기도했다. 그러나 그 뒤로 아무런 말씀이 없었다. 하지만 하나님이 나에게 응답해 주셨음을 너무 확실하게 느꼈기 때문에 짐을 챙겨 집으로 돌아왔다. 집에 돌아와서 다시 기도하고 밤늦게까지 묵상해도 무슨 의미인지 깨달아지지 않아 그냥 순종을 해보자고 결론을 내고 이튿날부터 전화국을 돌아다니며 전화번호부를 모으기 시작했다.

책상위에 수원, 용인, 오산등의 전화번호부가 차곡차곡 쌓였다.

나는 일하는 틈틈이 그 전화번호부를 살폈다. 그렇게 전화번호부를 자꾸 보다보니 마음에 거래처가 될 만한 곳에 전화를 해봐야겠다는 생각이 들었다. 그래서 전화번호부에 기록된 상호들을 살피는데 상호와 전화번호 옆에 주소도 기록되어 있는게 보였다.

바로 그 순간 '편지를 쓰자!'라는 생각이 들었다. 그리고 보니 참 좋은 생각이라는 확신이 들었다. 당장 내 입장에서만 생각해도 싱크대 대리점으로 걸려오는 전화 대부분이 주문 전화인데 거꾸로 물건을 사라는 전화가 오면 그 통화를 오래 받을 것 같지 않았다. 하지만 편지라면 얘기가 달랐다. 문을 열고 있는 내내 손님이 있는 게 아니니 편지를 그때 읽어 줄 것 같다는 생각이 들었다. 여기까지 생각을 한 나는 바로 문방구로 달려가 편지지와 편지 봉투를 샀다.

책상 위에 전화번호부 책과 편지지를 펼쳐놓고 먼저 기도를 했다.

'하나님, 남들처럼 마케팅비 수천만 원은 없지만 하나님이 주신 지혜로 편지 마케팅에 도전을 합니다. 제게 힘을 주세요.'

전화번호부를 한 장 한 장 넘기며 하나유통의 물건을 쓸 만한 상호가 보이면 맨 윗줄에 그 상호를 적고 글을 쓰기 시작했다. 하나유통이라는 회사 이름을 알리고 내가 제공할 수 있는 물품들에 대한 상세한 설명을 썼다. 그리고 이제 시작하는 사업이므로 정성과 신뢰를 다해 물품을 공급하겠다고 적었다. 그리고 맨 마지막에는 해당 사업장에 축복을 빈다는 메시지와 함께 나의 이름 '송순복'을 적었다. 편지를 다 쓰면 그 편지위에 손을 얹고 기도를 했고 우체국으로 가 한 통, 한 통에 우표를 붙이며 또 기도를 했다. 매출 계획표에는 올해 안에 100군데의 거래처를 확보한다는 목표를 적어 넣었고 매일 그것을 보며 기도했다. 하지만 눈앞의 현실은 암울하기만 했다. 전화는 한통도 오지 않았고 사방에서 불경기를 탓하는 소리만 오고 갔다. 그러더니 설상가상으로 IMF까지 터졌다.

IMF라는 용어가 뉴스와 신문에 헤드라인으로 보도 되면서 무서울 만큼 빠르게 불경기가 체감 됐다. 그나마 고정 매출을 내던 싱크대 대리점에도 손님의 발길이 뜸해지기 시작했다. 크게 감정을 내보이지 않는 남편의 얼굴에도 그늘이 생겼고 한 숨 소리가 잦아졌다.

그런데 그런 와중에도 내 마음에는 '이제 때가 왔다'는 하나님의 말씀만 가득했다. 상황이 암울 할수록 그 말씀이 커지고 선명해지는 것 같았다. 밤이 가장 깊은 어둠에 다다라야만 비로소 해가 뜨는 것처럼 상황이 어려우면 어려울수록 머잖아 하나님의 은혜가 해처럼 힘을 발휘하게 될 것이라는 믿음이 생겼다.

나는 어려운 가운데에도 온전한 헌금을 드렸다.

월말 매출 정산을 한 후 십일조, 선교헌금, 감사헌금, 일천 번제 헌금을 제하면 생활비로도 부족한 금액이 남았다. 하지만 그런 때일수록 더 철저하게 주일을 지키고, 목사님을 섬기기 위해 노력했다. 부족한 생활비 때문에 콩나물 반찬 하나로 끼니를 때우는 날이 많아져도 목사님께는 소고기를 사 드렸다. 모두가 어렵고 힘든 IMF 시기이므로 나 한사람 힘든 것 보다 나와 같은 성도들을 여럿 돌보는 목사님이 힘들 것이고, 이런 때 일수록 목사님이 든든히 서 주셔야 교회 안의 모두가 말씀으로 힘을 받을 수 있다고 믿었기 때문이다. 내가 암으로 투병하는 기간에 그토록 간절히 기도해 주신 목사님께 꼭 은혜를 갚고 싶었다.

아침에 출근하면 제일먼저 '세계선교 기업'이라는 비전을 받았을 때 주셨던 신명기 말씀과 암 투병 중에 붙들었던 말씀을 암송하며 마음을 단단하게 했다.

"네가 네 하나님 여호와의 말씀을 삼가 듣고 내가 오늘 네게 명령하는 그의 모든 명령을 지켜 행하면 네 하나님 여호와께서 너를 세계 모든 민족 위에 뛰어나게 하실 것이라."(신명기 28:1)

"다만 이뿐 아니라 우리가 환난 중에도 즐거워하나니 이는 환난은 인내를, 인내는 연단을, 연단은 소망을 이루는 줄 앎이로다 소망이 우리를 부끄럽게 하지 아니

함은 우리에게 주신 성령으로 말미암아 하나님의 사랑이 우리 마음에 부은 바 됨이니.”(로마서 5:3~5)

마침내 놀라운 기적이 시작되던 날도 출근 하자마자 말씀을 선포하는데 전화벨이 울렸다. 남편이 전화를 받는 소리를 들으며 성경을 계속 읽어 내려가는데 통화를 하는 남편의 목소리가 점점 커졌다.

“네? 얼마라고요? 그게 정말입니까? 예~ 우선 물건부터 확인하고 연락드리겠습니다.”

전화를 끊은 남편이 나를 향해 전화를 받을 때 보다 더 큰 목소리로 말했다.

“여보! 자재 값이 두 배로 올랐어!”

IMF로 인해 자재 공장들이 문을 닫으면서 일시적으로 자재 품귀 현상이 일어났고 그로 인해 평소 거래하던 거래처에서 물건을 충분히 받을 수 없게 된 사업장들이 내가 보냈던 편지를 기억하고 우리 사업장으로 전화를 걸어오기 시작했다.

전화를 하는 사람들마다 첫 마디가 “하나유통에는 자재가 있습니까?”였다. 자고 일어나면 자재 값이 두 배씩 뛰었다. 건축 공사며 인테리어 공사의 완공날짜가 이미 정해져 있는데 그 사이 자재 품귀 현상이 일어나니 얼마가 들어도 좋으니 자재를 보내달라는 전화가 쇄도했다. 전국적으로 물량이 달리는 시절이라 D 물산(주) 스테인리스 제작 공장을 직접 찾아가도 원판을 못 구한다는 소문이 돌았다. 그런 와중에 우리 창고에는 제품이 가득했다.

내가 병원에 입원하기 전에 5천만 원을 투자해 사 놓은 물품들의 가치가 수개 월 만에 몇 배로 뛰기 시작했다. 용인, 수원, 오산 각지에 거래처가 생겼다. 자재 값이 비교적 저렴할 때 자재를 사 놓았으니 현 시세만 받아도 몇 배의 이윤이 남는 장사라 선금을 내는 사업체에는 약간의 할인 혜택을 주기로 했다. 그러자 그 소식을 듣고 연락해 오는 사업장들이 늘어나면서 1년 만에 거래처가 100군데가 됐다. 마침내 기도 응답이 된 것이다!

건축 회사와 인테리어 회사에 "하나유통에 가면 자재를 구 할 수 있다"는 소문이 났다. 전화가 빗발쳤고 성질이 급한 분들은 트럭을 몰고 유통창고로 직접 찾아왔다. 재품의 재고를 확인하고 그걸 포장해 발송할 시간이 부족해 그 시간을 벌기 위해 오후 6시만 되면 무조건 셔터를 내렸다. 셔터를 내리자마자 발송준비를 하는데도 보통 새벽 1시는 되어야 일이 끝날 정도였다.

퇴근 하고 집에 돌아와 그날 번 돈을 안방에 쏟으면 바닥이 안 보일정도로 돈을 벌었다. 나는 아무리 피곤해도 그 날 안에 돈을 다 헤아려 ❶십일조 ❷선교헌금 ❸종잣돈 ❹배가 재테크 ❺생활비 다섯 항목대로 돈을 나눠 묶어 놓았고 다음 날 출근길에 은행에 들러 각각의 계좌에 돈을 입금함으로 헌금과 생활비가 섞이는 일이 없도록 철저하게 관리했다.

"너희 조상의 하나님 여호와께서 너희를 현재보다 천 배나 많게 하시며
너희에게 허락하신 것과 같이 너희에게 복 주시기를 원하노라"(신명기 1:11)

6

선하게
인도하심을 믿다

"내가 사망의 음침한 골짜기로 다닐지라도
해를 두려워하지 않을 것은 주께서 나와 함께 하심이라
주의 지팡이와 막대기가 나를 안위하시나이다"
(시편 23:4)

선하게 인도하시는 하나님!

하나님께서는 주님의 이름을 위하여
우리를 의의 길로 인도하신다.
우리 평생에 하나님의 선하심과 인자하심이
우리를 따를 것이라 약속 하신 말씀을 믿고 믿으라.
우리의 경제성장이 우리의 신앙과
동반 성장하고 있는지를 확인하라.

백 배의 축복

유통사업으로 큰 성공을 이룬 덕분에 선교헌금 계좌에 많은 돈을 적립하게 됐다. 투자통장에도 적립된 돈은 인테리어 사업부를 만드는 데 투자했다. '하나유통'에 이어 '하나 인테리어'를 세우고 업무를 시작했다. 그리고도 은행 통장에 육천만 원 정도의 돈이 있었다. 나는 그 돈을 어디에 쓸까 기도했다.

현실적으로 가장 돈이 필요한 것은 집이었다. 그 사이 아이들도 제법 자랐고 친정어머니도 늘 와계시다시피 하니 방이 하나 더 있는 집으로 옮겼으면 좋겠다는 생각이 들던 시기였다. 하지만 하나님께서 다른 계획이 있으셔서 허락하신 돈 일 수도 있어 기도를 시작했다.

그런데 어느 주말 모처럼 시간이 나서 영상 설교를 보는데 그 내용이 '크리스천의 성경적 경제부흥'이었다. 늘 관심을 갖는 부분이라 경청하는데 설교 내용은 "경제는 하나님으로부터 오고, 복은 조상과 섬김으로부터 온다"는 내용이었다.

"선인은 그 산업을 자자 손손에게 끼쳐도 죄인의 재물은 의인을 위하여 쌓이느니라"(잠언 13:22)

"여호와께서 주시는 복은 사람을 부하게 하고 근심을 겸하여 주지 아니하시느니라"(잠언 10:22)

시댁과 친정을 통 털어 내가 제일 먼저 하나님을 믿었고, 그 다음 남편이 믿었으니 우리 양가 가문에 믿음의 역사는 우리 세대부터 시작이 되는거라는 생각이 들었다. 그렇다면 우리가 쌓은 산업이 내 자녀는 물론 그 후손들에게까지 이어질 것이니 다른 믿음의 가문들에 비해 우리 가문이 쌓아놓은 믿음의 산업이 아직 적다는 생각이 들었다. "복은 조상과 섬김으로부터 온다"라는 말씀을 기억하고 자식에게 복을 물려주기 위해 노력하는 편이 낫다는 생각이 들었다.

나는 지금 수중에 있는 육천만 원을 넓은 집을 사는데 사용하는 대신 자자손손에게 끼칠 복을 쌓는 데 사용하기로 결심했다.

나는 평소 내 원칙대로 십일조를 확실히 했고, 선교헌금을 충분히 적립해 놓았으니 본 교회 목사님을 섬기기로 하고 다시 자동차 대리점으로 가서 가장 좋은 차를 계약해 목사님께 드렸다.

목사님께 두 번째로 차를 선물 해 드린 날 아이들을 불러 거실에 앉히고 나의 이런 결정이 너희를 위해 믿음의 유산을 쌓는 과정이라고 설명하면서 록펠러와 그의 어머니 이야기를 들려주었다.

"효선아, 종혁아. 오늘 엄마는 목사님께 차를 한 대 선물해 드렸어. 처음엔 그 돈으로 집을 늘릴까 생각했는데 그보다는 하나님의 종인 목사님을 섬기고 그 복이 쌓여 너희들의 평생에 충만한 은혜가 되었으면 하는 마음에 그런 결정을 했단다. 엄마가 이런 결정을 하게 된 것엔 그동안 믿음 생활을 하면서 하나님이 깨우쳐 주신 생각들도 있지만, 사업을 시작하면서 믿음으로 성공한 부자들의 책을 읽던 중에 록펠러 어머니의 이야기를 읽은 후 나름의 원칙을 정했기 때문이야. 너희들도 위인전을 읽었으니 잘 알겠지만 록펠러는 역사에 길이 전해지는 큰 부자야. 그런데 엄마는 돈 버는 능력이 뛰어난 록펠러보다 평생을 가난하게 살았지만 믿음을 지키고, 그 믿음을 유산으로 남긴 록펠러의 어머니가 더 위대하다고 생각한단다."

부자를 꿈꾸는 크리스천들이라면 누구나 한 번은 록펠러의 전기를 읽는다. 나 역시 사업을 시작한 초기에 경제공부를 위해 많은 책을 잃는 과정에서 수순처럼 록펠러의 전기를 읽었는데 내 마음에 큰 감동을 일으킨 내용은 록펠러를 향한 그 어머니의 꾸준한 신앙 조언이었다. 그리고 그중 그 어머니의 유언은 나의 삶에도 소중한 지침이 되었다.

"엄마는 록펠러 어머니의 유언을 신앙 선배의 조언으로 생각하고 엄마 삶의 지침으로 삼았단다. 그리고 오늘 너희들에게 그 지침을 가르쳐주려고 해. 아직 어려운 내용도 있지만 각자 방에 붙이고 실천하려고 노력해보자."

이야기를 마친 나는 아이들에게 **록펠러 어머니가 말했던 열 가지 신앙 지침**이 적힌 종이를 한 장씩 준 다음 아이들의 손을 잡고 축복의 기도를 했다.

"하나님, 이 아이들의 마음에 여기 종이에 적힌 신앙지침이 견고하게 세워지기를 소망합니다.

첫 번째, 하나님을 친 아버지처럼 섬기는 아이들이 되게 하시고,

두 번째, 목사님을 하나님 다음으로 섬기는 아이들이 되게 하시고,

세 번째, 주일 예배는 본 교회에서 드려야 함을 알게 하시고,

네 번째, 오른쪽 호주머니는 항상 십일조 주머니로 하게 하시고,

다섯 번째, 아무도 원수로 만들지 않게 하시고,

여섯 번째, 아침에 목표를 세우고 기도하게 하시고,

일곱 번째, 잠자리에 들기 전 하루를 반성하고 기도하게 하시고,

여덟 번째, 아침에는 꼭 하나님의 말씀을 읽게 하시고,

아홉 번째, 남을 도울 수 있는 한 힘껏 돕게 하시고,

열 번째, 예배 시간에는 항상 앞에 앉는 아이들이 되게 해주세요.

이 모든 약속을 이 아이들의 마음에 늘 새기고 살기를 간절히 소망하며 믿습니다. 예수님 이름으로 기도드렸습니다. 아멘!"

나의 기도를 따라 아이들이 "아멘!"을 외쳤다.

그 외침 소리가 나의 귀에 얼마나 기쁘게 들리던지, 아이들이 이 말씀대로 살아가며 받을 복을 생각하니 지금 내가 드린 것에 백배는 되는 기쁨이 내 마음에 차올랐다. 그런데 그게 끝이 아니었다. 불과 며칠 뒤에 하나님께서 진짜 백배의 큰 복을 내게 내려 주셨다.

새벽기도 시간에 기도를 하는데 논바닥 같은 데에 아주 멋있는

건물이 하나 서 있는 게 보이더니 "저기가 네가 들어가 살 집이다"라는 하나님의 음성이 들렸다. 그리고는 내가 그 건물 안으로 들어가는 모습이 보였다. 건물 안으로 들어가니 아파트와 같은 구조인데 한 호의 문이 활짝 열려 있었다. 그 문 안으로 들어가니 잘 꾸며진 거실과 방이 있었다. 기도하는 중에 보이는 영상이 어찌나 생생한지 지금 당장 그 집에 살게 된 것처럼 가슴이 벅차고 기분이 좋았다.

집을 늘리는 대신 목사님의 차를 바꿔 드렸으니 앞으로 복을 주셔서 저런 집에 살게 되나보다 라는 생각이 들었고 그것만으로 너무 황송하고 기뻤다. 예배를 마치고 집으로 돌아온 나는 벅찬 기분에 들떠 남편을 보자마자 "우리 큰 아파트로 이사 가게 될 거야"라고 말했다. 내 말을 들은 남편은 웃으며 "할렐루야!"라고만 대답했다. 내가 새벽예배 동안 은혜를 받고 기분이 좋아서 그러는 건줄 알고 기분에 맞추어 "할렐루야!"로 답을 해준 것이다.

그리고 며칠 뒤 모 기업의 건설회사 소장님으로부터 전화가 한 통 걸려 왔다. 지금 죽전에 62평하고 74평짜리 아파트가 있는데 딱 일곱 채가 미분양이 났으니 돈이 있으면 얼른 사라는 얘기였다. 다른 때 같으면 그렇게 큰 집은 필요가 없다고 말하고 전화를 끊었을 텐데 며칠 전 새벽기도 가운데 하나님이 집을 주시겠다고 한 것이 생각나 우선 가보고 결정하겠다고 대답을 했다.

남편과 함께 모델 하우스로 가서 살펴보니 위치도 좋은데다가 한눈에 봐도 구조가 좋은 건물이었다. 싱크대 사업을 하면서 수많은 집들을 다녀봤고, '하나유통' 사업까지 겸하게 된 뒤엔 건설 현장도 많이 다녀왔다. 그러다보니 집을 보는 눈이 아주 많이 높아졌는데 그런 내 눈에도 쏙 드는 좋은 아파트였다.

　모델 하우스를 둘러보면 볼수록 "너무 멋진 아파트네요!"라는 감탄사가 자꾸 나왔다. 그러자 소장님께서 "아이고 괜찮다마다요! 그간 건축소장을 하면서 본 아파트 중 위치가 최고예요. 도대체 미분양이 날 물건이 아닌데 미분양이 나서 저도 의아합니다. 어쨌든 미분양이니 조건도 좀 더 좋아졌습니다. 우선 중도금 인출이 무이자구요, 1~2년 이내에 팔아도 양도세가 없습니다. 게다가 계약금이 분양가에 5%라 이천만 원 정도면 계약 할 수 있어요. 그래서 저도 한 채 샀습니다."

　나는 모델 하우스 정 중앙으로가 기도했다. 사업의 규모가 커지면서 투자를 할 일이 많아졌고 그때마다 투자처의 중앙에서 기도를 하는 원칙을 세웠다. 기도하는 가운데 마음이 평안해 지면 과감하게 투자를 했고, 기도를 하는 중에 마음이 불안하면 주위에 누가 뭐라고 해도 투자를 하지 않았다. 모델 하우스에 사람들이 제법 많았지만 개의치 않고 가장 중앙자리를 지키고 서서 이 아파트가 지난 새벽에 기도가운데 보여주신 그 아파트가 맞는지를 기도 했다. 사방이 시끄러움에도 차차 마음이 고요해졌고 그 가운데 '투자하라'는 하나님의 음성이 들렸다. 응답을 받은 나는 그 자리에서 아파트를 계약했다. 분양가 3억 9천 8백만 원짜리 아파트를 이천만 원에 계약 한 후 아파트가 지어지는 일 년 반 동안 새 아파트에 돈을 모으고 살던 집을 1억 2천만 원에 팔아 나머지 금액은 주택융자 대출을 치르고 입주를 했다.

그런데 우리가 입주하고 1년이 안 되어 옆 동네 신도시 판교가 평
당 이천만 원에 분양이 되면서 전국에서 수 천 명이 몰려들었다. 덩
달아 죽전의 아파트 가격도 올라가기 시작했다. 아파트를 계약한 날
로부터 약 1년 6개월 만에 3억 9천 8백만 원짜리 아파트가 12억 원
이 되었다. 그런데 바로 그때 내가 임대로 차린 수원 권선동 하나산
업 자리가 부동산에 매물로 나왔다는 얘기를 듣게 되었다. 나는 망
설임 없이 죽전 아파트를 팔고 우리 기업이 시작된 수원 권선동 그
자리를 샀다.

계약한 날 밤 하나님께 감사 기도를 하는데 하나님께서 청주에서
살던 때 기도 중에 "사랑하는 딸아, 네가 나에게 약속한 것이 있지
않느냐. 내가 네 아들을 살려주었으니 이제 너는 진정 네 전부로 보
답할 수 있느냐?"라고 말씀 하셨던 음성이 생각났다.

그때 그 말씀에 아멘을 하고 집안에 있는 모든 귀중품을 찾아 하
나님께 드렸는데 그때 귀중품들을 돈으로 환산하면 약 팔백만 원
정도의 가치였다. 그런데 오늘 그 가치의 백배에 이르는 땅에 하나
님의 기업을 세우게 된 것이다. 하나
님께서는 "온유한 자는 복이 있나니 그들
이 땅을 기업으로 받을 것임이요"(마태복음
5:5)라는 말씀대로 우리 기업으로 부
의 이동이 있게 하신것이다. 하나님
께서 약속하신 말씀을 믿고 청주에

서의 모든 기반을 버리고 수원에서 새 사업을 시작하던 날 주신 신명기 8장 18절의 말씀도 이루어졌다.

"네 하나님 여호와를 기억하라 그가 네게 재물 얻을 능력을 주셨음이라 이같이 하심은 네 조상들에게 맹세하신 언약을 오늘과 같이 이루려 하심이니라."

낮은 곳으로 흘러라

 하나님께서 부어주신 축복이 헐몬산의 이슬과 같이 투명하게 흘러 다섯 개의 통장에 차고 넘치게 쌓였다. 나의 사명은 그것을 하나님이 원하시는 곳으로 흘려보내는 것이니 다음 선교지를 두고 기도를 시작했다. 기도하는 가운데 이번 해에는 어느 해보다 자금이 넉넉하니 선교의 영역을 좀 더 확장해야겠다는 생각이 들었다.

처음으로 선교를 나갔던 무슬림 국가에 첫 교회를 세운 것을 시작으로 그동안 무슬림 지역에 세운 교회가 총 16개인데 지교회를 중심으로 사역을 하면서 미자립 교회들에 성전을 지어주는 사역을 줄곧 해왔으니 이제는 예수님을 모르는 무슬림 지역을 두루 다니며 교회를 먼저 지어주고 그 교회를 중심으로 복음을 전파 할 수 있게 해야겠다는 계획을 세우게 됐다. 전보다 큰 위험을 수반하는 계획이므로 더 많은 기도와 더 많은 물질로 선교를 준비했다.

무슬림 국가 중 한 번도 방문 한 적 없는 A국의 10개 지역을 선정해 사역을 하고 마지막으로 국경지역 마을을 방문했다. 마을에 교회는 아예 없고, 30명 이상이 모여 무언가를 하려면 국가에 신고를 해야 했으며 사전에 신고 되지 않은 모임은 법의 제재를 받았다. 우리는 현지 선교사님의 지시대로 집회가 아닌 잔치 형태의 모임을 준비했다. 마을 집들 중 2미터나 되는 담벼락을 세운 집이 있어 일단 그 집을 빌리고 그 나라 사람들이 잔치에서 주로 먹는 음식을 준비해 사람들을 모았다. 첫 날이니 평소 선교사님과 안면이 있고 복음을 궁금해 하는 사람들을 선별해 조심스럽게 집회를 시작했다.

선교사님의 기타 반주로 찬양을 부르고 기도를 드린 뒤 나는 작은 테이블을 가져다 강대상으로 삼고 말씀을 전하기위해 성경 말씀을 읽으려고 하는데 대문이 부서지는 소리가 나더니 공안과 경찰로 구성된 30명의 기동대가 집 안을 덮쳤다. 순식간에 강대상에 선 나와 동역 선교사님과 성경책과 찬송가 사진을 찍더니 그것을 근거로 현지 선교사님과 현지 성도들을 체포했다. 나와 선교팀은 여행자의 신분이라 체포는 되지 않았지만 비자와 여권을 압수하며 다음날 비자 관리국으로 출두하라는 통보를 받았다. 현지 선교사님과 성도들이 줄지어 끌려 나가고 텅 빈 집에 나와 선교팀, 통역사만 남았다. 우리는 끌려간 선교사님과 현지 성도들의 안전과 우리에게 닥칠 위기를 위해 밤새 눈물로 울부짖으며 기도했다.

'죽으면 죽으리라'는 각오 없이는 떠날 수 없는 길이었지만 막상 현지에서 험악한 욕설과 함께 끌려 나가는 성도들을 보니 내 마음에도 두려움이 엄습했다. 아이들과 남편, 친정 가족과 시댁 식구들, 교회 성도들과 사업장 식구들의 얼굴들이 차례로 스쳐 지나갔다. 이

지역은 선교를 하다가 불구가 되어 추방당한 선교사님들이 많은 곳이다. 그러다 다시 친정어머니 얼굴이 떠올랐다. 내가 선교를 떠나기 전날 우리 집에 오셔서는 "남들은 주일에 교회나 가고 집집마다 돌아가며 예배드리는 정도로만 믿던데 왜 너만 목숨을 걸고 하나님을 믿냐"고 나무라시던 목소리가 귀에서 또렷하게 들렸다. 그리고는 '설마 그 나무람이 어머니와 나의 마지막 대화가 되는 건가?'라는 생각이 들었고 그러자 걷잡을 수 없는 눈물과 몸부림이 났다.

나는 체포된 성도들을 위해 계속 울며 기도했다. 내 곁에 사람들도 저마다 절박하게 기도하고 있었는데 내 목소리만 크게 울렸다.

생사의 기로를 목전 앞에 둔 상태를 몸이 먼저 느끼고 있었다.

30도를 웃도는 무더운 기후인데도 온 몸이 부들부들 떨렸고 보고 싶은 사람들의 얼굴이 자꾸만 그려졌다. 시간이 얼마 남지 않았으니 이 공포를 이기고 하나님을 부르짖으며, 한 마디라도 더 기도를 해야 하는데 그게 생각처럼 쉽지 않았다. 나는 잠시 기도를 멈추고 내 머릿속에 남아있는 성경말씀을 암송했다. 그리고 찬송을 불렀다.

"나 같은 죄인 살리신 주 은혜 놀라워

잃었던 생명 찾았고 광명을 얻었네

큰 죄악에서 건지신 주 은혜 고마워

나 처음 믿은 그 시간 귀하고 귀하다

이제껏 내가 산 것도 주의 은혜라

또 나를 장차 본향에 인도해 주시리

거기서 우리 영원히 주님의 은혜로

해처럼 밝게 살면서 주 찬양하리라"

찬송에는 악한 영을 내쫓는 힘이 분명히 있음을 믿고 의지했다.

지금 내가 느끼는 공포는 사단이 주는 시험이며, 육신의 공포임을 나 스스로에게 계속 일러주었다.

'육신은 환경에 반응하나 내 영혼은 오직 하나님께 반응한다. 하나님이 나의 기도를 들어주시고 내 영혼에 힘을 주실 것이다. 그러므로 이 환난 가운데서 나를 건지시고 반드시 지혜를 주시어 내일 만날 위험을 이기게 하실 것이다.'

나의 마음에 담대함이 솟아났다. 끊겼던 방언이 다시 시작되고 이제는 나의 안전이 아닌 선교사님과 성도들을 위한 기도가 시작되었다. 아침이 되도록 기도하기를 멈추지 않았던 우리는 목사님의 인도로 다함께 통성기도를 하고 관리국으로 향했다.

다음 날 아침 약속 된 10시에 맞춰 비자 관리국에 도착했다.

나는 이동하는 중에도 계속 기도했다. 인솔자를 따라 사무실 안으로 들어가니 비자 관리국 안에서 가장 고위직 인사가 날 기다리고 있었다. 그는 매우 화가 난 표정으로 나를 노려봤다. 나는 그의 눈을 피하지 않았고 입술로는 계속 기도를 했다. 그러자 그가 자신에게 하는 말인 줄 알고 그 자리에 동행한 대사관 소속 통역사에게 무슨 말이냐고 물었다. 그러나 방언이므로 통역사도 내 말의 의미를 모르겠다고 대답했다.

내가 하는 말이 방언 기도인줄은 꿈에도 몰랐던 관리국 관리는 내가 꽤 시끄럽고 자기주장이 강한 사람이라고 느낀 모양이었다. 비록 말은 통하지 않지만 방언의 어투가 강력하니 내가 만만치 않항의를 하고 있다고 느낀 그는 괜히 골치 아픈 일이 생기기전에 일을 마무리 해야겠다고 생각했는지 종이 한 장을 내게 내밀었다.

통역사가 나에게 그 내용을 통역해 주었다.

"우리나라에서 외국인이 민간인의 집을 방문하려면 공항에 오자마자 비자 관리국에 신고를 하고, 호텔에도 신고를 한 후 목적지로 이동해야 하는데 그런 절차를 밟지 않았으므로 우리나라의 법을 어긴 걸 시인하십시오."

통역사가 펜을 주면서 모든 사실을 인정하는 의미로 사인을 하라고 했다. 그게 모두 사실이니 사인을 하는 게 맞는데 그 순간에도 방언이 너무 강하게 나와서 우선 기도에 집중했다. 그러자 비자 관리국 관리쪽에서 무척 피곤하다는 표정을 지으며 통역사에게 무어라고 말을 했다. 관리의 말을 한 참 듣던 통역사가 계속 고개를 저었다. 분위기를 보니 관리는 내가 무슨 말을 하는지 통역을 하라고 재촉하고 통역사는 모르겠다고 대답하는 것 같았다. 결국 관리는 통역사에게 화를 내기 시작했다. 그러자 다급해진 통역사가 나에게 '달러'라고 말을 했다. 돈을 달라는 얘기 같았다. 나는 수중에 있던 미화 5백 달러를 꺼내 통역사에게 주었다. 그러자 신기한 풍경이 펼쳐졌다. 통역사가 그 돈을 관리에게 주면서 그냥 벌금을 납부한 것이니 나를 풀어주라고 설득하기 시작한 것이다.

한창 실랑이 끝에 관리가 돈을 받았고 통역사가 다른 종이를 내게 내밀었다. 다시는 이 나라에 오지 않겠다는 각서였다. 나는 그 각서에 서명을 하고 비자를 돌려받은 후 비자 관리국에서 풀려났다.

나머지 일행은 엄청난 금액의 벌금을 내겠다는 각서와 이후 다시는 이 나라에 오지 않겠다는 각서에 모두 사인 한 후에야 풀려났다. 최대한 빨리 이 나라를 떠나라는 명령이 떨어졌고 이튿날 오후 3시에 출발하는 비행기를 타기 위해 기차역으로 갔다.

밤새 기도를 하고 비자 관리국의 취조에 시달린 우리 일행은 기차를 타자마자 거의 탈진 상태가 됐다. 30도를 웃도는 더운 날씨에 기차 창문으로 햇빛이 강하게 들어오는 창가 자리에 앉았다. 의자의 각도를 조정하는 버튼이 보였다. 그래서 그 버튼을 누르고 의자를 15도쯤 뒤로 젖혔다. 서서히 기차가 출발하는 소리를 들으면서 피곤하고 지친 몸을 뒤로 누이고 잠이 들었는데 귀를 찢을 듯 한 소음이 나더니 비명 소리가 났다.

"괜찮으세요?"

현지 선교사님의 놀란 목소리에 눈을 뜨니 기차 창문이 깨진 게 보였다. 옆을 보니 커다란 돌멩이가 바닥에 떨어져 있었다. 대체 무슨 일이 일어난 건지 어리둥절해 하는데 역무원이 구급상자를 들고 급하게 달려 왔다. 나를 향해 무어라 말하면서 거즈를 내 이마에 댔다. 화끈하고 따가운 느낌에 정신이 확 들었다.

"창 밖에서 돌멩이가 날아들었어요. 기차를 향해 주먹만한 크기의 돌멩이가 창문을 깨고 들어왔는데… 순식간에… 의자를 젖히고 계셨기에 망정이지 하마터면…"

그제야 상황이 파악 됐다. 내가 의자를 젖히고 잠든 사이 창문 밖에서 돌멩이가 날아들었는데 다행히 의자를 뒤로 젖히고 있어 내 코앞을 스치고 바닥에 떨어진 것이다. 만약 의자를 젖히지 않았다면 기차 유리창을 부수는 속력으로 날아든 돌멩이가 내 머리에 부딪혔을 것이다. 그러나 의자 각도를 15도 기울임으로 돌을 피했고, 잠이 들어 눈을 감고 있었던 덕에 유리 파편에 눈을 다치는 불상사도 피했다. 하나님께서 또 한 번의 죽음의 고비를 이기게 하심을 느꼈다.

나는 공항으로 가는 기차 안에서 일행에게 두 가지 약속을 했다.

첫 번째는 오늘 선고받은 벌금을 전액 우리 기업에서 부담해드리겠다는 내용이었고, 두 번째는 이제 더 이상 이 지역에서의 선교는 불가능해 졌지만 다시 복음의 불모지를 찾고 끝까지 선교를 하겠다는 결심이었다. 하나님께서는 이 결심위에 출애굽기 13장 21절과 22절 말씀을 주셨고 우리는 그 말씀에 의지하여 복잡한 출국심사를 안전하게 통과하고 무사히 한국 땅에 도착했다.

"여호와께서 그들 앞에서 가시며 낮에는 구름 기둥으로 그들의 길을 인도하시고 밤에는 불 기둥을 그들에게 비추사 낮이나 밤이나 진행하게 하시니 낮에는 구름 기둥, 밤에는 불 기둥이 백성 앞에서 떠나지 아니하니라."(출애굽기 13:21~22)

모든 결정은 하나님께

이제 더 이상 그 지역으로 선교를 떠날 수 없게 된 나는 새로운 사역지를 놓고 기도를 시작했다. 세계선교를 비전으로 세우고 이제 한 지역을 섬긴 것이니 다시 새로운 선교지를 달라고 기도했다. 그런데 좀처럼 응답이 떨어지지 않았다.

어느 지역이든 지시만 하면 당장이라도 떠날 마음이었는데... 혹시 나에게도 안식년이라는 걸 주시는 건가라는 생각이 들만큼 한 달을 내내 기도해도 새로운 사역지에 대한 확신이 안 생겼다.

그동안 쉴 새 없이 무슬림 지역 선교를 하다 끝내는 입국거부를 당하게 된 내 사연을 잘 아는 동역자들은 이 기회를 안식년으로 삼아도 좋을 것 같다고 말했지만 나는 하루하루가 너무 아까웠다.

그러나 사업은 역시 순탄하게 흘러갔다.

하나유통 사업과 하나 인테리어 사업이 꾸준히 성장하고 있었고 제조공장을 하나 확보해 사업의 규모를 늘릴 계획도 수립됐다.

남편과 함께 공장을 보러 다녔는데 입지나 규모가 우리가 원하는 조건에 맞지 않았다. 그래서 부지를 사서 직접 공장을 지으려고 보니 자금이 부족했다. 부동산에서는 땅을 구매하고 그 땅을 담보로 대출을 받아 공장을 짓는 방법을 권했지만 되도록 부채는 만들지 않는다는 원칙에 맞추어 우선 땅을 사놓고 이후 자금이 모아지면 공장을 짓기로 했다. 3억을 들여 땅을 사고 그 땅위에 공장을 지을 자금을 위해 전심으로 기도했다.

'하나님 이 땅위에 공장이 세워지고 그 공장에서 제품이 생산되면 더 많은 매출이 일어 날 것입니다. 하나님께서 더 많은 사역을 하길 원하실 때, 그 사역의 담당자로 저를 임명해 주실 때 공장을 세울 자금이 확보 될 것을 믿습니다.'

시간이 날 때 마다 공장 부지를 방문해 오직 하나님의 이름으로 번영이 있기를 기도했다. 주위에 나와 같이 사업을 하는 분들은 모두 이해 할 수 없다는 반응이었다. 그중 몇몇 분은 나에게 지금의 행동이 경제논리와 맞지 않다고 조언을 했다.

"송사장님, 3억이라는 돈을 은행에 넣어두면 적지 않은 이자를 받을 수 있습니다. 그런데 땅에다 묻어두시다니요. 그 자리는 공장부지라서 이렇다 할 호재도 기대 할 수 없습니다. 괜히 손해 보지 마시고 땅을 담보로 대출을 받아 공장을 올리세요."

사업에 있어 연륜이 있으신 분들이 연달아 그렇게 조언을 하시니 귀를 막고 있는 것만이 지혜가 아닌 듯 했다. 나는 마음을 최대한 비우고 공장부지의 중앙에 섰다. 죽전에 아파트를 구입 할 때처럼 투자처의 한 가운데에서 하나님의 뜻을 구하기로 했다. 한 참을 기도했지만 마음에 아무런 감동이 오지 않았다. 하나님의 음성도 들리지 않았다. 나는 모든 가능성과 사람들의 조언을 깨끗하게 털어버리고 하나님께서 명령을 주실 때까지 땅을 비워두기로 결정했다.

그러므로 온전히 살게 되리라

5년후, 2003년도 5월 오른쪽 가슴에서 다시 암세포가 발견 됐다. 1996년 5월에 왼쪽 가슴을 수술 한 후 정기적으로 검진을 받아왔는데 오른쪽이 다시 유방암 1기라고 했다. 암이 발견 되었다.

5월 23일에 10시간이 넘는 완전 절제 수술을 받고 항암치료가 시작됐다. 처음 항암치료를 받았을 때는 뭣 모르고 날벼락처럼 고통을 겪었지만 이제는 회차가 더해 갈수록 부작용과 고통의 종류와 양이 늘어난다는 걸 알고 있으니 두려움이 너무 컸다.

초반에는 오심과 구토가 주로 일어나고 중반부터는 입안이 헌다. 그다음엔 근육통이 일어난다. 하루 종일 누워만 있는데 누군가에게 계속 두들겨 맞는 듯한 아픔이 일어난다. 그러다 별안간 발진이 돋고 참을 수 없는 통증이 일어난다. 한 번 통증이 일어나면 밤을 꼬박 새운다. 그러다 나중에는 그 모든 증상이 뒤죽박죽 나타난다.

항암치료만 12회 차가 넘어가면서 수십 개의 임파선을 다 절제했다. 12번째 항암치료가 있던 날 나는 치료를 그만 받겠다고 했다. 너무나 고통스러웠다 과연 이 과정이 살기 위한 과정인가, 미치기 위한 과정인가라는 반문이 들만큼 아팠다. 주위에 말기투병 환우들이 헛소리를 하고 정신이 오락가락 하는 걸 보면서 저게 암 때문인지, 항암 주사 때문인지 구분 할 수 없다는 생각이 드는 순간 느껴진 참담함은 말로 표현 할 수 없었다.

나는 모든 항암 치료를 거부하고 모든 것을 하나님께 맡기기로 했다. 기운이 전부 빠져버린 나는 얼마 버티지도 못하고 스스로 침대 안으로 기어들어갔다. 병실에 불이 꺼졌다. 창밖을 보니 달도 별도 없이 그저 캄캄했다. 침대에 누워 이런 저런 생각을 하던 나는 이러려고 하나님이 나를 선교지에서 추방시키신 이유를 알게되었다. 또 한 번 유방암의 모든 상황이 나의 죽음을 위해 흘러가고 있는 것 같았다.

하나님의 은혜로 순탄한 죽음이 되려나보다 생각하면서도 눈에서는 눈물이 났다. 사람은 어쩔 수 없이 죽음을 두려워하고... 천국

을 소망하면서도 막상 떠나려하면 남은 삶과 세상에 미련을 느낄 수밖에 없는 것 같다라는 생각이 들었다. 그런데 그 순간 나의 귓가에 "너는 이제 온전히 죽은 몸이라"라는 말씀이 들렸다.

마침내 때가 왔다고 생각했다.

나는 몸을 일으켜 무릎을 꿇었다. 몇 분전까지만 해도 물먹은 솜처럼 무거웠던 몸이 깃털처럼 가볍게 느껴졌다. 어디선가 좋은 향기가 나고 기분 좋은 바람이 불어 왔다. 고개를 드니 하늘에서 큰 날개를 탄 흰색말이 내려오는 게 보였다. 그 말이 나를 태우고 하늘 높은 곳을 향해 올라갔다. 파란 하늘 위로 올라가니 구름이 있고 그 구름을 지나니 "여기가 천국이다"라는 음성이 들렸다. 넓고 환한 빛으로 이루어진 공간에 세계의 만국기가 바람에 막 휘날리고 있었다.

천국은 너무나도 아름답고 웅장하고 화려했다.

그때 다시 한 번 음성이 들렸다.

"네가 가야 할 곳은 이곳이다."

그 순간 말이 빠른 속도로 하강하기 시작했다. 이번엔 안개를 지나 아래로 아래로 내려갔다. 불구덩이와 진흙탕이 보이는데 그 안에 수천 명의 사람들이 빠져있는게 보였다.

누구는 목이 잠기고 누구는 코가 잠겨 죽어져 가고 있었다. 나는 왼손으로 말의 갈기를 잡고 오른 손을 그들에게 내밀었다. 그러자 그들이 불구덩이와 진흙탕을 밟고 올라섰다. 불 위에 사람이 서는 게 불가능하고, 뻘 같은 진흙위에 서는 게 불가능 한 것인데 내 손을 붙든 사람마다 그 위로 올라섰다. 그렇게 한 참 사람들을 불구덩이와 진흙구덩이에서 꺼내는데 또 한 번 음성이 들려왔다.

"너는 이제 온전히 죽은 몸이다. 그러므로 온전히 살게 되리라."

소리가 들리는 곳, 높은 곳을 향해 눈을 드니 눈부시고 환한 빛이 보였다. 나는 그 빛을 향해 손을 흔들었다. 그리고 그때에 "여보! 여보!"를 부르는 남편의 목소리가 들렸다.

눈을 뜨니 이제 막 해가 뜨는 새벽이었다.

꿈이라고 하기엔 너무나 생생한 장면과 음성이었다.

아침 일찍 심방을 오신 목사님께 꿈 얘기를 했고, 선교를 하며 알게 된 목사님께도 전화를 걸어 꿈 이야기를 들려드렸다. 그러자 한 분은 '전도자의 사명'이라고 말씀하셨고, 한분은 '하나님께 부름 받은 사명'이라고 말씀하셨다. '하나님께 부름 받은 사명'이라는 말씀을 듣는 데 그 말씀이 곧장 믿어졌다. 전화를 끊고 신학교에 전화를 걸어 입학일정을 물으니 바로 오늘이 마감 날 이라고 했다. 나는 곧장 신학교로 갔다. 급하게 옷은 갈아입었지만 옆구리에는 피 주머니를 단 채였다. 하나님께서 나에게 그토록 선명하게 말씀하셨으므로 확실하게 순종해야만 한다는 생각이 들었다.

"너희는 유혹의 욕심을 따라 썩어져 가는 구습을 따르는 옛 사람을 벗어 버리고 오직 너희의 심령이 새롭게 되어 하나님을 따라 의와 진리의 거룩함으로 지으심을 받은 새 사람을 입으라."(에베소서 4:22~24)

입원기간에 신학교를 등록하고, 퇴원하자마자 일에 복귀하여 일, 학교 수업을 동시에 소화했다.

"너는 이제 온전히 죽은 몸이다 그러므로 온전히 살게 되리라"는 말씀이 실현되기 시작했다. 항암치료로 빠졌던 머리카락이 이전보다 더 풍성하게 자라고 누가 봐도 암을 앓았던 사람이라고는 상상할 수 없게 몸이 회복됐다.

사업장에는 또 한 번의 기름 부으심이 일어났다.

16억 들여 사놓은 사업장 부지가 30억에 팔린 것이다. 전문가가 봐도 부동산 경기가 없다했던 그 땅에 하나님이 은혜를 부어주시니 배가의 부가 일어났다. 남편과 나는 그 땅을 팔아 다시 배가 투자인 공장 부지를 매입했다. 교회건축을 위해 작정했던 헌금도 모두 드리고 교회 성전 건축도 무사히 끝났다.

그 사이 신학교와 신학대학원을 졸업한 나는 기독교대한하나님의 성회 수원남지방회 소속 전도사 안수를 받고 수원순복음교회(담임 이재창 목사님) 전도사로 사역을 시작하게 되었다.

일터에서는 CEO로, 교회에서는 전도사로 일을 하니 사업장에 축복이 끊임없이 쏟아졌다. 동탄에 '한샘 키친 프라자'라는 사업장을 열게 되었고 제조와 유통, 도소매와 인테리어로 전 분야를 아우르는 기업이 완성되었다.

"그런즉 누구든지 그리스도 안에 있으면 새로운 피조물이라

이전 것은 지나갔으니 보라 새것이 되었도다"

(고린도후서 5:17)

7

지시한 일을
시작하다

"내가 네게 명령한 것이 아니냐 강하고 담대하라
두려워하지 말며 놀라지 말라
네가 어디로 가든지 네 하나님 여호와가
너와 함께 하느니라 하시니라"
(여호수아 1:9)

해야할 일을 지시하시는 하나님!

하나님께서는 그릇을 먼저 만드신 후
후히 채우시는 순서의 하나님임을 인정하고 신뢰하라.
모든 것을 채워 주신 후 하나님께서는
다시 주님 앞에 모든 것을 내려놓기를 원하신다.
우리의 성장 과정에 시험이 포함 될 수 있다.
이것은 주님의 주권이다.
이 때 오직 순종만이 복을 받는 비결이다.

CEO 전도사가 되다

전도사로 임명 되어 일하는 동안 나는 일절의 사례비를 받지 않았다. 사역에 금전이 필요한 부분이 있으면 교회에 지원을 요청하는 대신 자비로 했다.

그러던 중 개척교회인 분당 성시교회에 실업인선교담당자로 일하게 되면서 명성훈 목사님과 함께 주님을 섬기게 되었고, 목사님께서 하는 '일터 사도'강의를 듣고 1호 제자가 되었다.

첫 강의에서 목사님은 "하나님의 나라를 만들기 위해 일터를 교회로 섬기는 일터 사도를 세우는 것이 목적"이라고 말씀하셨다.

나는 이 말씀에 정말 깊은 공감을 했다. 내가 하나님을 알게 되고, 믿게 된 후 겪은 과정의 순서가 목사님의 말씀과 꼭 같았기 때문이다.

청주의 작은 개척교회 목사님을 통해 하나님의 사랑을 알게 되었고 그 날부터 나의 삶이 바뀌었다. 다시 말하지만 주말이 되면 남편과 함께 산과 들로 여행을 하는 것이 가장 큰 낙이고, 주변에 이웃들이 급전을 필요로 할 때 돈을 빌려주고 약간의 이자를 받는 걸 재테크라고 생각했다. 아이들이 태어난 후에는 아이 둘을 잘 키우는 것만이 내 삶에 주어진 유일한 소명이라고 생각했는데 하나님께서 '세계선교 기업'이라는 비전을 주셨다.

"세계에 복음을 전하기 위한 선교 기업을 너를 통해 이루리라."

이 말씀을 통해 내 삶에 꿈과 비전이 생겼고 하나님을 만나기 전에는 상상 할 수 없던 크기의 성공을 이루게 됐다. 큰 회사를 세우게 됐지만 돈을 많이 번 것이 성공의 척도가 아니다. 내가 가진 것이 돈뿐이었다면 나는 두 번의 암 수술을 견디지 못했을 것이다. 그때마다 붙들 하나님이 계셨기에 나의 삶이 연장됐으며, 그 순간마다 '긍휼'을 배움으로 나의 지경이 넓혀지고, '신학'을 배움으로 나의 영성이 성장되었다. 이전보다 나의 삶이 부요해졌음은 물론 나라는 사람도 분명히 성장했다.

스스로 자신의 성장을 인정하는 것이 세상의 잣대로는 교만이라 칭해질 수도 있겠지만 난 나의 성장을 인정 할 수밖에 없다. 왜냐하면 이 성장이 세상의 스펙이나 나의 성과로 이루어진 것이 아니라 오직 하나님의 은혜로 이루어졌기 때문이며, 이것이야말로 하나님의 은혜로 이루어진 부와 세상의 부가 갖는 차별점이기 때문이다.

오직 돈만을 쫓는 사람은 자신을 성장 시킬 시간과 여유를 갖지 못한다. 자본주의 세상에서 돈은 권능을 갖는다. 처음엔 사람이 돈을 갖지만 그 부의 규모가 커지면 돈이 사람을 지배한다.

세상의 부자 중 일부가 부를 이룬 후에 방탕과 사치, 몰인정과 일중독에 빠지는 이유이다. 처음에는 살기 위해 돈을 버는 데 나중에는 돈을 벌기위해 사는 것이다. 가족과 이웃은 물론 자기 자신조차 돌아볼 시간 없이 살아간다. 그러나 **하나님의 부자는 다르다. 애초에 하나님께서 부를 부으실 때 그의 지경 만큼의 부를 허락하시기 때문이다.**

현재의 지경에 꽉 차는 부를 이루게 하면 연단을 통해 지경을 넓히게 하고 그 다음 그 지경에 맞춰 은혜를 부어주신다. 그리고 나는 이 과정을 오롯하게 경험했다.

지난날을 다시 회상해 보았다. 남편이 회사를 그만두고 퇴직금으로 수원에 싱크대 대리점을 차린 다음 약 3년 후부터 매출이 크게 일어나기 시작했다. 그런데 그 3년간은 오직 하나님만을 바라보고, 의지하는 환경이 만들어졌다. 내가 하나님을 믿는다는 이유로 시댁과 친정모두 등을 돌렸고, 결혼하자마자 청주에서만 살다 수원에 올라온 터라 주변에 이웃하나 없었다. 나는 그 상황 속에서 사람에게 매달리는 대신 하나님께 매달리는 걸 택했다. 도움이 필요하면 오산리 기도원에 올라가 금식기도를 하면서 매달렸다. 그러면 그때마다 사업에 반드시 필요한 아이디어와 말씀을 듣게 되었다. 후에 본격적으로 경제 공부를 하면서 하나님이 주신 아이디어와 말씀을 돌이켜 보니 세상의 어떤 경제 지침서보다 뛰어난 경제관이 그 안에 있었다.

오직 하나님의 도우심으로 대리점 매출이 상승하고 유통사업까지 일의 지경이 넓혀졌다. 거기서 일어난 부로 하나님이 원하시는 선교를 마음껏 하게 됐다. 선교를 하면 할수록 더 많은 부를 이뤄 사람들을 구제하고 하나님을 알리고 싶다는 비전을 갖게 됐다.

그러나 내 마음에 아직 긍휼이 부족함을 나는 미처 몰랐다.

선교지에서 찬양을 하고 기도를 하는 건 기꺼이 했지만 더러운 환경이나 오래 방치 된 환자, 위생상태가 엉망인분들을 몸으로 섬기는 일에는 힘들게 순종했다. 그러면서도 일단 순종했으니 할 일은 한 것이다라고 생각했는데 마음의 중심을 보시는 하나님께서는 그 모든 과정을 기쁘게 섬기시기를 원하셨던 것 같다.

이후 나는 첫 번째 유방암 2기 투병을 하는 중에 진정한 고통과 말할 수 없이 연약한 육체의 상태를 겪으며 긍휼의 은사를 선물로 받게 된다. 이후로는 전과는 비교 할 수 없는 섬김의 선교를 하게 됐다.

내 마음에 진짜 긍휼이 생기므로 마음의 지경이 넓어졌다. 이전에는 일을 잘하기는 하나 깔끔하고 정확한 이미지가 강해 선뜻 다가가기 어려운 사람이었던 나의 이미지가 어떤 말이든 털어놓고 싶게 하는 푸근하고 넉넉한 사람으로 바뀌어갔다. 실제로 나에게 조언을 구하고 자신의 아픈 곳을 드러내는 분들이 많아졌다.

나는 그때마다 내가 겪었던 아픔과 고통을 떠올리며 그분들을 껴안고 엉엉 울며 기도하게 됐다. 이전에 대리점을 할 때는 하지 못했던 상담과 돌봄을 더 큰 사업을 하는 동안 하게 된 것이다. 시간을 쪼개고, 잠을 쪼개야 했지만 마음에는 기쁨이 늘 넘쳤다.

넉넉한 사람이 된다는 것은 내 주변에 사람이 늘어난다는 걸 의미했다. 하나님께서는 나의 성품의 지경을 넓히시므로 내 주변에 인맥의 지경 역시 넓혀지게 하셨다. 이 바쁜 시대에 나를 만나고 싶어하시는 분들이 자꾸 늘어났다. 이 모든 게 하나님의 뜻이며 은혜임을 신뢰한 나는 나의 하루 중 점심시간은 사람들과 나누는 시간으로 정하고 매일 새로운 사람들과 점심을 먹으며 소통하는 것을 또하나의 사명으로 삼았다.

주변에 사람들이 늘어가니 나에게 조언을 해주시는 분들도 늘어갔다. 때로는 사업에 결정적이 도움이 될 것 같은 정보와 조언을 주시는 분들도 생겼다. 하지만 **나는 언제나 무엇을 결정하든 하나님의 응답을 최종 정답으로 삼았다. 물건을 살 때에도 사업장을 위한 부지를 살 때에도 매번 그 복판에 서서 하나님께 기도를 했다. 응답이 있으면 즉시 실행하고, 응답이 없을 경우에는 아무리 좋은 호재가 있는 기회라도 과감하게 포기했다.**

이 과정에서 사업은 더 번창하였고 그 간의 경험과 자본을 바탕으로 '제조업'에 뛰어들 결심을 했다. 또 한 번의 도전이었다. 하나님이 보시기에 또 한 번의 지경 확장이 필요 했던 것 같다.

나는 두 번째 유방암 1기 선고를 받게 되고 다시 투병을 하게 된다.

1차 투병보다 훨씬 고통스러운 투병생활에 지친 나는 12번째 항암치료를 받은 날 이제 더 이상의 치료를 받지 않겠다고 선언했다. 비록 고통에 눌려 충동적으로 한 말이었지만 스스로 죽음을 선고하는 것과 마찬가지였다. 그리고 그날 밤 하나님은 나에게 "너는 이제 온전히 죽은 몸이다. 그러므로 온전히 살게 되리라"라는 말씀을 주시고 세속적인 나를 버리고 더욱 더 하나님의 사람이 될 수 있도록 신학 공부의 문을 열어주셨다.

신학 공부를 마치고 전도사가 된 나는 이제껏 없었던 CEO 전도사라는 새로운 호칭을 갖게 되었다. 나는 이것이 '세계선교 기업'을 이뤄야하는 나의 사명을 위해 오직 내게 허락된 특별한 상황이라고 생각했다. CEO의 역할과 사역자의 역할을 동시에 섬기는 것은 내가 아는 한 드문 일이기 때문이다. 이제까지는 하나님의 종이 됨을 선포하는 순간 오직 사역에만 전념해야 하며 가난도 불사해야 하는 것이 상식이라고 알고 있었다. 그런데 명성훈 목사님의 일터 사도 강의를 들으며 지금 내가 살고 있는 삶이 이 시대에 맞는 또 하나의 사역유형이 될 수 있음을 깨달았다.

다시 내려놓음

 명성훈 목사님의 일터 사도 강의가 나의 마음에 큰 도전이 되었다. 강의 시간마다 맨 앞줄에 앉아 토씨하나

틀리지 않고 강의를 받아 적었다. 그 노트에 적힌 것 중 **"성도들이 교회 안에서만 말씀에 순종해서는 안 되며, 오직 자신의 교회만 생각하던 핵 교회 신앙생활에서 벗어나 한국교회 전체를 생각하고 각자의 일터에서 하나님의 나라를 세우고 이를 위해 세상에서도 힘을 발휘하는 영적 리더가 되어야한다"**는 말씀과 현재 한국교회가 성장이 정체되고 사회로 비난받는 상황이 된 것에 대해 교회의 생존이 어려운 상황임을 직시하고 하나님의 일꾼이라면 이런 시대에 교회에서만 빛이 나는 것이 아니라 '세상'에서도 빛이 되어한다는 주장이다. 그리고 여기서 세상은 '가정과 일터'라는 강론이 내 마음에 깊이 와 닿았다. 그리고 강의의 마지막 부분에 결론으로 제시된 '세상을 변혁시키고 일터 교회를 만들어내는 프로그램을 교회 스스로 만들어내야 한다'는 주장은 내 마음에 불꽃과 같은 은혜를 일으켰다.

강의를 듣는 내내 하나님을 알게 된 후 내가 겪어온 모든 과정이 일터 사도를 향한 준비 과정이었음을 깨달았고, '세상을 변혁시키고 일터 교회를 만들어내는 프로그램을 만들어내야 한다'는 목사님의 주장이 하나님의 명령처럼 들리며 떨기나무의 불이되어 내 마음에 계속 타올랐다.

지금까지 '세계선교 기업' 하나를 반듯하게 세우는 데 집중하여 달려 왔다면 이제는 더 많은 '일터 사도와 일터 선교 기업'을 세우는 데 힘을 쓰고, 이 세상 곳곳에 하나님의 이름으로 세워진 '일터 선교 기업'이 늘어남으로 세상에 변혁을 일으킬 수 있다는 비전을 갖게 된 것이다.

하나님을 믿는 사람의 인생에 그냥 일어나는 일은 없다.

이 시점에서 내가 CEO 전도사가 된 것은 사업도 하고, 하나님도 섬기다보니 그냥 갖게 된 직함이 아니라 이 세계의 흐름을 이미 다 아시는 하나님께서 변화가 필요한 시기를 아시고 가장 적합한 시기에 나를 세워 주신 것이다. CEO 전도사라는 호칭에는 하나님께서 내게 주신 축복과 그 축복으로 이루어가야 하는 비전이 함께 담긴 귀한 부르심이었다.

하나님을 믿게 된 후 나의 모든 매일이 그 부르심을 증명하고 있었다. 하나님은 그저 한 개인으로만 살아가던 나를 일터 사도로 만드셨다.

맨 처음 하나님을 믿고 '세계선교 기업'을 비전으로 받는 순간이 내가 일터 사도의 사명을 받는 순간이었다. 그 사명은 전업주부였던 나를 소상공인으로 만들었고 하나님께서 그 사업장에 물질을 부으심으로 선교를 떠나게 하셨다.

선교지에서 많은 은혜를 받게 된 나는 더 많은 성전을 세우고 구제를 베풀 수 있기를 원했고 그 기도는 더 큰 기업을 이루고자하는 비전으로 발전했다.

내가 사도로서 나의 역할을 충실하게 하는 순간 사업장이 복을 받아 기업으로 성장했다. 한 사람의 일터 사도를 통해 하나님의 기업이 세워 지는 역사가 일어난 것이다.

그리고 이제 하나님께서 또 하나의 비전을 주셨다.

"하나님의 이름으로 세워진 기업들이 세계 경제 부의 이동을 바꿀 것이며 그 시작에 날 사용 하실 것이다."라는…

누군가 나에게 "일터 사도가 무엇이냐?"고 물으면 나는 밤이 새도록 해 줄 얘기가 많다. "일터 사도를 통해 어떤 복을 받게 되는거냐?"고 물으면 다시 사흘 밤을 더 새가며 이야기해야 할 만큼 많은 은혜를 받았다. 하나님이 원하신다면 이제는 내 삶의 모든 간증과 노하우를 흘려보내야겠다는 결심을 했다. 그리고 기도한다.

'하나님께서 은혜를 주심으로 이제는 세계 어디를 가나 CEO로 대접받고, 평신도 선교사로 불리는 시절을 맞게 되었습니다. 그러나 모든 것이 차면 흘려보내기를 원하시는 하나님의 뜻에 순종하고자 이제는 제 삶의 낱낱의 모습도 흘려보낼 용기를 갖게 해주세요. 지금의 결과가 저의 지혜가 아닌 하나님의 명령이었고, 그 과정에서 수 없이 좌절했음을 모두 드러내려 합니다. 아버지 제가 한 살이라도 더 젊을 때에 모든 과정을 빠짐없이 기억 할 수 있는 이때에 더 많은 사람들에게 축복의 모든 과정을 선포하게 해주세요. 그로인해 이 나라, 이 땅에 더 많은 일터 사도가 일어나고 더 이상은 가난한 성도, 가난한 교회가 없게 되길 소망합니다.'

나도 사람인지라 결심에 앞서 두려운 마음이 들었다. 제법 큰 사업을 하고 있다는 것 하나만으로 사람들이 표현해 오는 호의와 존경이 있었고 그게 싫을리 없었다. 그러나 나의 모든 히스토리는 모태 신앙도 아니요, 청년 시절에도 하나님을 몰랐고, 부름을 받은게 아니라 아들을 살리기 위해 매달리다 하나님을 만났고, 이후 모든 과정에 오직 하나님의 은혜만 있고 나는 없었다.

성공한 사람에게 기대하는 특별한 능력, 스펙, 남다른 성공기가

내게는 없다. 오직 하나님 한 분만 계실 뿐이다. 그러므로 누구라도 나의 간증을 들으면 '아무나 할 수 있는 일이네'라고 생각 할 것이다. 나는 그것을 부정하지 않는다. 아니 도리어 그 사실을 천하 방방 곳곳에 알리고 싶다. 그래서 누구든지 하나님을 바로 믿으면 기업의 복을 받고 세상의 리더가 될 수 있음을 믿고 도전하기를 소망한다. 그리하여 제발 노년에 가난으로 고생하는 성도가 없고, 우리로 인해 우리 자식이 복을 받게 되는 조상이 되어 하나님을 믿는 가문이 대대손손 번영하기를 원한다.

하나님은 내 마음에 긍휼을 주셨다.

형편이 어려운 사람, 아픈 사람, 재능은 있으나 재물이 없어 원하는 공부를 하지 못하는 이 세대의 젊은이들을 볼 때마다 가슴이 너무나 아프다.

나의 인생의 전반기엔 하나님을 모르는 사람들을 위해 일 했으니, 이제는 하나님을 믿는 성도들이 복을 받는데 이바지 하고 싶다. 그래도 우리가 주님을 영접했는데 그 기회가 얼마나 엄청난 기회인데 방법을 몰라 그걸 누리지 못한다는 건 너무 안타까운 일이다. 나는 다시 한 번 나의 모든 것을 내려놓기로 결심했다.

새벽 작정 기도가운데 일터 사도를 위해 나의 모든 간증과 노하우를 공유하고, '크리스천 CEO' 훈련을 위해 보다 체계적인 교육프로그램을 만들고 싶다는 구체적인 비전이 세워졌다.

나는 나의 모든 계획을 하나님께 말씀드렸고 명성훈 목사님이 이끄시는 일터 사도 교육에 적극적으로 동참하는 한 편, 다양한 경제 세미나를 등록해 공부하며 '크리스천 CEO를 위한 성경적 경제이론'을 정립해 나가기 시작했다. 그리고 작정기도의 마지막 날, 이런 결정조차 하나님이 내 마음에 긍휼의 은사를 주셨기에 일어나는 도전이므로 내 마음에 긍휼함의 은사가 허락되던 날 이미 계획된 사역임을 확실하게 깨닫게 되었다.

일터 사도

CEO와 전도사 역할을 하면서 경제 공부를 병행하니 그야말로 눈코 뜰 새가 없었다. 매일 새벽에 일어나 오늘의 말씀을 묵상하고, 사업을 돌보고, 경제에 관련된 학교 강의 세미나들을 듣고 집에 돌아오면 보통 새벽 2시가 넘었다. 그야말로 새벽에 일어나 새벽에 들어오는 스케줄이었다.

어느 날 엔 친정어머니가 "학교 때도 사격만 좋아하고 공부를 많이 안 하더니 그 공부를 지금 다 몰아서 하는 거냐?"고 놀리실 정도였다. 그 말을 듣고 보니 나는 인생을 거꾸로 사는 것 같다는 생각이 들었다.

싱크대 대리점을 운영하던 사업초기에 경제 공부를 독학 할 때는 그때가 내 삶 중 공부를 제일 많이 한 시기라고 생각했고, 그 다음 신학을 결심하고 신학 공부를 할 때도 그간 공부한 것보다 지금 공부하는 게 더 많은 것 같다고 생각했는데, CEO 자격으로 실전 경영 세미나와 학교 강의를 들어보니 이건 또 그 이상이었다. 기본적으로 수업을 듣는 대상이 기업체를 운영하는 CEO를 기준으로 준비된 강의이니 일반 경제수업보다 훨씬 어려웠다. 그동안의 사업 경험과 수업 후 철저한 암기, 자료조사로 매일매일이 전쟁이었다 그러나 정말 감사하게 하나님께서 지혜와 암기력을 허락해주셨고 공부하는 동안에는 공부도 재미있었지만 학창 시절 못지않은 암기력이 발휘되니 그게 재미와 낙이 되었다.

경제와 사회 흐름에 대해 알아 가면 갈수록 일터 사도야 말로 이 세대 꼭 필요한 사명임을 확신하게 됐다.

누구나 주일날엔 마음에 은혜가 충만하다. 말씀이 있고 찬양이 있기 때문이다. 문제는 그 은혜가 월요일부터 토요일까지 유지 되지 않는 다는 점이다. 바로 이 문제를 해결 할 수 있는 것이 일터 사도이다. 우리는 모두 하루빨리 직업적 소명을 발견하고 우리에게 달란트와 일을 주신 하나님께 예배를 드리는 마음으로 직업에 임해야 한다.

'일터 사역'라는 책을 집필 해 세계 일터 사역 열풍을 일으킨 일터 사역 국제연합기구의 오스힐먼 대표는 "오늘날의 크리스천 중 대다수가 자신의 직업에 하나님의 소명이 임했음을 알지 못한다"는 것을 지적하고 '직업적 소명 발견을 위한 워크숍'을 개설해 이러한 세태에 적극적으로 대응했다. 나는 우리나라 안에도 이러한 프로그램과 강사가 생겨야 함을 절실하게 느꼈다.

사단이 하는 일은 늘 동일하다.

우리를 하나님으로부터 분리시키려 애쓴다. 그렇게만 하면 우리

안에 나약함이 곧장 드러나 욕망의 노예가 되고 쉽게 타락함을 잘 알기 때문이다. 사단은 우리로 하여금 우리의 직업이 그저 돈 버는 수단이라는 착각을 하게 해 직업위에 내려진 하나님의 소명을 바라보지 못하게 한다.

  오스힐먼의 저서인 '일터 사역'을 보면 사탄이 어떤 말로 우리의 직업에 내려진 소명을 파괴하는지가 잘 나와 있다.
  - 우리의 직업은 신령하지 않다.
  그것은 단지 교회에 바칠 헌금을 벌어들이는 수단일 뿐이다.
  - 우리의 직업은 영적 권위를 지니지 않는다.
  - 우리의 세속 직업과 교회의 사역은 서로 별개다.
  - 교회의 울타리 안에서 이루어지는 것만이 '사역'이다.
    (출처: 오스힐먼 '일터 사역')
  그러나 성경을 보면 우리의 직업은 하나님이 우리에게 주신 신성한 기업임이 증거 되어 있다.
  "무슨 일을 하든지 마음을 다하여 주께 하듯 하고 사람에게 하듯 하지 말라 이는 기업의 상을 주께 받을 줄 아나니 너희는 주 그리스도를 섬기느니라."(골로새서 3장 23:24)

  공부하는 기간 동안 CEO를 위한 세미나와 강의에 많은 돈을 투자했다. 일정 기간을 투자해 수료하는 강의는 물론 수백만 원 짜리의 세미나도 망설임 없이 들었다. 강의료가 비싼 강의일수록 세상에서 크게 성공한 CEO들이 많았다.

그런데 그분들 모두에게 드러나는 공통점이 있으니 다름 아닌 자신의 일에 자부심을 느끼고, 자신의 일을 제일로 귀하게 여기고 즐긴다는 것이다. 그 시작이 작은 구둣방 점원이든, 길거리 음식점 창업이든 그 일 자체를 좋아하고 즐기다보니 기업을 이루게 됐다는 고백이 한 목소리로 나왔다. 아직 하나님을 모르는 CEO들인데도 직업을 대하는 태도를 보면 골로새서 말씀에 "마음을 다하여 주께 하듯 하라" 는 말씀에 꼭 맞는 태도를 갖고 있었다. 그들은 한 결 같이 자신의 일을 천직으로 여겼다. 그게 하나님이라는 사실을 모를 뿐, 직업에 소명이 있음을 인정하고 살았기에 성공을 이룬 것이다.

다수의 CEO들과 수업을 공유하고 대화하는 과정에서 일터 사도 정신이야 말로 건전한 부에 이르는 가장 적합하고 빠른 방법임을 다시 한 번 확신하게 되는 계기가 되었다.

"이로써 그리스도를 섬기는 자는

하나님을 기쁘시게 하며 사람에게도 칭찬을 받느니라"

(로마서 14:18)

8

새 일을 이루실 것을 기대하다

"보라 내가 새 일을 행하리니 이제 나타낼 것이라
너희가 그것을 알지 못하겠느냐 반드시 내가 광야에 길을 사막에 강을 내리니"
(이사야서 43:19)

새 일을 이루시는 하나님!

성경에 기록된 역사와 진리는
현재 우리의 삶에도 동일하게 반영된다.
하나님은 우리의 신앙성장에 따라 그에 맞는 사역을 맡기신다.
그러므로 모든 새로운 사역에 대해 기대하라.

새로운 사역이 시작되다

 순복음 성시교회 전도사로 일하며 우리 교회에서 명성훈 목사님을 통해 배운 새로운 일터 사도 사역을 시작하게 됐다.

그러던 어느 날 예전에 내가 선교를 펼쳤던 무슬림 지역 B 대학교에서 강의를 해달라는 연락이 왔다.

'과연 입국을 할 수 있을 것인가...?' 했는데 몇 년 간 방문을 한 적이 없고 이번에는 강사로 초청을 받아서 가는 거라 큰 문제가 없다는 연락이 왔다.

수년 만에 사역지로 향하게 된 나는 부푼 마음을 갖고 최선을 다해 강의 자료를 준비해 방문했다.

내가 준비한 강의의 제목은 '비전과 꿈을 갖는 리더'로 자신의 직업에 소명을 갖고 하나님의 인도하심을 따라 일터 사도로 거듭나야 한다는 내용이 주요 골자였는데 막상 강의를 시작하니 비전이라는 것 자체를 모두가 생소해 했다.

　　하루에도 수차례 새로운 꿈을 꾸고 인생을 설계할 나이의 학생들이 침울한 얼굴로 비전이 무어냐 묻는 모습을 보는데 내 마음에 거대한 쇳덩이가 하나가 쿵하고 떨어지는 느낌이었다.

　　공산국가인 탓에 출신, 성분, 부모의 직업 등이 이미 한계가 되는 환경이라 다들 전 세대와 비슷한 삶을 사는 것을 숙명으로 받아들인 결과였다. 나는 준비해간 강의를 내려놓고 하나님이 주시는 비전의 위력을 증거 하였다.

부산풍성한교회 성경적재정 축복성회

"하나님께서는 말씀으로 세상을 창조하셨습니다. 그리고 세상을 지으신 그 음성으로 우리를 부르셨습니다. 우리는 부르심을 받기 위해 이 세상에 태어났습니다. 이것은 우리 안에 각각의 재능이 있음을 의미합니다. 여러분과 같이 젊을 때에 그 재능을 개발해야 합니다."

하나님이 자신을 지명했다는 사실 하나만으로 많은 청년들이 큰 은혜를 받았다. 이제껏 누구에게도 주목 받지 못하고 체제를 유지하는 소모품으로만 성장되었던 청년들의 마음에 자존감과 소명이 일어나기 시작한 것이다.

나는 그들에게 성경 안에 세상 어느 곳에서도 배울 수 없는 성공의 전략이 있음을 이야기 했다. 그 체제를 빠져 나갈 수 없고, 세상에 앞선 지식들을 공부할 수 없어 체념했던 청년들이 성경을 시작으로 지혜와 지식 그리고 비전을 갖게 되기를 간절히 기도하기 시작했다. 나는 그들로 인해 그 나라가 변화 할 것을 축복하며 강의를 마무리하고 한국으로 돌아왔다.

얼마 후 40일 특별 새벽 기도회가 시작되었다.

나는 이제 막 시작되고 있는 강의 사역을 위해 간절히 기도했다. 그동안 여러 가지 일들을 병행하느라 몸이 많이 지쳤는지 다른 때보다 체력이 힘들었다.

새벽기도 30일째 되는 날에는 안압이 너무 올라가서 눈에 실핏줄들이 터져버렸다. 병원에서는 절대 안정을 취하고 빛을 조심하라는 처방을 내렸지만 40일 작정기간 중 남은 기도를 포기 할 수 없어 선글라스로 빛을 차단하고 교회로 갔다. 한 참을 엎드려 새로 시작되는 사역을 위해 기도하는데 벼락과 같은 하나님의 음성이 들렸다.

"선교지가 다 힘을 잃어가는데 여기서 무얼 하고 있느냐?"

삶의 고비마다 늘 온유했던 하나님의 음성이 이렇게 무섭고 벼락같이 들린 것은 처음이었다. 나는 그 위엄에 눌려 납작 엎드렸다. 하나님의 뜻에 어긋난 것이 있다면 깨닫게 해달라고 기도를 하니 다시 음성이 들렸다.

"너의 오른손과 왼손을 말씀과 재력으로 채워주었는데 여태 이곳에서 무얼 하고 있느냐?"

나는 그 날로 바로 선교를 떠날 수 있는 곳을 찾았다.

남편의 친구 중에 조원회 선교사님이 계셨는데 마침 그분이 공산국가로 선교를 떠나실 계획이 있다하여 즉시 합류를 요청하고 선교지로 떠날 준비를 시작했다. 그런데 교회에서 맡은 사역을 정리해야 하기 때문에 곧장 가지를 못했다. 나는 그동안의 감사를 드리기 위해 차를 한 대 마련해 명성훈 목사님께 선물로 드렸다. 그것으로 분당 성시교회에서의 3년간의 사역을 마무리하고 새로운 선교지를 향해 출발했다.

하나님의 벼락과 같은 명령이니 당연히 순종하면서도 내 마음에 그간 받은 응답을 보면 새로운 일터 사도를 키우는 일에 헌신하는 게 맞는데 다시 선교라니 참으로 의아하다는 생각이 들었다.

하지만 공산국가로 선교를 떠나게 된 것 자체는 너무 좋았다.

하나님의 이름을 뜨겁게 알리고 많은 사람들이 주님 앞으로 돌아오게 되기를 간절히 기도하며 선교를 준비했다.

조 선교사님과 함께 선교지 E 공항에 도착하니 그곳 목사님이 나와 계셨다. 기독교를 향한 정부의 핍박이 심해서 공항에서 통성명을 한 후엔 이름이나 직함을 부르지 않았다.

선교사님께는 '사장님'이라는 호칭을 썼고 선교사님은 나를 '대표님'이라고 불렀다. 중국에서 표면적인 나의 신분은 투자 차 들른 한국기업의 CEO였다. 나의 실제 신분이 CEO이기도 하지만 나는 확실한 CEO 일터 사도였다.

E 시 외곽 원주민들이 사는 동네로 이동을 하는 차안에서 나는 놀라운 이야기를 듣게 되었다.

현지 목사님의 오랜 기도제목이 기업인 성도를 양성하는 것이며 기업인 성도들의 재물을 통해 공산 국가인 조국을 복음화하기 위해 매일 새벽마다 기도를 했다는 사실이다.

즉 일터 사도 사역을 꿈꾸어 왔던 것이다!

나는 그 말을 듣고 너무 놀라 잠시 대답을 하지 못했다. 새벽기도를 하던 중에 "선교지로 떠나라"는 하나님의 말씀을 듣고 바로 순종하기 위해 곧장 떠날 곳을 수소문해 공산국가로 온 것이니 사전에 어떤 정보도 듣지 못하고 왔다. 그런데 도착해서 목사님을 만나자마자 하나님께서 나를 위해 예비 된 선교지라는 사실을 알게 된 것이다.

"목사님, 저는 지난 3년 동안 순복음 성시교회를 섬기며 명성훈 목사님께 일터 사도 교육을 받았습니다. 그리고 그와 병행하여 일선의 CEO들만이 수업을 들을 수 있는 성경적 경제 세미나와 일터 사역 교육을 모두 이수 했습니다. 그리고 이제는 일터 사도를 세우고, 크리스천 CEO를 교육하는 사역자로 활동을 하려던 참이었습니다. 그런데 새벽기도 중에 하나님께서 벼락과 같은 음성으로 저를 부르시고 저를 이곳까지 인도하셨습니다. 내 말을 들은 목사님은 우리를 반갑게 맞이해 주시며 감사의 기도를 드려 주셨다.

E 시 외곽에 도착하니 다쓰러져 가는 가옥들로 이루어진 원주민 마을이 보였다. 움막 같은 집들이 옹기종기 모여 있고 마을에는 공동으로 사용하는 화장실이 한 두 개 있는데, 화장실을 가보니 구덩이 안에 통을 넣어 놓고 그 위 양쪽에 나무판 두 개를 대서 발판을 만들어 놓았으며 주변에 휴지 대신 솔가지를 가져 놓은 게 전부였다. 화장실 풍경만으로도 마을의 형편이 어떠한지 대번에 짐작이 갔다.

음식이라고 할 건 옥수수밖에 없어 세끼를 꼬박 옥수수로 연명했고, 길가에는 비쩍 마른 아이들이 언제 갈아입은 건지 알 수 없는 새까만 옷자락을 입에 물고 놀고 있었다.

인근에 약 10개의 마을이 흩어져 있는데 어느 마을을 가나 형편은 비슷비슷했다.

다 쓰러져 가는 나무 십자가로 교회 표시를 해놓고 책상 하나가 있는 게 전부인데 예배 시간이 되면 그곳으로 다들 모여 마을에 딱하나 있는 낡은 성경책을 끼고 부르짖으며 울며 기도했다. 그런데 그들이 기도하는 내용이 하나같이 나라와 민족을 위한 축복 기도였다.

목사님의 설명을 들으니 매일 시간을 정해 기도를 하며 목사님도 없고 성경책도 한두 권 뿐인 상태에서 그 성경책을 의지해 거기에서 배운 대로 기도를 하고 신앙생활을 하는 것이라고 했다.

성경에 "그런즉 너희는 먼저 그의 나라와 그의 의를 구하라 그리하면 이 모든 것을 너희에게 더하시리라"(마태복음 6:33)라고 적혀 있으므로 그대로 실천하는 것이다.

당장 배고픔이 급하고 궁핍에 시달려도 그걸 구하는 대신 성경에서 가르쳐 준 대로 나라와 민족을 위해 먼저 축복하는 기도를 하는 것이다.

약속됐던 열흘의 선교시간이 쏜살 같이 흘러갔다.

원주민 마을을 떠나기 전 마지막으로 드리는 예배시간에 나는 눈물로 기도했다. 이곳까지 보내주신 하나님의 계획과 섭리를 깨닫는 은혜가 임했다. 그 지역의 1호 일터 사도로 꼽히는 여자 집사님의 사례를 이야기 해주면서 목사님이 세워두신 일터 사도 프로젝트에 대해 말해주었다.

"선교사님, 우리 교회에 김 집사님이라는 분이 한국으로 가서 3년간 분식 기술을 배우게 됐습니다. 그 기술을 바탕으로 중국에 분식집을 냈는데 장사가 잘 되어서 그곳에서 나오는 수익의 십의 2조, 3조를 교회에 꾸준히 헌금하고 계십니다. 저는 이것이 하나의 시스템이 될 수 있겠구나 생각했습니다. 교회는 성도의 자기 개발을 후원하고 성도는 그 기술로 번 수익금으로 교회를 후원하면 둘 다 자립을 하게 됩니다.”

나는 성도와 교회 둘 다가 자립을 한다는 말에 귀가 번쩍 뜨였다. 이거야 말로 바람직한 일터 교회, 일터 사도의 모습인데 한국도 아닌 공산국가에 성공사례가 있을거라곤 생각하지 못했다.

일반적 선교 방식은 대체로 교회를 먼저 지어 주는데, 그러면 건물관리비가 계속 발생해 유지가 어렵다. 미자립 성도에게 기술 교육을 시키고 그를 중심으로 사업장을 마련해주면 거기서 나오는 수익으로 교회를 세우고 교회를 운영할 자금도 기대 할 수 있다는 것이다.

이곳 선교지에서 일터사역의 성공 실체를 보게 하기 위해 하나님께서는 그렇게 나를 이곳까지 인도하셨다.

한국으로 돌아온 나는 즉시 일터기업에 대한 정보를 수집, 기술력과 선교자금을 확보하기 시작했다. 모든 과정이 순조롭게 진행되었다.

그런데 프랜차이즈는 가맹비와 로열티로 너무 많은 돈이 빠져나가기 때문에 내가 직접 브랜드를 개발할까하는 생각이 들었지만 그건 지금까지 했던 사업들과 너무 다른 분야라 그 사업을 준비하는 기간 자체가 너무 많이 소요 될 것 같았다.

다른 수익 모델이 필요하다는 생각이 점점 더 절실 해졌고 장기적인 투자 개념에서 새로운 수익모델에 도전해 봐야겠다는 생각이 들었다.

하나님께서는 이 사역에 함께 섬겨주실 천사들 김성순권사님, 이상숙권사님, 박명숙권사님을 붙혀 주셨다. 진심으로 감사를 드린다.

우리는 현지 목사님과 함께 기도하며 선교지에서 일터사역의 첫발을 시작했다.

처음에는 정말 작은 점포를 얻어 다양한 아이템을 시도해보았다. 한국의 대표 분식인 샌드위치와 과일음료, 떡볶이와 튀김 브랜드를 만들면 경쟁력이 있겠다는 생각이 들었다. 목사님과 우리팀 일행은 떡볶이를 튀김에 버무려 먹는 별미를 착안해서 '버무려'라는 이름으로 오픈해보고 '밀알 샌드위치'라는 상호로 오픈도 해보았는데 이 브랜드는 현지인들에게 인기가 좋은 메뉴로 자리를 잡아가기 시작했다.

또한 여러차례 선교지를 방문하다가 상류층자녀들이 다닌다는 학교 앞에 멋진 커피숍을 오픈하기로 했다. 일단 이곳에 1호점을 차린 후 잘 운영되면 주변에 분점을 차리는 방식으로 늘려나갈수 있을테니 과감하게 투자를 해 보자는 생각이 들었다.

한번 마음을 먹으면 지체하지 않는 성격이라 바로 선교자금을 마련해 선교지로 들어갔다.

이 사역에 함께 섬겨주신 전도사님께도 진심으로 감사를 드린다.

우리는 막 겨울이 시작되는 때에 공사를 시작하게 되었다.

한국평수로 50평정도 되는 아주 크고 멋진 상가였다. 바닥 공사가 시작되고 집기류가 모두 들어온 후에야 난방이 들어오는 바람에 1개월이상을 난방도 안되는 공사현장에서 덜덜 떨면서 지냈다. 한국에서 사업장을 세울때도 이 정도의 몸 고생을 한적이 없다 싶을만큼 육체는 힘들었지만 함께 하신 목사님과 우리 선교팀은 항상 감사와 기쁨의 나날이었다.

그렇지만 커피숍은 2년 만에 문을 닫게 되었고 많은 적자를 보았다.

그러나 때로는 실패도 응답이다. 실패가 확실시 될 때는 방향을 유턴하는 융통성이 필요했다. 비싼 수업료를 치른 셈치고 미련 없이 커피숍를 정리하고 **실패의 원인을 분석**했다.

첫 번째는, 고객의 기호를 충분히 파악하지 못했다.

너무 앞선 아이템을 선정했다는 점이다.

한국의 커피 전문점을 벤치마킹해서 다양한 커피 메뉴를 만들었는데 그 길을 오가는 사람들 중에 '커피' 자체를 모르는 사람이 많았다. 시음회를 해도 그 사람들 눈에는 낯선 향이 나는 시커먼 음료에 불과했다.

두 번째는, 시장에 대한 이해부족이었다.

고객의 성향은 물론 시장조사에서 홍보성과 접근성이 너무 먼 거리였다.

젊은이들이 즐겨 찾는 메뉴이니 만큼 작은 평수라도 번화가 거리에 자리를 잡았어야 했는데 넓은 평수를 찾다보니 인적이 뜸한 거리였다. 또한 현지인들의 커피숍이란 개념은 커피와 술도 함께 먹는 수준인데 우리는 주일은 쉬고 주류는 당연히 판매금지였고 담배 또한 피우지 못하게 했다. 그러니 불편함이 많아 고객들이 찾지 않는 것은 당연한 이치였다.

세 번째는, 기술력부족과 직원경영, 투자방식이었다.

커피사업은 공산국가에서 처음 시도해보는 초보 수준이었으므로 더욱 철저히 준비를 했어야 했다. 그러나 초보수준으로 기술력을 전문화 하지 못했고 현지 청년들에게 짧은 기간에 많은 메뉴를 전수해주는 것이 역부족이었다. 즉 아이템은 좋았는데 조직과 시스템에서 뒷받침하지 못했다. 직원 경영 또한 현지교회 청년들을 거점으로 지점장과 알바수준으로 채용했는데 주인의식이 투철하지 못한 점도 있었다.

또한 투자방식에서 전액 한국선교회에서 투자했으므로 자금경영관리를 맡길 수 밖에 없었다. 사모님께서 최선을 다해 경영과 관리를 하였지만 경영적자손실에서 감당을 할 수가 없었다. 그 이유는 직원월급과 평수가 크다보니 매년 1년(12개월) 선납으로 지불되는 비싼 임대료가 더욱 큰 원인이 되었다. 즉 힘껏 일해도 임대료와 재료비, 인건비로 지출되어버리면 돌아오는 것은 마이너스 였다. 나는 이 사실을 깨달은 것 하나만으로 투자는 충분한 가치가 있었다는 결론을 내리고 손해에 대한 생각을 홀홀 털어버렸다.

성공과 실패, 그 모든 것은 일터사역의 밑거름으로 큰 훈련이 되었다. 선교지에 대한 상권, 인력, 경영, 부족으로 우리의 사업은 성공을 하지 못했지만 현지 성도님들의 사업은 계속 성장되어갔고 분점이 속속 늘어가고 있었다.

나는 여러차례 선교지를 방문해 각 기업인 대상으로 일터사도 세미나를 인도하고 '부의거룩한 이동' 이라는 비전을 선포하며 목사님 그리고 성도님들과 함께 기도했다. 이 계기를 바탕으로 일터사도변화 운동은 나에게 진정한 영적선교부흥을 일으키는 원동력이 되었다.

나는 한국으로 돌아왔지만 선교지에서는 성도들이 어였한 기업인들이 되어 그리스도의 몸된 교회를 섬기고 다른 미자립 교회를 지원하는 훌륭한 일터사도들이 되었다. 또한 교회에서 가장 헌금을 많이 하는 CEO로 변화하는 기적을 보게 하셨다. 이 결과는 '일터기업 선교'를 통해 세계선교지에도 제3자로부터 후원만을 의존하는 운영시스템에서 자립운영 시스템으로 변화 돼야 한다는 것을 의미했다.

"사도들의 손으로 민간에게 표적과 기사가 많이 되매"(사도행전 5:12)

끝이 없는 세우심

새벽 작정 기도가운데 일터 사도를 위해 나의 모든 간증과 노하우를 공유하고, '크리스천 CEO' 훈련을 위해 보다 체계적인 교육프로그램을 만들고 싶다는 구체적인 비전을

세운 후 7년 만에 교육프로그램을 뛰어넘어 실전 일터 사도들을 현장에 배출하게 됐다. 그리고 그 과정은 나로 하여금 4차 산업을 발견하는 계기가 됐다. 그때까지 내 사업은 제조와 유통에 주력하는 3차 산업위주로 구성이 되어 있었다. 그러던 중 일터 사도를 배출하기 위해 김밥 프로젝트에 뛰어들게 되었고 약 7년 간 18개의 프랜차이즈 매장을 각지에 오픈하면서 4차 산업의 가능성에 눈을 뜨게 됐다.

경제는 1차부터 6차에 이르는 산업으로 구성되어 있다.

1차 산업은 농림수산업, 목축, 수렵업과 같은 자연 산업이다.

2차 산업은 제조업, 건설업과 같은 가공이 주력이 되는 산업이다.

3차 산업은 1, 2차 산업을 기초로 하여 서비스를 생산하는 산업으로 금융, 보험, 유통을 포함한다.

4차 산업은 지식 집약적 산업을 총칭하는데 정보, 의료, 교육, 아이티 산업 등이 해당한다. 그리고 이 구조에서는 시스템 산업이 크게 확장되는데, 시스템 산업은 '좋은 수익 시스템'을 개발하고 그것을 여러 곳에 재생시키는 것으로 '프랜차이즈사업'이 대표적인 예다.

5차 산업은 문화컨테츠, 관광, 패션 산업을 묶는다는 개념으로 정의되는 추세이다.

6차 산업은 1차, 2차, 3차 산업을 복합한 산업을 말한다. 대표적인 예로 프로슈머 산업이다. 1차 산업인 자연업이 바탕이 되고, 2차 산업에서 생산된 자연의 산물을 가공해 관광 상품을 만든다. 거

225

기에 3차 서비스 산업이 더해져 관광상품이라는 복합 산업으로 완성된다.

현재 한국의 경제는 4차 산업의 초기에 와있지만 인터넷 강국이라는 특성으로 프로슈머의 영향을 절대적으로 받고 있다. 이러한 환경은 '프랜차이즈 사업'이 확장 되는 데 최적의 요소가 된다.

프로슈머(prosumer)는 생산자를 뜻하는 프로듀서(producer)와 소비자를 뜻하는(consumer) 합성어로 생산에 참여하는 소비자를 의미한다.

이 말은 미래학자 앨빈토플러가 1980년 경 발표한 '제3의 물결'에서 처음 사용되었는데, 소비는 물론 제품 생산과 판매에도 직접관여 하는 적극적인 소비자를 의미한다.

21세기에 이르러 인터넷과 사회관계망 서비스가 급속도로 발전하면서 프로슈머의 파워는 기업의 마케팅력과 대등한 힘을 발휘 한다. 엄청난 물량을 쏟아 부은 기업의 CF 동영상은 프로슈머의 신랄한 비평이 달린 블로그 페이지에 파급효과를 잃는다. 그리고 이것을 거꾸로 생각하면 실력과 실속이 있는 소상공인의 점포는 프로슈머들에 의해 성장 할 수 있음을 의미한다.

3차 산업시기에는 유통의 파워가 절대적이다. 동일한 상품이라도 어떤 유통라인을 만나느냐에 따라 제품의 가격이 달라지고 만나는 소비자가 달라졌다. 그러나 인터넷의 등장으로 인해 유통의 파워가 약해지고 있다. 자신이 재배한 농산물의 품질을 자신하는 농부들이 인터넷 사이트를 개설하고 전국에 있는 소비자들과 1대1로 거래를 하기 시작했다.

나는 이 움직임에서 차세대 프랜차이즈 산업의 가능성을 보았다. 현재는 대기업들이 주도하는 대규모 프랜차이즈 브랜드가 시장을 점령했지만 그 과정에서 과잉 경쟁이 일어나면서 과도한 마케팅 비용이 발생했다. 그로인해 가맹비와 로열티, 상품의 단가가 전부 고가로 책정되어 있다. 그러므로 이 시기에 누군가 새로운 프랜차이즈 시스템을 개발하되 마케팅을 대폭 줄임으로 합리적인 가맹비와 로열티, 저렴한 상품 단가를 실현시킨다면 프로슈머들에 의해 충분히 마케팅 될 수 있다는 확신이 들었다.

중국에 프랜차이즈 매장을 오픈하는 7년 동안 4차 산업의 위력을 피부로 느끼게 됐고 그 후 자력으로 발전해 가는 중국의 교회들을 보면서 미래 교회의 청사진이 바로 이것임을 확신하게 됐지만 한국과 중국시장의 환경이 전혀 다르기 때문에 동일한 방법을 적용할 수 없었다. 임대료와 프랜차이즈 가맹비가 둘 다 높아 수익을 내기 쉽지 않은 구조이기 때문이다. 하지만 희망은 있었다. 내 힘으로 부동산 가격을 떨어트릴 순 없지만 가격 경쟁력 있는 프랜차이즈를 만드는 건 가능 할 것 같았다.

나는 우리보다 앞선 경제구조를 가진 유럽과 선진국을 여러 차례 방문하며 앞으로 나아갈 길을 모색할 계획을 세웠다. 많은 나라들 중 유럽을 선택한 이유는 다른 나라들에 비해 비교적 안정적인 사업을 하는 소상공인들이 많기 때문이다. 나는 그들의 사업구조와 아이템, 운영 비결을 벤치마킹하기 위해서 적극적으로 뛰어 다녔다.

첫 번째 방문에서 단연 눈에 띈 키워드는 '테이크아웃'과 '가정식'이었다.

경기불황은 이미 전세계적인 추세이므로 유럽도 예외가 아니었다. 그로인해 저렴하게 먹을 수 있는 먹거리가 인기를 끌었는데 건강에 대한 관심도는 여전히 높으니 패스트푸드는 구매 선상에서 제외됐다. 패스트푸드를 사먹을 수 있는 가격대로 건강한 음식이 소비자들의 기호가 되었고 이것에 맞추어 테이크아웃 전문점이 성행하기 시작했다.

미국에선 같은 맥락에서 '푸드 트럭'이 성행 중 이었다.

유럽의 테이크아웃 전문점과 미국 푸드 트럭의 공통점은 '패스트푸드'가 아닌 '건강식'을 저렴하게 제공한다는 점이었다. 또 하나 인상적인 것은 미국 푸드 트럭의 경우 그 위치가 사회관계망 서비스인 트위터를 통해 홍보된다는 점이었다. 결국 싸고 맛있으면 고객이 찾아온다는 기본적인 원리가 네트워크의 프로슈머를 통해 부활하고 있었다. 나는 이러한 배경을 토대로 '가정식', '저렴한 가격', '테이크아웃'이라는 키워드를 정리했다

두 번째로 유럽을 방문 했을 땐 사업과 관련 된 일들보다 불황으로 문을 닫는 교회들의 모습에 더 많이 집중을 하게 됐다.

크고 웅장하게 지어진 교회들이 불황의 여파로 헌금이나 후원금이 줄어드는 바람에 줄줄이 문을 닫고 있었다. 거기에 합리적이고

논리적인 젊은이들은 자신들의 돈이 아무런 생산성을 발휘하지 못하는 무력한 교회로 흘러들어가는 것을 거부하고 재활과 구호에 적극적인 봉사단체에 기부하길 원했다.

물론 유럽의 모든 교회가 무력한 것은 아니었다. 그러나 기부로 돈을 후원하는 젊은이들은 그 돈이 끝까지 투명하게 사용 될 수 있도록 잘 감시할 의무가 포함된다고 생각해 매 분기별 후원금 정산서를 보내는 구호단체를 선호했다. 결국 시대의 흐름에 발을 맞추지 못 했던 교회나 선교단체들은 적자에 시달리다 끝내 문을 닫았다.

유럽의 교회들이 문을 닫는 사이 우리 선교지 변두리에 있는 작은 교회들은 일터 사도 혁명을 통해 자립에 성공하고 있었다. 전혀 반대의 길을 걷고 있는 유럽과 성공하는 교회의 모습을 보며 이제 한국 교회도 둘 중 하나의 길을 걷게 될 것이라는 생각이 들었다. 비관적으로 생각하고 싶지 않지만 한국의 교회들이 지고 있는 부채의 규모를 생각하면 유럽의 수순을 밟게 될 확률이 높았다. 나는 더 늦기 전에 한국형 프랜차이즈 사업을 개발해 일터 사도들을 모아야겠다는 결심을 했다.

나는 어디에서 무엇을 하든지 나의 일이 사역이다. 그 사역을 널리 전파하고 싶다.

"무엇을 하든지 다 하나님의 영광을 위하여 하라"(고린도전서 10:31)

9

주신 부를 세상으로 흘러 보내다

"주라 그리하면 너희에게 줄 것이니
곧 후히 되어 누르고 흔들어 넘치도록 하여
너희에게 안겨 주리라 너희의 헤아리는 그 헤아림으로
너희도 헤아림을 도로 받을 것이니라"
(누가복음 6:38)

주신 부를 세상으로
흘러 보내길 원하시는 하나님!

세상의 경제인과 하나님의 경제인은
그 목적과 목적지가 다르다.
하나님께서는 우리가 선한 청지기가 되어
무엇을 하든지 하나님의 영광을 위해하고,
하나님께서 기뻐하시며
사람들이 존경하는 삶을 살기를 원하신다.
그러기 위해 나누고 베푸는 삶을 살라.

푸드 앤 웨이브

한국형 프랜차이즈 사업을 일으키겠다는 비전은 선포와 동시에 많은 반대에 부딪혔다. 아무런 문제없이 잘 운영되고 있는 사업체를 정리하고 그 돈으로 대기업조차도 쉽사리 성공시키지 못하는 프랜차이즈 사업에 뛰어든다는 건 누가 봐도 무모한 도전이었기 때문이다.

하지만 내 생각은 달랐다. 내가 사업을 하는 궁극적인 목적이 '부'를 쫓기 위함이 아니라 '하나님의 나라와 의를 구하는 것'이고 이 사업은 그것을 함께 이루어갈 일터 사도를 육성하기 위함이니 반드시 잘 될 것이며, 마땅히 해야 하는 일이라고 생각됐다.

나는 이러한 생각을 기준으로 새 사업의 구조를 세워 나갔다.

이전에는 제조업과 유통업을 나 홀로 관리하며 선교자금을 만들었다. 그러자 오직 나의 삶에 부가 이루어졌다. 하지만 이 사업을 정착 시키면 프랜차이즈 시스템을 통해 많은 사람들과 공동으로 선교자금을 만들게 되고 그 사업에 속한 모두가 부를 얻게 된다.

내가 운영하는 제조사업과 유통사업을 통해서는 단기간에 100명의 일자리를 만들 수 없다. 그러나 이 사업장을 처분하여 그 돈으로 프랜차이즈 사업을 시작하면 빠르면 1년 안에도 100명의 CEO를 만들 수 있다. 이 사실 하나만으로 새로운 사업을 일으킬 가치가 충분히 있다고 판단한 나는 이 모든 일이 하나님의 뜻 안에서 이루어지기를 소망하여 전심으로 기도했다. 그동안 일궈 온 모든 것을 훑고 다시 시작해야 하는 결심이었다.

어차피 나의 모든 것이 헐몬산의 이슬에서 시작되었고 그것을 모아 흘러 보내는 게 내 사명이니 당연한 선택임에도 모든 새로운 시작 앞에 막연한 두려움을 지울 수 없는 연약한 사람이라 다른 어느 때보다 치열한 기도를 드렸다. 이런저런 생각으로 잠이 오지 않던 밤에 시작한 기도가 새벽까지 이어지던 중 마침내 하나님의 음성을 듣게 되었다.

"보라 형제가 연합하여 동거함이 어찌 그리 선하고 아름다운고 머리에 있는 보배로운 기름이 수염 곧 아론의 수염에 흘러서 그의 옷깃까지 내림 같고 헐몬의 이슬이 시온의 산들에 내림 같도다 거기서 여호와께서 복을 명령하셨나니 곧 영생이로다."(시편 133:1~3)

말씀 중에 1절 "형제가 연합하여 동거함이 어찌 그리 선하고 아름다운고" 가

내 마음에 강한 확신을 갖게 했다.

'하나님! 세상을 하나님의 나라로 만들기 위해 일터를 교회로 섬기게 하소서! 우리의 사업을 통해 세상을 하나님의 나라로 변혁되게 하소서!'

내 마음에 우리 나라의 영토가 보이고 곳곳에 환한 십자가가 일어나는 풍경이 보였다. 그 십자가가 너무나 빠르게 퍼짐으로 마치 물결 같았다. 나는 이 영상에서 '푸드 앤 웨이브'라는 이름의 모티브를 얻게 되었다. 푸드를 의미하는 F는 이제 시작될 음식사업과 영혼의 양식이라는 의미를 담고, 복음의 물결을 웨이브의 첫 자인 W에 담았다. 그리고 그 두 글자 사이에 &을 두되 십자가의 형상을 모티브로 디자인 하였다. 이 사업으로 인해 배고픈 자가 몸과 영혼에 양식이 공급되면 그가 힘을 발휘해 십자가를 붙듦으로 복음의 물결이 사방에 요동치게 될 것이라는 비전이 담긴 로고가 완성되었다.

푸드앤웨이드 로고

하나님의 명령이 떨어졌으니 남은 건 즉시 순종이다.

제조사업과 유통사업을 정리하고, IK 인테리어 사업부는 직원들에게 위탁운영을 맡겼다.

수원시 팔달구 인계동 1130-11번에 (주)푸드앤웨이드 사업본부를 세우고 본격적인 브랜드 개발에 들어갔다. 이 사업의 궁극적인 목표는 가정식 테이크아웃 전문점이었지만 첫 번째 브랜드는 현재 시장에 가장 안정적으로 진입 할 수 있는 아이템을 선택했다. 이미 대중화된 외식브랜드에 20%의 개성을 더하는 전략을 세우고 한국인들이 외식메뉴로 선호하는 얼큰한 맛의 대표메뉴 감자탕과 낙지를 한 곳에서 즐길 수 있도록 한 '잠실감자탕 힘센낙지'브랜드를 개발했다.

그 다음으로는 다이어트와 웰빙을 원하는 소비자들의 기호에 맞춘 '자연 생국수' 브랜드를 개발하되 자본이 적은 소상공인들이 도전 할 수 있도록 가맹점비와 시설비용을 최소로 책정했다.

'잠실감자탕 힘센낙지'는 50평 이상 창업으로 비교적 자금이 있는 분들로부터 문의가 왔고, 자연 생국수는 내 예상대로 생계를 위해 당장 무어라도 시작해야 하는 분들의 문의가 많았다. '자연 생국수' 가맹문의 전화에 걸려온 통화들의 첫 마디는 정말 이 금액으로 프랜차이즈를 할 수 있냐는 질문이었다.

어느 날 최은미 집사님이라는 분이 너무 절박한 목소리로 전화를 걸어왔다. '자연 생국수'를 너무 하고 싶은 마음이 들었는데 형편이 어려워 고민을 하고 있다고 말했다. 나는 내가 할 수 있는 한 도와드릴 방법을 찾아보겠다고 약속하고 최은미 집사님이 사는 광명시 하안동으로 갔다.

집사님이 가르쳐 준 주소로 찾아가보니 5평의 조그만 상가에서 난전식 과일 가게를 하고 계셨다. 과일가게 앞에 서서 기도를 하니 마음에 무조건 도와주라는 음성이 들려왔다.

나는 그분께 3일을 드릴 테니 50%로 세일을 해 재고를 전부정리하라고 했다. 그분은 한 번 반문도 없이 그 자리에서 50% 세일을 외치셨다. 멀쩡한 과일을 50% 할인해 파니 그날로 과일이 전부다 팔렸다. 그래서 남은 이틀은 기도를 하라고 말씀드렸다.

그리고 수원으로 올라와 나도 기도를 하는데 3일째 되는 날 집사님으로부터 전화가 걸려왔다. 그러면서 하는 말이 지난 3년간 자기를 돌보지 않던 지인이 보험약관대출로 830만 원을 마련해 찾아왔다고 했다. 그 돈으로 5평짜리 '자연 생국수'하안점 매장을 차렸다.

국수 맛이 담백하다는 소문에 집사님의 친절이 더해지니 손님이 줄을 이었다. 이제는 매출을 올리는 알짜 사업장이 되었다. 자연 생국수는 그렇게 절박한 분들의 사연으로 가맹점이 늘어갔다.

하나님의 역사가 일어나기 시작했다.

파산선고 받았던 분들이 신용을 회복하고 교회나 이웃들에게 도움을 받았던 분들이 넉넉한 후원자로 일어섰다. 이렇듯 하나님께서는 우리 회사에서 출시하는 메뉴들마다 획기적인 맛으로 고객으로부터 인정을 받게 하셨고 이제 이 노하우를 바탕으로 나는 한국식 퓨전 메뉴들을 개발하는데 박차를 가하게 되었다.

또한 기존의 체인회사들과는 달리 갑과 을의 상호간 간격을 최소화 하는데 중점을 두어 가맹비와 로열티를 면제해주는 혜택을 실시했다. 또한 각 도시에 1호점을 안테나샵으로 지정해 본사에서 인센티브를 도네이션하는 제도와 전국 교회를 통한 신규 창업소개시 선교비를 지원하는 네트마케팅 시스템을 착안했다.

www.쭈꾸쭈꾸아.com 홈페이지를 새롭게 개설하고 국내 최초 모바일 앱과 웹 버전 미디어를 각 지점에게 개설 오픈케 하는 조직과 시스템을 기획했고, 우리회사는 한국사람들의 입맛에 가장 잘 맞는 쭈꾸미 요리를 밤, 낮으로 개발하기에 이르렀다. 음식의 기본은 맛, 착한가격, 그리고 맛의 기본은 가장 질 좋은 식재료를 사용하자는 원칙을 세우고 시스템을 새롭게 구성하기에 이르렀다.

본사와 각 지점에게 적절하고도 합리적 가격을 세상에 선보이기 위해서 각 식품전문분야의 대표들을 직접 만나기 시작했고 선별된 회사와 파트너쉽을 맺었다. 하나님께서는 우리가 꼭 필요한 회사들을 준비하셨고 하나님의사람인 각 대표들을 만나게 하셨다. 하나님께서 동행하심을 1분1초도 의심하지 않고 믿고 감사하며 신제품, 신메뉴, 개발에 올인했다.

한국 최고의 맛으로 고객의 입맛을 압도하기위해서는 무엇보다도 기도가 필요했고 하나님께서 주시는 지혜를 바탕으로 밤,낮으로 전국을 돌아다니며 맛집을 방문해 직접 시식하기도 했다. 그 덕분에 살이 5키로그램이나 늘었다.

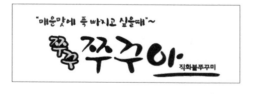

나는 이 모든 자산을 바탕으로……

「'매운맛에 푹 빠지고 싶을 때' ~ 쭈꾸쭈꾸아」

라는 브랜드를 기도가운데 응답을 받았다. 한국사람입맛에 잘 맞는 매콤한 소스와 한국 최초 직화불고기맛, 아주매운맛 3가지소스를 직접개발해, 웰빙 직화쭈꾸미로 볶는데 성공했다. 파스타샐러드 소스를 개발했고, 동절기에는 따뜻한 멸치자연생국수, 하절기에는 수타식 냉메밀국수를 셋트메뉴에 포함시켰으며 마지막에 고르곤졸라 피자를 디저트로 포함시켰다. 메밀육수와 멸치육수를 자체생산하기에 이르렀고 그 맛은 기도가 포함된 땀의 결정체이므로 어디에 비교해도 결코 뒤지지않는 확실한 맛이라고 자부할수 있다. 이 맛에 이르기 까지 수없이 반복, 또 반복했으며 실패도 많이했다.

지금은 그 어디에도 비교할수 없는 '쭈꾸쭈꾸아 직화불쭈꾸미볶음'의 맛에성공했다.

맛을 개발한 후 바로 실행에 옮겼다. 하나님께서 주신 응답임을 확신하고 1호점 본점을 2015년 9월7일 수원 영통에 100평 창업을 했다. 너무나도 멋진 샵이 탄생했다. 창업감사예배를 드리며 눈물이 앞을 가렸다. 벅찬 감사에 감사를 또 감사를 수없이 고백했다.

나는 주일마다 휴무를 정하고 온전한 주일예배를 위하여 '주일은 쉽니다'로 수많은 고객들게 무언의 전도를 하기 시작했고 영통점 매장 곳곳에 교회사역 사진과 기독서적들을 비치했다. 수많은 고객들이 줄지어 찾아오기 시작했으며 우리의 쭈꾸쭈꾸아 영통점은 하나님께 영광을 돌리는 일터교회로 서서히 세워지고 있다. 1년후 지금은 9호점이 오픈될 정도로 인기가 끊이지 않고 있다.

이 모든 영광을 하나님께 돌리며 앞으로 행하실 하나님의 계획하심이 기대된다.

2017년 1월에 금식기도원에 올라가 부르짖어 기도하며 받은 응

수원영통점(1호본점 앞에서)　　　　　쭈꾸쭈꾸아 풀셋트메뉴

답이다.

"성부(성공하는 부자 or 거룩한 성경적부자)를 세우는 왕의기업 쭈꾸쭈꾸아"라는 슬로건을 주셨고 2017년 111 기업목표를 주셨다.

100개의 일터기업을 세우시고 100명의 성부 일터사도를 세우시고 100곳의 문서선교를 후원하게 될것이라고 말씀하셨다.

나는 이 목표가 반드시 이루어 질것이며 이 사업을 통해 세워지는 CEO가 각자의 선교기업을 갖게 됨으로 이 나라 대한민국이 세계 기독교의 중심으로 서게 될 것을 믿는다. 그리고 그날이 올때까지 일터사도의 비젼을 선포하고 더 많은 기독교CEO를 배출하기 위해 강의 사역을 병행한다. 하나님께서 어느날엔 말씀으로 어느날엔 동역자로 나를 격려해주신다.

이 땅의 누구도 돈 버는 방법을 몰라 배고프지 않도록 최선을 다해서 돕는 것, 또한 성경 말씀이 일터에서 살아 움직이고 삶에 실천됨으로 교회에서 뿐만 아니라 일터에서 그리고 세상에서 리더가 되도록 돕는 것.... 그것이 「쭈꾸쭈꾸아」 우리기업의 사명이자 내 사역이다.

이책에 '부의 거룩한 이동' 3판에 그간 하나님의 역사를 기록하면서 가슴이 벅차오른다. 많은 성도들이 이 책을 읽고 뜨거운 감동과 눈물을 흘렸다고 한다. 그리고 극동방송 전 직원 필독도서로 선정되기도 했다. 또한 전국에서 막연하게 일터사도의 꿈만 꾸고 있던 사람들의 기업과 현장과 삶에서 하나님의 현현이 일어나기 시작했고 빚이라는 맘몬의 사단에 동서남북이 가로막혀 갈 바를 모르던 사람들이 빚의 굴레에서 속속히 길을 찾아 벗어나고 있다.

또한 더욱 감사한 것은 선교지에서 재정이 어려워도 선교후원의 손길만 막연히 기다려야만 했던 하루 하루가 이제는 선교지에서 무엇인가 일터를 일구어 자국민들과 함께 예수님의 달란트비유처럼 장사를 잘해 배가의 재물을 남기고자 하는 거룩한 욕심의 움직임들이 여겨져기서 보이고 있다.

이 얼마나 감사한 일인가?

하나님은 살아계시며 예수님은 우리 기업의 회장님이 되시고 성령님은 언제나 나를 지치지 않도록 인도하신다.

바라기는 쭈꾸쭈꾸아를 통해 사업의 길을 얻어 살길을 찾고 그 과정에서 하나님을 만나 영과육의 영원한 양식을 얻기를 소망한다. 그리고 그 은혜를 간증하며 일터에서 세우는자들이 모두 되어 하나님을 체험하고 널리 전파하기를 소망한다.

강사로 부름 받다

「쭈꾸쭈꾸아」가 하나님의 기업가로 성장하기 위한 안전한 활주로라면, 일터 사도 강의는 그 활주로를 달리다 마침내는 날아오르게 하는 원동력을 공급하는 과정이다. 그러므로 푸드앤웨이브사업과 일터 사도 강의는 뗄래야 뗄 수 없는 관계이다.

어느 한쪽으로 치우쳐서도 안되고 어느 한 쪽만 강조되어도 안된다. 그러므로 「쭈꾸쭈꾸아」를 통해 들어오는 가맹점 요청만큼이나 일터 사도 강의를 위한 부름도 중요한 사역이므로 부르면 어디든지 달려간다.

국내외를 합쳐 그간 1,500회의 강의를 하게 됐고 각 단체의 특성과 비전에 맞는 교육프로그램을 개발하는 일도 병행했다.

오스힐먼의 저서 '일터 사역'을 중심으로 10주간 진행되는 '일터 사역 10주' 강의부터 현재 기업을 운영하는 크리스천 CEO들을 위한 '성공하는 4차원의 일터 리더 세미나'까지 다양한 프로그램을 구성하면서 매 순간 하나님의 인도하심과 은혜를 받았다. 그러므로 나에게는 사역이 성장의 기회요, 기름부으심을 받는 계기였다.

일터 사도의 의미 자체가 인간의 전 생애를 온전한 비전으로 아우르며 나아가는 이야기니 단기간에 설명을 할 수 없는 분량이지만 어느 한 날의 예배시간을 이용하여 일터 사역을 증거 해주길 부탁하는 교회들이 있어 약 2시간 분량의 요약 강의를 만들었다. 그리고 오늘은 이 지면을 통해 그 강의를 요약해 공개함으로 「성경적 재정 축복과 일터 사도의 정의」를 독자들에게 공유하고자 한다.

성경적 재정 축복과 일터 사도

성경적 재정 축복과 일터 사역은 일맥상통하는 관계를 가지고 있다. 성경적 재정 부흥은 우리가 마땅히 받아야 하는 복이며 일터 사역은 그 복에 이르는 방법론이다. 크리스천이 궁극적으로 추구해야 하는 비전은 '이 땅에 하나님의 나라가 건설 되는 것'이다. 이 땅에 하나님의 나라를 건설하려면 영적인 권세는 물론 세상의 권세도 더불어 가져야 한다.

아브라함에게 하나님께서 주신 영적인 권세는 물론 넓은 영토와 많은 자손으로 인정되는 '세상의 부'를 주심으로 세상의 권세를 갖게 하심도 이와 같은 맥락이다. 아브라함을 통해 하나님께서 건설하셨던 '하나님의 나라'를 이 세대에서는 일터 사도 사역을 통해 확장시킬 사명을 갖는다. 그리고 이 모든 명령은 마태복음 6장 26절~34절에 정확하게 기록되어있다.

"26. 공중의 새를 보라 심지도 않고 거두지도 않고 창고에 모아들이지도 아니하되 너희 하늘 아버지께서 기르시나니 너희는 이것들보다 귀하지 아니하냐 27. 너희 중에 누가 염려함으로 그 키를 한 자라도 더할 수 있겠느냐 28. 또 너희가 어찌 의복을 위하여 염려하느냐 들의 백합화가 어떻게 자라는가 생각하여 보라 수고도 아니하고 길쌈도 아니하느니라 29. 그러나 내가 너희에게 말하노니 솔로몬의 모든 영광으로도 입은 것이 이 꽃 하나만 같지 못하였느니라 30. 오늘 있다가 내일 아궁이에 던져지는 들풀도 하나님이 이렇게 입히시거든 하물며 너희일까보냐 믿음이 작은 자들아 31. 그러므로 염려하여 이르기를 무엇을 먹을까 무엇을 마실까 무엇을 입을까 하지 말라 32. 이는 다 이방인들이 구하는 것이라 너희 하늘 아버지께서 이 모든 것이 너희에게 있어야 할 줄을 아시느니라 33. 그런즉 너희는 먼저 그의 나라와 그의 의를 구하라 그리하면 이 모든 것을 너희에게 더하시리라 34. 그러므로 내일 일을 위하여 염려하지 말라 내일 일은 내일이 염려할 것이요 한 날의 괴로움은 그 날로 족하니라"

1. 일터 사도의 사명

일터 사역 운동을 하는 오스힐먼 대표가 한 말이 생각난다.

"우리는 우리에게 주어진 시간 중 약 30%는 먹는 시간, 교회가는 시간, 잠자는 시간 등... 으로 사용한다. 이 30% 시간은 크리스찬이라면 누구나 비슷하게 투자하는 시간이므로 변별력이 크지 않다. 우리의 삶에 결정적인 방향을 정하는 건 나머지 70% 시간이다. 왜냐하면 70% 시간은 일터에서 우리가 보내는 시간이기 때문이다. 그 시간을 어떻게 사느냐에 따라 우리 삶의 지경이 변화한다. 하나님을 모르는 사람들은 이 시간의 대부분을 먹고, 마시고, 누릴 것을 얻기 위해 보낸다."

그런데 우리는 대부분 먹고, 마시고, 입는 것을 구하며 걱정한다.

그러나 성경은 먹고, 마시고, 입는 것에 대한 걱정은 세상 사람들이 하는 행위라고 가르치고 있으며 우리 크리스천들은 "하나님의 의를 구하라"고 명령하신다.

"그러므로 염려하여 이르기를 무엇을 먹을까 무엇을 마실까 무엇을 입을까 하지 말라 이는 다 이방인들이 구하는 것이라 너희 하늘 아버지께서 이 모든 것이 너희에게 있어야 할 줄을 아시느니라 그런즉 너희는 먼저 그의 나라와 그의 의를 구하라 그리하면 이 모든 것을 너희에게 더하시리라"(마태복음 6:31~33)

나는 이 말씀을 통해 하나님께서 원하시는 것은 '성령 충만'임을 깨닫게 되었고, 성령 충만이야말로 의식주를 초월한 영성의 삶을 살게 하는 힘 이라는 것을 발견했다.

나는 일터에서의 70% 시간 동안 **늘 성령 충만하기 위해 해야 하는 3가지 규칙**을 찾았다.

●**첫 번째** - 일터에서 하나님의 말씀을 전하고 행동하자!

"너희는 도를 행하는 자가 되고 듣기만 하여 자신을 속이는 자가 되지말라"(야고보서 11:22)

●**두 번째** - 받은 하나님의 복을 이웃과 세상으로 흘러 보내자!

"오직 정의를 물같이, 공의를 마르지 않는 강같이 흐르게 할지어다"(아모스 5:24)

목사님만 축복을 선포하는 것이 아니라 성도인 크리스천들도 이웃에게 축복의 통로가 될 수 있고 되어야 한다. 그리고 보다 효과적인 말씀 선포를 위해 세상에서도 인정받아야 한다.

한 회사에 입사한 크리스천이 신입사원의 신분으로 복음을 말하는 것과, 상사로서 복음을 말하는 것은 그 행위는 동일하나 영향력은 후자가 훨씬 크다. 하물며 그 회사의 CEO가 크리스천이라면 그 기업 전체에 막강한 영향력을 끼칠 수 있다.

●**세 번째** - 크리스천으로서 경건한 삶을 살고 더 나아가 거룩한 구별된 삶을 살자!

"오직 너희를 부르신 거룩한 이처럼 너희도 모든 행실에 거룩한 자가 되라 기록되었으되 내가 거룩하니 너희도 거룩할지어다 하셨느니라"(베드로전서

1:15~16)

경건은 예수님의 삶을 닮아가려는 노력으로 이루어진다.

거룩은 하나님의 형상을 닮아가는 노력으로 이루어진다.

2. 말씀으로 배우는 성경적 재정 축복

하나님은 말씀으로 이 세상을 창조하셨다. 우리가 세상에서 성공하려면 말씀을 알아야 한다. 세상의 모든 구조를 가장 잘 이해하는 방법은 이 세상의 근본이 된 '하나님의 말씀'을 아는 것이다. 말씀은 성경 66권에 담겨 있고 가장 큰 맥락은 하나님께서 이 땅에 천국이 임하고 하나님의 나라를 이루시는 과정이다.

하나님은 우리에게 말씀을 주셔서 일터와 세상에서 축복의 통로가 되기를 원하신다. 그리하여 우리를 통해 세상 나라를 하나님의 나라로 다시 만드시고 회복시키시는 것이 궁극적인 목적이시다.

하나님은 이스라엘 백성에게 세계를 구원하게 되리라고 하셨다.

하나님의 뜻에 순종하여 최초로 자신을 완전히 내려놓은 사람이 아브라함이기 때문이다.

그러므로 아브라함은 영권의 복을 받았다. 동시에 수많은 땅을 받아 물권의 권세를 가졌고 그 힘을 활용해 백성을 다스렸다. 그러나 아브라함은 언제나 믿음을 가장 큰 복으로 여겼다.

하나님께서는 이 세대에 아브라함과 같은 복을 일터를 통해 부어주신다. 그 복을 고스란히 받는 방법은 믿음의 조상 아브라함을 본받아 오직 믿음을 사모하는 것이다.

우리에게 주어진 70%의 시간은 물론 30%의 시간에도 믿음을 최우선으로 하면 하나님은 반드시 복을 주신다. 오늘 100평의 땅을 산 것을 계기로 200평의 땅을 어떻게 구할까 고민하는 순간 믿음은 2순위가 된다. 그러나 언제나 믿음을 최우선으로 붙들면 하나님은 아브라함에게 그러하셨듯이 우리에게 영권의 복과 물권의 복을 반드시 주신다. 그리고 하나님께서 이스라엘 백성들을 선택하셔서 가나안에 이르게 하시는 과정은 우리에게도 적용된다.

하나님께서는 이스라엘 백성들을 선택하셔서 그들로 하나님의 나라를 다시 이루게 하셨다. 이스라엘 백성들이 애굽을 떠나 광야를 지나 가나안에 이르는 여정에는 우리가 하나님을 믿음으로 영생을 얻고, 이 세상의 물권을 얻고, 마침내 하나님의 나라가 지금 이 땅에 임하게 하기 위해 해야 할 일들이 잘 그려져 있다. 그리고 그 역사는 지금 이 세대에도 반복되는 명령이고 우리가 이루어나가야 하는 사명인데 이미 이스라엘 백성이 그것을 역사 속에 이룬 바가 있다.

이 사실을 잘 파악하기 위해선 당시의 배경을 먼저 알아야 하는데 애굽, 바벨론, 시내산, 헐몬산과 갈릴리 호수를 알아야한다.

애굽은 지금의 이집트 지역인데 이 나라는 태양을 하나님처럼 섬긴 우상의 나라다. 바벨론은 메소포타미아와 티그리스의 지역인데 이들은 달을 우상으로 섬겼다. 이 두 나라는 말씀을 버린 나라다. 우리는 **이 기록을 통해 "말씀을 버리는 기업은 망한다"는 사실을 알 수 있다.**

시내산은 이스라엘 백성을 향한 하나님의 '경제 시청각 교육'이 이루어진 장소이다. 애굽에서 가나안으로 가는 가장 빠른 경로에는 시내산이 없다. 그러나 하나님은 시내산을 거쳐서 가나안으로 가는 경로를 허락하시므로 이스라엘 백성들로 헐몬산과 갈릴리 호수, 요단강과 사해를 두루 목격하게 하시고 그것을 기록으로 남기게 하심으로 장차 훗날의 세대에 적용될 '재정 부흥'의 이치까지 예비해 놓으신 것이다.

헐몬산에는 365일 맑은 눈이 녹아 이슬이 내려진다. 그 이슬은 갈릴리 호수로 쏟아진다. 동시에 갈릴리 호수 밑바닥에서도 수 만 톤의 생명수가 솟아올라 요단강으로 흘러가고, 나중에 사해 바다로 흘러간다. 그런데 사해 바다는 전 세계에서 가장 낮은 지역에 있다. 그래서 계속 받기만 하고 흘러 보내지를 못한다. 그러니 사해 바다는 죽은 바다다. 우리는 이 기록을 통해 나를 비워야만 하나님의 축복을 은혜로 받을 수 있음을 깨달을 수 있다. 움켜지고 있으면 마라의 쓴 물처럼 마실 수 없는 물, 누릴 수 없는 물이 될 뿐이다.

나는 이 깨달음들을 내 삶에 적용시키는 가운데 재정 부흥을 경험했다. 그리고 그 그 과정에서 **10가지 사실**을 발견했다.

❶ **하나님이 부요하게 하심을 믿어야한다.**

"여호와는 가난하게도 하시고 부하게도 하시며 낮추기도 하시고 높이기도 하시는도다"(사무엘상 2:7)

❷ **맡겨진 일에 끝까지 충성해야한다.**

"그 주인이 이르되 잘 하였도다 착하고 충성된 종아 네가 적은 일에 충성하였으매 내가 많은 것을 네게 맡기리니 네 주인의 즐거움에 참여할지어다 하고"(마

태복음 25:21)

❸ 온전한 십일조의 축복을 놓치지 말아야한다.

"만군의 여호와가 이르노라 너희의 온전한 십일조를 창고에 들여 나의 집에 양
식이 있게 하고 그것으로 나를 시험하여 내가 하늘 문을 열고 너희에게 복을
쌓을 곳이 없도록 붓지 아니하나 보라"(말라기 3:10)

❹ 첫 열매를 하나님께 드려야한다.

"네 재물과 네 소산물의 처음 익은 열매로 여호와를 공경하라 그리하면 네 창
고가 가득히 차고 네 포도즙 틀에 새 포도즙이 넘치리라"(잠언 3:9~10)

❺ 부요하게 되기 위해 기도해야한다.

"구하라 그리하면 너희에게 주실 것이요 찾으라 그리하면 찾아낼 것이요 문을
두드리라 그리하면 너희에게 열릴 것이니 구하는 이마다 받을 것이요 찾는 이
는 찾아낼 것이요 두드리는 이에게는 열릴 것이니라 너희 중에 누가 아들이 떡
을 달라 하는데 돌을 주며 생선을 달라 하는데 뱀을 줄 사람이 있겠느냐 너희
가 악한 자라도 좋은 것으로 자식에게 줄 줄 알거든 하물며 하늘에 계신 너희
아버지께서 구하는 자에게 좋은 것으로 주시지 않겠느냐"(마태복음 7:7~11)

❻ 겸손해야 한다.

"겸손과 여호와를 경외함의 보상은 재물과 영광과 생명이니라"(잠언 22:4)

❼ 가난한 사람을 도와야한다.

"주라 그리하면 너희에게 줄 것이니 곧 후히 되어 누르고 흔들어 넘치도록 하여
너희에게 안겨 주리라 너희의 헤아리는 그 헤아림으로 너희도 헤아림을 도로
받을 것이니라"(누가복음 6:38)

❽ 형통과 부요를 선포해야한다.

"죽고 사는 것이 혀의 힘에 달렸나니 혀를 쓰기 좋아하는 자는 혀의 열매를 먹

으리라"(잠언 18:21)

❾ 부지런해야 한다.

"손을 게으르게 놀리는 자는 가난하게 되고 손이 부지런한 자는 부하게 되느니라"(잠언 10:4)

❿ 모든 것을 하나님께 맡겨야 한다.

"마음의 경영은 사람에게 있어도 말의 응답은 여호와께로부터 나오느니라... 너의 행사를 여호와께 맡기라 그리하면 네가 경영하는 것이 이루어지리라"(잠언 16:1~3)

매일 말씀과 기도를 충만히 하며 위 10개의 원칙을 실천해 나가면 쌓을 곳 없는 기름 부으심을 받게 된다. 그때에 갈릴리 호수의 사명을 기억하고 하나님이 주시는 큰 복이 있는 곳을 향해 물질을 흘려보내면 하나님께서 그 과정 중에 우리를 '4차원의 영성 리더'로 성장시켜 주신다.

3. 일터 리더 영성

하나님의 말씀에 순종하므로 기업을 상으로 받고, 그 기업에 내려주신 기름 부으심을 하나님의 뜻이 있는 곳으로 흘려보내면 그때에 하나님의 물질이 닿는 곳마다 회복과 재활이 일어난다. 우리의 삶이 여기에 이르면 우리는 **네 가지 복**을 경험할 수 있다.

❶ 세상의 물질을 일터 사도의 기업 속으로 흐르게 하신다.

"온유한 자는 복이 있나니 그들이 땅을 기업으로 받을 것임이요"(마태복음 5:5)

❷ 일터에서 하나님 나라를 세움으로 세상의 지도자가 되게 하신다.

"그러나 너희는 택하신 족속이요 왕 같은 제사장들이요 거룩한 나라요 그의 소유가 된 백성이니 이는 너희를 어두운 데서 불러내어 그의 기이한 빛에 들어가게 하신 이의 아름다운 덕을 선포하게 하려 하심이라"(베드로전서 2:9)

❸ 교회, 주님의 종, 가난한 자를 돕는 것에 축복을 받게 하신다.

"겸손과 여호와를 경외함의 보상은 재물과 영광과 생명이니라"(잠언 22:4)

❹ 우리 사업이 성경적 기업으로 성장하여 거부가 되는 복을 주신다.

"그의 오른손에는 장수가 있고 그의 왼손에는 부귀가 있나니"(잠언 3:16)

이 모든 복을 받은 후엔 그 성공에 머무르지 말고 하나님의 나라와 이 세상에 보다 큰 영향력을 발휘 할 수 있는 '4차원 영성 리더'에 도전해야 한다. 하나님이 주신 말씀과 사명을 통해 4차원 영성 리더로 성장하면 그 사업장에는 아모스 5장 24절 말씀과 같은 은혜로 배가된다.

"오직 정의를 물 같이, 공의를 마르지 않는 강같이 흐르게 할지어다."

우리는 모두 4차원 영성 리더가 되어야 한다.

하나님의 영권을 받고 세상의 물권을 받아 아브라함과 같은 리더가 되어 오직 세상적 자본주의의 논리로 어떤 긍휼과, 섬김도 없이 오직 자본만을 증식시키려는 세력들로부터 가난한 사람들을 보호할 의무가 있다.

현재 한국은 농림수산업과 같은 1차 산업을 지났고 제조업, 건설업과 같은 2차 산업 역시 지났으며 금융, 보험, 유통업과 같은 서비스 생산 산업이 주가 되는 3차 산업의 말기로 대기업이 만든 브랜드 마트가 골목 상권까지 밀고 들어오는 등 포화 상태의 전형을 보여주고 있다.

소상공인이 100원에 납품 받는 물건을 대기업은 80원에 팔아 버리고, 골목 상권을 점령하므로 소상공인의 유일한 무기였던 접근성마저 무력화시켰다. 부에 능하고, 부를 잘 알며, 더 많은 부를 추구하는 세상의 자본가가 만든 긍휼 없고, 정의 없는 산업시스템에 대항할 긍휼이 충만하고, 정의가 충만한 크리스천 CEO가 절실히 필요하다. 일터 사도가 일어나 복을 받고 그 한 사람, 한 사람이 하나님의 기업을 이루고, 그 기업을 통해 세상의 부를 확보하고 그것을 가난한 사람들을 자립 시키는 데 사용해야 한다.

"내 형제들아 영광의 주 곧 우리 주 예수 그리스도에 대한 믿음을 너희가 가졌으니 사람을 차별하여 대하지 말라 만일 너희 회당에 금 가락지를 끼고 아름다운 옷을 입은 사람이 들어오고 또 남루한 옷을 입은 가난한 사람이 들어올 때에 너희가 아름다운 옷을 입은 자를 눈여겨 보고 말하되 여기 좋은 자리에 앉으소서 하고 또 가난한 자에게 말하되 너는 거기 서 있든지 내 발등상 아래에 앉으라 하면 너희끼리 서로 차별하며 악한 생각으로 판단하는 자가 되는 것이 아니냐 내 사랑하는 형제들아 들을지어다 하나님이 세상에서 가난한 자를 택하사 믿음에 부요하게 하시고 또 자기를 사랑하는 자들에게 약속하신 나라를 상속으로 받게 하지 아니하셨느냐 너희는 도리어 가난한 자를 업신여겼도다 부자는 너희를 억압하며 법정으로 끌고 가지 아니하느냐 그들은 너희에게 대하여 일컫는 바 그 아름다운 이름을 비방하지 아니하느냐 너희가 만일 성경에 기록된 대로 네 이웃 사랑하기를 네 몸과 같이 하라 하신 최고의 법을 지키면 잘하는 것이거니와 만일 너희가 사람을 차별하여 대하면 죄를 짓는 것이니 율법이 너희를 범법자로 정죄하리라"(야고보서 2:1~9)

이것이야 말로 하나님이 원하시는 정당한 부의 흐름이며 우리에게 약속하신 축복의 언약이다. 실제로 하나님은 잠언 13장 22절에 죄인이 쌓은 재물은 언젠가 반드시 의인에게 흘러 갈 것임을 말씀하셨다.

"선인은 그 산업을 자자손손에게 끼쳐도 죄인의 재물은 의인을 위하여 쌓이느니라."

성경에서 예수 그리스도의 보혈로 의롭게 된 우리가 받는 **부의 이동 특징**을 볼 수 있다.

❶ 의인에게 성경적 부가 온다.

"선인은 그 산업을 자자손손에게 끼쳐도 죄인의 재물은 의인을 위하여 쌓이느
니라"(잠언 13:22)

❷ 의인은 세상에 은혜를 주고 베푼만큼 더욱 풍성해진다.

"악인은 꾸고 갚지 아니하나 의인은 은혜를 베풀고 주는도다"(시편 37:21)

❸ 의인은 세상에서 **그리스도의 대사로 복의 통로**이다.

"그런즉 누구든지 그리스도 안에 있으면 새로운 피조물이라 이전 것은 지나갔
으니 보라 새 것이 되었도다 모든 것이 하나님께로서 났으며 그가 그리스도로
말미암아 우리를 자기와 화목하게 하시고 또 우리에게 화목하게 하는 직분을
주셨으니 곧 하나님께서 그리스도 안에 계시사 세상을 자기와 화목하게 하시
며 그들의 죄를 그들에게 돌리지 아니하시고 화목하게 하는 말씀을 우리에게
부탁하셨느니라 그러므로 우리가 그리스도를 대신하여 사신이 되어 하나님이
우리를 통하여 너희를 권면하시는 것 같이 그리스도를 대신하여 간청하노니
너희는 하나님과 화목하라 하나님이 죄를 알지도 못하신 이를 우리를 대신하
여 죄로 삼으신 것은 우리로 하여금 그 안에서 하나님의 의가 되게 하려 하심

이라"(고린도후서 5:17~21)

❹ 의인이 온유하면 땅을 기업으로 받는다.

"온유한 자는 복이 있나니 그들이 땅을 기업으로 받을 것임이요"(마태복음
5:5)

온유한 자(의로운 자, 악을 멀리하는 자)는 현실의 삶에서 복을
받는데 땅을 기업으로 받는자로 부의 이동이다.

'일터 사도와 성경적 재정 축복'에 대한 세미나를 통해 일터 사도
의 사명, 말씀으로 배우는 성경적 재정 축복, 일터 리더 영성에 대한
강의를 마치면 언제나 마지막엔 '기도'를 한다. 강의를 통해 일터 사
도의 사명, 성경적 재정 축복, 일터 리더 영성에 대해 알아가는 것은
프로그램을 짜는 과정이라면 기도는 이 프로그램의 실행 단추를 누
르는 일이다. 기도를 하는 순간 프로그래밍이 시작된다.

이 프로그래밍은 우리의 비전과 소망을 필름처럼 만드는 과정이
며 그걸 하나님께 올려드리는 절차를 포함한다. 그렇기 때문에 반드
시 기도를 해야만 하나님께 전달된다. 우리가 전심으로 꾸준히 간절
히 기도를 하면 할수록 좋은 이유가 바로 이것이다. 1시간 프로그래
밍 된 기도보다 2시간 프로그래밍 된 기도가 선명하다. 모든 것 위
에 계신 하나님이 우리의 마음을 세세히 아시지만 우리에게 기도를
강조하시는 것은 기도로 완성된 완벽한 청사진을 우리가 다시 한
번 목격함으로 우리 안에도 선명하게 각인되기 때문이다.

하나님은 우리에게 기업을 이루고 리더가 되라고 말씀하셨다.

세상의 많은 사람들이 장사와 기업의 차이를 규모로 구분하는 데 이것은 잘못된 분류이다.

장사와 기업을 구분하는 것은 그 사업의 크기가 아니라 CEO의 마인드이다. 아무리 큰 기업이라도 이익을 남기는데 급급하면 하나님의 기업이 될 수 없다. 또한 그 대표는 하나님은 물론이고 세상에서도 인정받을 수 없다. 리더는 존경으로 권위를 갖는 자이다.

그후 나는 **일터 사도들의 성공(SUCCESS)을 위해 필요한 7가지**를 기도하면서 찾았다.

❶ Standard(기준)

"그러므로 이제는 여호와를 경외하며 온전함과 진실함으로 그를 섬기라 너희의
조상들이 강 저쪽과 애굽에서 섬기던 신들을 치워 버리고 여호와만 섬기라 만
일 여호와를 섬기는 것이 너희에게 좋지 않게 보이거든 너희 조상들이 강 저
쪽에서 섬기던 신들이든지 또는 너희가 거주하는 땅에 있는 아모리 족속의 신
들이든지 너희가 섬길 자를 오늘 택하라 오직 나와 내 집은 여호와를 섬기겠
노라 하니"(여호수아 24:14~15)

❷ Union(연합)

"보라 형제가 연합하여 동거함이 어찌 그리 선하고 아름다운고 머리에 있는 보
배로운 기름이 수염 곧 아론의 수염에 흘러서 그의 옷깃까지 내림 같고 헐몬
의 이슬이 시온의 산들에 내림 같도다 거기서 여호와께서 복을 명령하셨나니
곧 영생이로다"(시편 133:1~3)

❸ Confidence(믿음)

"믿음이 없이는 하나님을 기쁘시게 하지 못하나니 하나님께 나아가는 자는 반

드시 그가 계신 것과 또한 그가 자기를 찾는 자들에게 상 주시는 이심을 믿어
야 할지니라 "(히브리서 11:6)

❹ Concentration(집중)

"지극히 작은 것에 충성된 자는 큰 것에도 충성되고 지극히 작은 것에 불의한
자는 큰 것에도 불의하니라"(누가복음 16:10)

❺ Effort(노력)

"도둑질하는 자는 다시 도둑질하지 말고 돌이켜 가난한 자에게 구제할 수 있도
록 자기 손으로 수고하여 선한 일을 하라"(에베소서 4:28)

❻ Special(특별함)

"그러나 너희는 택하신 족속이요 왕 같은 제사장들이요 거룩한 나라요 그의 소
유가 된 백성이니 이는 너희를 어두운 데서 불러 내어 그의 기이한 빛에 들어
가게 하신 이의 아름다운 덕을 선포하게 하려 하심이라"(베드로전서 2:9)

❼ Servant (섬김)

"너희 중에는 그렇지 않아야 하나니 너희 중에 누구든지 크고자 하는 자는 너
희를 섬기는 자가 되고"(마태복음 20:26)

일터 사도는 예수님의 마음으로 사업하는 사람들이다. 세상 어떤
기업가보다 온전하고 위대한 마인드를 가진 CEO이다. 그러므로 일
터 사도가 일으키는 사업장은 규모와는 상관없이 이미 기업이다. 이
토록 온전한 믿음의 반석 위에 하나님께서 은혜를 붓지 않으실 리
없다. 2014년 12월 기준 대한민국의 가게 부채가 약 1,060조에 달
한다. 이것은 우리의 가정들이 돈의 종이 되고 있음을 의미한다.

"부자는 가난한 자를 주관하고 빚진 자는 채주의 종이 되느니라"(잠언 22:7)

나라의 공공기관과 가정이 하나님의 나라와 의를 구하며 마땅히 정의에 설 이때에 돈의 종이 되어 사단에게 끌려가고 있는 것이다.

더욱 안타까운 것은 우리 나라의 교회들이 그 흐름에 이미 휩쓸리기 시작했다는 것이다.

교회대출 잔액이 꾸준히 상승하여 지금은 수조 원에 이르렀다고 한다. 이 사태에 대해서 하나님의 긍휼과 은혜로 반드시 해결을 해야 한다.

나는 이 모든 상황이 크리스천 CEO 앞에 내려진 짐이라고 생각하지 않는다. 도리어 **이 어둠의 상황은 찬란한 아침이 오고 있음을 증거 하며, 하나님께서 우리 나라와 교회를 구하기 위해 강한 힘을 가진 일터 사도를 세우시고 쌓을 곳 없는 복을 부으시게 하는 분명한 시기가 될 것이다.** 그러므로 믿고 함께 연합하여 이 세상을 향해 긍휼과 빛의 권세를 흘려보내기 위해 일터 사도를 세우는 일에 최선을 다 할 것이다.

영성을 가진 리더의 힘

하나님께서는 나에게 참 많은 직업을 선물로 주셨다. 맨 처음 회사 말단 직원을 시작으로 미용 사원, 싱크대 대리점 사장, 유통사업 CEO, 제조사업 CEO, 평신도 선교사, 찬양 사역자, 전도사, 강사까지 무려 9개의 직업을 주셨다. 그리고 그 중 회사 말단 직원을 제외하고는 모든 직업에서 성공의 기쁨을 누렸고 이중 회사 말단 직원과 미용 사원은 하나님을 알기 전 직업이니 하나님을 믿게 된 후로는 모든 직업에서 성공을 거두게 하셨다. 나의 이런 삶의 이야기를 알게 된 분들은 얼마나 기도를 하면 그렇게 될 수 있냐고 묻는다. 그러면 나는 이렇게 말한다.

"기도만으로는 절대 안 됩니다."

그러면 사람들이 모두 깜짝 놀라 나를 쳐다본다. 하나님을 믿는 사람이, 맨땅에서 오직 하나님의 은혜로 기업을 이룬 사람이 기도만으로는 안 된다고 말을 하니 그게 의외인 것이다. 하지만 나는 확실히 말 할 수 있다. 특별한 경우를 빼놓고는 기도만으로는 안 된다.

"기도만 하고 누워있으면 아무것도 이루어지지 않는다"는 말이다. 적어도 내가 만난 하나님은 기도를 한 시간 만큼 나를 일하게 하셨고, 기도를 한 정성만큼 일에도 최선을 다하게 하셨다. 즉 진정한 기도라면 믿음과 인내가 수반되어야 함을 강조하기 위해 한 말이다.

"… 지금까지 천국은 침노를 당하나니 침노하는 자는 빼앗느니라"(마태복음 11:12)는 말씀은 우리가 기도하며 최선을 다해야 됨을 말씀하고 있다고 믿는다.

나는 과정이 없는 간증은 신뢰하지 않는다.

어느 날 기도를 했더니 하나님이 벼락같은 은혜를 주셔서 갑자기 땅값이 오르고, 생각 못한 아이디어가 떠올라 그것으로 대박을 쳤다는 이야기를 들으면 먼 나라 이야기 같다.

물론 나도 벼락같은 하나님의 음성을 들어 보았고, 오직 하나님의 지혜로 성공을 누렸다. 그러나 그 과정에는 반드시 훈련이 있었다. 내게 '세계선교 기업'이라는 비전을 주신 순간부터 진짜 기업을 이루는 때까지 세상의 CEO들이 기업을 이루기 위해 하는 노력을 하게 하셨다.

하나님은 아무것도 없는 나를 하루아침에 높은 곳으로 올려주시는 분이 아니라 애초에 높은 곳으로 올라갈 힘이 없는 나를 깨우시고 매일 운동을 하게 하심으로 다리에 근육이 생기게 하고, 그 하루하루가 너무 힘들어 좌절하면 격려해 주심으로 다음날의 운동을 하게 하는 방법으로 나를 성장시키고 훈련하시는 하나님이시다. 그렇기 때문에 기도에 반드시 더해 져야 하는 것이 '행동하는 믿음'과 '인내'이다.

그런데 나는 최근 하나님이 주신 성공은 세상이 주는 성공과 분명히 다르며, 하나님이 주신 훈련은 세상이 만들어 놓은 코스로는 얻을 수 없는 특별한 실력을 더불어 연단시킨다는 것을 알았다.

그것은 바로 '영성'이다.

CEO로 활동하면서 CEO를 위한 강의와 세미나, 모임에 적극적으로 참여하게 되면서 세상의 부자들과의 교류도 활발해졌다. 그중에는 수천 억대의 자산을 가진 CEO들도 꽤 많다.

나는 주님의 이름으로 부를 이룰 사명이 있으니 그런 분들을 만나면 많은 질문을 하고, 관찰을 한다. 그러다 좋은 습관이 발견 되면 그 습관을 내 것으로 만들기 위해 노력한다. 헌데 어느 때에 보니 수천 억 대를 가진 회장님도 해결 하지 못하는 문제들이 있다는 걸 알게 됐다.

그중 첫 번째가 '가정'이었다. 수천억의 재산이 있어도 부부사이의 사랑을 살 수 없고, 수백 억을 들여도 부모를 향한 자식의 순수한 존경을 얻을 수 없는 분들이 꽤 많았다.

인생의 상반기와 중반기를 오직 부를 이루는 데 투자한 뒤 하반기가 되어 그간 못 누린 가족 간의 사랑과 정을 나누려하니 그게 잘되지 않아 힘들어 하셨다.

그런 분들이 한 결 같이 내게 하는 말은 "송 대표는 무슨 비결이 있어 기업과 가정을 그리 화목하게 일구었는지 궁금하니 이제라도 좀 배우게 해달라"였다. 그러다 그런 분들이 점점 많이 모여 아예 강의를 요청 하신 것이 계기가 되어 이제는 세상 CEO를 위한 강의도 하게 되었다.

매번 강의에서 제일 처음 하는 이야기는 "하나님을 최우선으로 섬기면 가정의 행복은 수순으로 받게 된다"이다.

"이삭이 그곳에 제단을 쌓고, 여호와의 이름을 부르며 거기 장막을 쳤더니 이삭의 종들이 거기서도 우물을 팠더라"(창세기 26:25)

이 말씀을 근거로 하나님은 교회, 가정, 기업의 순서로 복을 주심을 분명히 이야기한다. 그러면 많은 분들이 자신은 그걸 몰라서 거꾸로 살았다고 안타까워한다. 그래서 이야기를 들어보면 젊은 때에 '교회' 가자는 얘기를 들은 적도 있고, 한 번 가보고 싶다는 생각을 하긴 했는데 지금은 젊으니 일을 하고 나중에 나이가 들면 그때 믿고 천국을 가면 되겠지라는 생각으로 미룬 분들이 뜻밖에도 많았다.

전에는 나도 정말 큰 부를 이룬 세상의 부자를 부러워 한 적이 있었다. 무한대의 카드를 가지고 어디로든 갈 수 있고 무엇이든 할 수 있는 능력이 부러웠기 때문이다. 그러나 하나님의 은혜 가운데 사랑의 섭리와 가정의 축복을 깨달아가니 이제는 그 카드로는 절대 살 수 없는 가치의 소중함을 분명히 알게 되었다.

억만금과도 바꿀 수 없는 가정은 축복 중 가장 감사하게 여기는 것인데, 가족이 복음화된 것과 자녀가 주는 기쁨이 큰 힘이 된다.

사업 초기에는 친정과 시댁을 변화시키려고 많은 시간과 공을 들였다. 그러다 어느 순간에 그것이 나의 힘으로 되는 것이 아님을 깨닫고 하나님께 모든 것을 맡겨 버렸다. 하나님의 일에 충성하면 모든 것을 형통케 하시고 가정에도 복을 주심을 믿었기 때문이다. 내가 하나님을 믿고, 나의 자녀들이 하나님을 사랑하므로 그 모습을 보시고 마침내 하나님을 인정하게 된 친정엄마가 예수님을 구세주로 영접하셨다.

나를 낳기도 전부터 무속을 신뢰하고 무당을 집에 불러 굿하기를 좋아하시던 어머니가 하나님을 믿고 나더니 나보다 더 열심히 새벽기도를 다니시고, 권사로 취임하셨다. 언제든 좋은 것이 있으면 목사님께 대접하는 걸 가장 큰 기쁨으로 여기시며 평온한 노년을 보내셨다.

엄마가 86세가 되시던 해에 일주일 정도 몸이 편찮으셔서 입원을 하셨는데 병원에서 노환 인 듯 하니 마음의 준비를 하는 게 좋겠다고 했다. 아마도 오늘을 넘기지 못 할 거라고 했다.

그 말을 듣고 금요철야 예배를 드리러 갔는데 눈물이 멈추지를 않았다. 그런데 그때 목사님께서 내 곁으로 오시더니 "어머니는 오늘 절대 안 돌아가십니다. 권사님이 믿음이 얼마나 좋은 분인데 오늘 돌아가서서 주일에 장례를 하게 하시겠어요. 안 그러실거예요"라고 말씀하셨다. 그런데 정말 신기하게도 그 말이 믿어졌다. 나는 예배시간에 엄마와 함께 할 날들을 조금이라도 더 허락해 달라고 기도했다. 예배를 마치고 엄마에게로 가서 엄마를 꼭 껴안고 이렇게 말씀을 드렸다.

"엄마... 나랑 딱 삼일만 더 있어요. 주일날 예배드리고 나 사역 다하고 엄마 옆을 편히 지킬 때 그때 가요."

엄마는 정말 삼일을 더 내 곁을 지켜주셨다. 주일 사역을 막 마친 오후 4시쯤 병원에서 전화가 왔다. 차를 타고 달려가 엄마의 곁에 앉아 평소 좋아하시던 찬양을 30분 동안 불러드렸다. 엄마는 흡족하게 웃으며 정말 천사 같은 얼굴로 내 품에서 소천 하셨다.

친정아버지는 믿음을 완강하게 부인하셔서 내 마음에 늘 큰 기도 제목이었는데 탈장으로 입원하신 김에 검사를 하니 심장이 안 좋은 것이 발견되어 그때 크게 놀라셨다.

그 소식을 듣고 목사님이 병원에 오셔서 복음을 전하셨다. 처음에는 계속 부인하시다가 나중에는 시인하고 예수님을 영접했다. 그 병원에서 세례를 받으셨다. 세례를 받으신 후 건강이 좋아지셔서 퇴원 후 예배도 드리고, 원하시는 여행도 하시다가 두 달 뒤에 평온하게 소천 하셨다.

하나님 안에서 정말 많은 복을 받았지만 나의 마음을 늘 평안하게 하는 복은 친정엄마와 아버지가 천국에 계시다는 사실이다.

엄마와 아버지가 하나님을 믿고 천국에 가심으로 누리는 복이 평안이라면, 자식을 통해 누리는 복은 기쁨이다.

나 역시 다른 CEO들과 마찬가지로 굉장히 바쁜 삶을 살았다. 그래서 물리적으로 많은 시간을 아이들에게 쏟을 수 없었다. 대신 '말씀'을 통해 깊이 있는 교감을 하는 데 주력했다. 또한 아이들은 부모의 훈계와 하나님의 인도하심이라는 두 가지 힘을 통해 성장하므로 내가 부족하면 하나님께서 더 많이 채워주시고, 더 많이 사랑해 주심으로 아이들을 충만하게 하셨다. 어느 때에는 하나님께서 아이들에게 베푸신 지혜와 성숙이 커서 내가 도리어 배우게 되는 경우도 있었다.

첫째 딸인 효선이에게선 온유와 섬김을 늘 발견하고 배우게 된다.

어렸을 때부터 음악을 좋아해서 안양예고 음악과를 졸업하고 독일에 있는 쾰른 국립 음악 대학을 스물한 살 때 갔다. 물론 공부도 어렵지만 예체능 분야 역시 많은 서포트가 필요한 전공이다. 그런데 효선이는 하나님이 주신 온유함으로 긴 연습을 견디고, 어렵고 복잡한 유학준비를 홀로 차분하게 하여 독일 쾰른대학교에 합격했다.

그 후 8년 동안을 독일에서 혼자 독학으로 공부했다. 효선이의 인생 중에 삼분의 일에 해당하는 여덟 해 기간을 나와 떨어져 있었지만 우리 모녀의 사이는 아주 깊다. 매일 아침 주변의 지인들에게 하나님의 말씀을 문자로 보내는데 언제나 가장 먼저 응답하는 것이 효선이고 그 이외에도 많은 시간을 사춘기 소녀들처럼 시시콜콜 문자로 대화한다.

둘째 종혁이는 태어나던 당시에 엄청난 고생을 했지만 하나님의 은혜로 아주 건강하게 장성해 지금은 키가 186cm다. 성품이 차분하고 속이 깊어 아이 때에도 교회에서 떠들거나 뛰지 않고 늘 행동을 단정히 해 어른들의 예쁨을 많이 받았다.

비단 내 아이가 부모인 내 눈에 예뻐서 감사한 것이 아니라 하나님이 그 성품을 차분하게 하셔서 사역으로 눈코 뜰 새 없이 바쁜 엄마가 주지 못하는 손길을 권사님과 집사님의 손길로 채워지게 하고, 그 손길에 사랑을 부어 주셔서 사랑까지 듬뿍 채우시니 정말 감사했다. 실제로 종혁이는 사랑이 참 많다. 초등학교 때 보온도시락을 싸주면 육교에 앉아있는 거지 아저씨에게 보온도시락 째 주고 올 정도였다. 그것도 아침에 학교 가는 길에 얼핏 본 아저씨인데도 그 아저씨가 생각나서 먹고 싶은 점심을 꾹 참았다가 하교길에 도시락을 주고 왔으니 그 말을 듣는데 나도 모르게 "네가 엄마보다 훨씬 더 예수님께 순종하는구나"라는 말이 나왔다. 종혁이는 자신의 성품대로 선교사를 꿈꿨고 지금 비즈니스 선교사가 되기 위한 과정을 공부하고 있다.

아이들이 장성한 후에 부모의 유일한 부담은 배필이다.

그러나 하나님은 배필도 너무나 좋은 짝으로 찾아 주셨다. 아이들 각자의 공부가 끝나고 장성하자 첫째 효선이는 독일에 있는 교회에서 연주 중 짝을 만났고, 둘째 종혁이는 교회에서 교회학교 사역을 하는 중에 만났다.

첫째 효선이의 비전은 음악을 통해 하나님께 영광을 돌리는 것

딸 효선이와 사위 성주

인데 성악을 전공하고 그것을 통해 하나님께 영광을 돌리는 비전을 가진 김성주 청년을 만났고 2014년 11월 22일에 결혼했다. 둘은 하나님께서 주신 결혼의 축복에 감사하는 마음으로 6개월간 교회 무료 순회 음악회를 계획했고, 한국에서 결혼 한 후 다시 독일로가 더 큰 비전을 위한 공부를 준비하고 있다.

둘째 종혁이는 비즈니스 선교사 훈련을 호주에서 잘 받고 돌아와 피아노를 전공하고 믿음의가정에서 잘 자란 참하고 예쁜 효석이를 며느리로 맞아 지난해 3월 결혼했다. 자녀들위에 부어주실 하나님의 놀라운 계획을 위해 기도하고 기대하는 것이 나에게 또 하나의 큰 기쁨이다.

마지막인 동시에 언제나 나에게 처음인 나의 남편은 나와 함께 사업의 모든 힘든 고비와 어려움을 극복해준 귀한 동역자이고 기도

아들 종혁이

의 후원자로, 지금은 장로이다.

나는 진심으로 남편을 존경한다.

지금까지 하는 모든 일에 묵묵하게 나를 지지해주고, 두 번의 암투병 동안 한시도 나를 떠나지 아니하고 지켜주었다. 사업이 바쁠 때면 한 집안의 아내이자 엄마로서 마땅히 해야 하는 몫들을 종종 놓치게 되는 데 그때 마다 섬세하고 온유하게 그 일들을 해결해 주었다. 두 아이의 온유한 성품도 남편을 닮은 것이니 온화한 세 사람이 만들어내는 화평 덕분에 나는 집에서 만큼은 늘 위로 받고 힘을 얻었다.

나는 가정의 불화나 자식들과의 소원해진 관계로 고민하는 CEO들에게 화목한 나의 가정과 사랑스러운 아이들에 대해 기꺼이 말한다. 자식 자랑을 하는 것은 팔불출 같은 행동이라고 하지만, 내가 잘 해서 잘 된 아이들이 아니라 하나님이 세워주신 아이들이니 나는 하나님을 자랑하는 마음으로 마음껏 간증한다. 하나님이 세워 주신 크리스천 리더는 가정의 복을 받는다. 그리고 이것은 엄청 큰 돈을 가진 세상의 어떤 CEO도 살 수 없는 귀한 은혜이며, 오직 예수 그리스도의 이름으로만 받게 되는 차별화된 능력이다.

"여호와를 경외하며 그의 길을 걷는 자마다 복이 있도다

네가 네 손이 수고한 대로 먹을 것이라 네가 복되고 형통하리로다

네 집 안방에 있는 네 아내는 결실한 포도나무 같으며

네 식탁에 둘러 앉은 자식들은 어린 감람나무 같으리로다

여호와를 경외하는 자는 이같이 복을 얻으리로다"(시편 128:1~4)

주신 약속의 말씀을 평생 붙들다

"주의 법을 사랑하는 자에게는
큰 평안이 있으니 그들에게 장애물이 없으리이다"
(시편 119:165)

약속의 말씀을 주시는 하나님!

하나님은 우리에게 주신 비전과 재정 부흥으로 가는 길에
약속의 말씀을 주신다.
우리의 삶의 과정에 어려움이 있다 해도
흔들리지 않고 이기기 위해서
그 약속의 말씀을 붙들고 견디라.
가장 합당할 때 그 말씀은 성취된다.

지도와 이정표

우리가 먼 길을 갈 때 의지하는 것이 크게 두 가지가 있다. 하나는 '지도'요, 하나는 '이정표'이다. 이 두 가지는 언뜻 보면 같아 보이지만 이 두 가지엔 각각 다른 기능이 있다. 지도는 내가 가려고 하는 목적지까지 어떤 장애물과 길이 있는지를 알게 한다. 즉 몇 개의 산을 넘고 몇 개의 강을 지나야 하는지를 가르쳐 주는 것이다. 지도가 있으므로 목적지에 이르기까지 필요한 시간을 예상 할 수 있고, 내가 원하는 경로를 선택 할 수도 있다.

이정표는 지금 내가 서 있는 곳이 어딘지를 가르쳐준다. 지도를 펼쳐 놓고 있다고 해도 내가 정확히 어느 지점에 있는지 표시 되지는 않기 때문이다. 그저 감에 의지 할 뿐인데, 이정표는 내가 어느 지점에 있는지를 알려 주는 것은 물론 곧 닿게 되는 교차로와 톨게이트를 안내해 순발력 있게 대처 할 수 있도록 한다. 그러니 아무리 운전을 잘하는 운전자라도 지도와 이정표는 필수이다.

요즘은 차에 장착되어 자동으로 길을 안내해주는 내비게이션이라는 장치가 있어 지도와 이정표를 실시간으로 확인 할 수 있다. 그래서 지도책이나, 길가의 이정표의 소중함을 잊고 지냈었다.

그러던 어느 날 낯선 시골길에서 길을 못 찾아 한참을 헤매게 되었다. 그날따라 내비게이션도 비슷한 자리를 빙글빙글 돌게해 헤맸는데 누군가가 세워 놓은 갈림길 푯말을 보고 길을 찾은 적이 있다. 초라한 나무푯말인 탓에 처음에는 시선을 두지 못했는데 자꾸 길을 헤매 마음이 절박해지다 보니 주변의 지형지물이라도 잘 보아 두려고 눈을 부릅뜨다 이정표를 발견하게 되었다. 그런데 그 순간 이런 생각이 들었다.

'하나님을 만나기 전의 삶과 하나님을 만난 후의 삶이 다른 이유는 '지도와 이정표'의 유무 때문이구나!'

사실 하나님을 만나기 전에는 목적지 조차 없는 인생이었음을 고백한다. 지금도 세상의 많은 사람들이 과거 하나님을 몰랐던 나와 같이 목적지도, 지도도, 이정표도 없이 살아가고 있다. 이건 나의 추측이 아니라 사실이다. 많은 사람들이 삶의 방향과 지도를 갖지 못해 토정비결을 보고, 용한 점쟁이를 찾아다닌다. 그들이 돈을 내놓고 미신에 묻는 건 늘 미래다. 누구도 토정비결로 과거를 보려 하지 않는다. 점쟁이에게 어제 있었던 일에 대해 묻지 않는다. 앞으로와 내일을 물어 본다. 우리는 모두 내일 일을 알지 못하므로 삶을 두려워한다. 그래서 많은 사람들이 실제로는 일어나지도 않은 일들을 걱정하며 시간을 보낸다.

나는 이 모든 문제와 걱정의 해답이 성경이라고 믿는다. 냉정하게 이야기 하여 신앙을 떠나 객관적으로 바라봐도 성경은 정말 좋은 삶의 지침서이다. 그 안에는 아주 다양한 사람들의 모습과 내면이 상세하게 묘사되어 있고, 빛나는 지혜가 들어있다. 특히 '잠언'은 믿지 않는 사람이라도 인정할 수밖에 없는 소중한 진리와 지혜 그리고 논리들이 들어 있다.

실제로 하나님은 내 삶에 말씀으로 지도와 이정표를 주셨다.

하나님을 믿게 되고 처음으로 받은 비전의 말씀인 신명기 28장 1절 말씀은 내 인생의 지도가 되었다.

"네가 네 하나님 여호와의 말씀을 삼가 듣고 내가 오늘 네게 명령하는 그의 모든 명령을 지켜 행하면 네 하나님 여호와께서 너를 세계 모든 민족 위에 뛰어나게 하실 것이라"(신명기 28:1)

이 말씀을 붙드는 순간 내 삶에 길이 생기고 목적지가 생겼다. 이 말씀을 받던 당시에 나는 남편의 구원이 최대 관심사인 가정주부 '송순복'이었다. 그런데 이 말씀을 받게 됨과 동시에 훗날 모든 민족 위에 뛰어날 하나님의 일꾼 '송순복'이 되리라는 비전이 생겼고, 다시 기도하는 가운데 "세계선교를 위한 믿음의 기업을 너를 통해 이루리라"는 말씀을 받게 됨으로 목적지를 확신하게 되었다.

그 후 하나님은 매 순간마다 이정표와 같은 말씀들로 당시 나의 위치와 갈 길을 깨닫게 하셨다.

　'세계선교 기업'을 목표로 나아가는 길에 신명기 8장 18절 말씀을 세워 주셨다.

　"네 하나님 여호와를 기억하라 그가 네게 재물 얻을 능력을 주셨음이라 이같이 하심은 네 조상들에게 맹세하신 언약을 오늘과 같이 이루려 하심이니라."

　나는 이 말씀을 바라보며 내게 재물 얻을 능력이 이미 임한 줄로 믿고 과감하게 사업에 뛰어 들었다. 세상의 모든 자동차에 전속력으로 달리는 기능이 있듯 사람이라면 누구나 최선을 다해 달려갈 수 있다. 정말 중요한 것은 방향이다. 올바른 방향으로 달려야 목적지에 닿을 수 있다. 올바른 일에 최선을 다해야 성공을 이룰 수 있다. 나는 매번 하나님께서 주신 이정표를 기준으로 달렸고 그 덕분에 성공을 경험 할 수 있었다.

　하나님의 은혜 가운데 사업을 시작하고 하나님께서 보게 하신 성경의 원리대로 사업을 일구며 성장하자 하나님께서는 가장 적절한 시기에 다음 갈 길을 말씀으로 보여주셨다.

　"보라 형제가 연합하여 동거함이 어찌 그리 선하고 아름다운고 머리에 있는 보배로운 기름이 수염 곧 아론의 수염에 흘러서 그의 옷깃까지 내림 같고 헐몬의 이슬이 시온의 산들에 내림 같도다 거기서 여호와께서 복을 명령하셨나니 곧 영생이로다"(시편 133:1~3)

　제조업으로 큰돈을 벌고 사업을 보다 크게 키우는 것이 당연하다고 생각하는 시점에 이 말씀을 통해 선교에 눈뜨게 하심으로 나에게 보통의 기업가가 아닌 하나님의 기업가로 가는 길을 허락하신 것이다.

사업을 시작하고 내가 한 노력 중에 가장 큰 노력을 들라면 '말씀 묵상과 기도'이다. 그 다음 노력이 무엇이냐고 묻는 다면 '독서'라고 대답 할 수 있다. 특히 성공한 기업가들의 자서전은 잠을 줄여서라도 보려고 노력했다. 그런데 크게 성공한 기업가들의 책을 읽으면서 가장 크게 깨달아진 건 사람의 능력은 뜻밖에도 비슷비슷하다는 사실이었다. 수백 권의 책을 읽었지만 그 책 속의 어느 귀퉁이에도 "나는 천재였다"는 진술은 없었기 때문이다. 반대로 "나는 평범했다", "나는 부족한 사람이다"라는 고백이 훨씬 더 많았다. 다만 그런 고백 뒤에 "그러나 포기 하지 않았다", "끝까지 노력했다"라는 진술이 더해져 있을 뿐이었다.

결국 사람의 능력은 비슷하다. 다만 목표를 분명히 하고 매 순간 그 목표에 가까이 갈 수 있는 이정표를 발견하기 위해 눈을 크게 뜨는 노력이 필요 할 뿐이다.

나는 평범한 사람이다. 아니 어쩌면 조금 부족한 사람에 가깝다.

왜냐하면 나는 어느 유명한 기업가처럼 자신의 목표를 스스로 찾아내고 길을 만들어 가는 투지를 갖고 있지 않기 때문이다. 나에게는 하나님 한 분만이 계셨고 그분이 주신 말씀이 있었을 뿐이다. 하나님의 음성을 듣게 되고 응답을 받게 되는 것은 분명 놀라운 체험이고 감사한 일이다. 그러나 그 순간의 뜨거운 마음은 시간이 흐름에 따라 식어지기도 한다. 하지만 말씀은 성경 속 그 자리에서 언제나 동일하게 빛나고 있다. 누구나 노력하면 그 말씀을 자기 것으로 만들 수 있고 매일 묵상하며 말씀의 힘을 체험 할 수 있다.

누군가 나에게 가장 소중한 보물이 무엇이냐고 물으면 회사의 소유권이나 재산의 소유권이 아닌 성경임을 당당히 말 할 수 있다. 내 앞의 모든 소유와 자산 그리고 가능성은 오직 성경의 말씀에서 시작 되었다. 성경은 누구나 읽을 수 있다. 그러므로 이 책을 덮는 순간 성경을 읽고 약속의 말씀을 붙들길 부탁한다. 그것이야말로 부의 거룩한 이동에 참여 할 수 있는 첫걸음 이기 때문이다.

그리고 하나님께서 우리에게 주신 말씀은 하나님께서 특별히 내 개인에게 주신 약속의 말씀이다. 그 말씀을 주신 분은 우주만물을 창조하시고, 운행하시는 전지전능하신 우리 하늘 아버지이시다. 그분을 신뢰하면 그분이 우리 인생을 책임져 주신다. 그분을 신뢰하는 마음으로 약속의 말씀을 붙들고 살라. 천지는 없어져도 그 말씀은 꼭 이루어진다.

인생은 항해와 같아서 잔잔한 파도도 어느 순간 광풍으로 바뀌어 정신없게 만든다. 그 때도 하나님의 약속의 말씀을 붙들고 기도하자. 하나님께서 그 광풍의 노도를 지나게 하시고 복된 삶을 이루게 하실 것이다.

바울이 죄수로 압송되어 로마로 향해 배를 타고 갈 때 그 배가 유라글로라는 광풍을 만나 다 죽게 됐다. 그때에 바울이 죽게됐다고 생각하는 사람들에게 하나님께서 약속하신 말씀을 강력히 선포한다.

"내가 너희를 권하노니 이제는 안심하라 너희 중 아무도 생명에는 아무런 손상이 없겠고 오직 배뿐이리라 나의 속한 바 곧 나의 섬기는 하나님의 사자가 어제 밤에 내 곁에 서서 말하되 바울아 두려워하지 말라 네가 가이사 앞에 서야 하겠고 또 하나님께서 너와 함께 항해하는 자를 다 네게 주셨다 하였으니 그러므로 여러분이여 안심하라 나는 내게 말씀하신 그대로 되리라고 하나님을 믿노라"(사도행전 27:22~25)

우리가 하나님의 약속의 말씀을 평생 붙들고 살면, 우리도 죽음의 위기의 순간에도 바울처럼 외칠 수 있으며 승리 할 수 있다.

"그러므로 여러분이여 안심하라 나는 내게 말씀하신 그대로 되리라고 하나님을 믿노라"(사도행전 27:25)

이 거친 세파가 몰아치는 세상에서 혼자, 아무 약속의 말씀도 없이 산다는건 얼마나 위험한 일인가..... 하나님이 하신 약속의 말씀을 붙들고 살면 절대 승리의 삶이 된다.

" 이 율법책을 네 입에서 떠나지 말게 하며 주야로 그것을 묵상하여 그 안에 기록된 대로 다 지켜 행하라 그리하면 네 길이 평탄하게 될 것이며 네가 형통하리라 내가 네게 명령한 것이 아니냐 강하고 담대하라 두려워하지 말며 놀라지 말라 네가 어디로 가든지 네 하나님 여호와가 너와 함께 하느니라 하시니라"(여호수아 1:8~9)

은혜 안에서 우리는 영원한 청년이다!

이 책을 집필하는 지금으로부터 3년 전, 어느 신문사와 인터뷰를 하는 과정에서 책을 쓰자는 권유를 받은 적이 있다. 그때 제조사업과 유통사업이 잘 되고 있을 때이니 다섯 평의 매장에서 지금의 성공을 이루기까지를 책으로 쓰면 회사에도 도움이 되고 읽는 사람들에게도 좋은 경제 지침서가 될 것이라는 논리로 그 해안에 출판을 하자고 적극적으로 나를 설득했다.

나는 나에게 온 모든 제안과 기회에 대해서 반드시 기도를 한다.

기자가 놓고 간 명함 위에 손을 올리고 기도했다. 그러나 그때 하나님께서 나의 마음에 아무런 감동도 주지 않으셨다. 나는 두 번 망설이지 않고 책을 쓸 의사가 없음을 통보했다.

그런데 3년 후 크리스천 CEO들을 위한 청지기 세미나에 강사로 초청되어 강의를 하던 날, 나침반출판사 대표님을 만나게 됐다.

내가 한 참 일터 사도의 비전과 사명에 대해 이야기를 하는데 출판사 대표님께서 이런 질문을 하셨다.

"일터 사도에 대한 이야기는 저도 많이 들었습니다. 그런데 회장님처럼 이렇게 생생하게 체험적으로 믿고 계신 분은 처음입니다. 회장님은 무엇을 근거로 일터 사도가 지금 세대에 반드시 필요한 혁명이라고 생각하십니까?"

과연 출판사 대표님답게 그리고 방송 진행자 다운 날카로운 질문이었다. 그런데 내 입술에서 지체없이 이런 대답이 나왔다.

"제 인생이 근거입니다."

그러자 대표님께서 "그게 정말이라면 저는 오늘 강의 보다 그 이야기가 더 능력이 있을 것 같은데요. 그 은혜를 좀 나눠 주실 수 있습니까?"라고 물었다.

그때 나의 대답은 "부끄러운 이야기가 많아서 그걸 다하기는 힘들 것 같습니다"였다. 왜냐하면 순간 머릿속에 제일 먼저 든 생각들이 하나 같이 선뜻 말하기에 부끄러운 내 모습들이었기 때문이다.

'우리 집은 굿을 하던 집 안인데…'

'모두 상세히 말하려면 암 투병 얘기도 해야 하는데…'

'하나님을 믿게 된 계기를 말하려면 아들을 잃을 뻔 한 얘기도 해야 하는 데 처음 만난 분께 산고와 출산 얘기를 어찌 시작하나…'

결국 내 쪽에서 다음에 뵙자는 말로 대화를 마무리했다.

그리고 그날로 대표님과의 대화는 잊고 '푸드앤웨이브'일을 하느라 정신없이 뛰어 다녔다.

그러다 어느 날 가맹 상담을 원하시는 분이 있어 상담을 하는데 일터 사도에 대해 아주 많이 궁금해하셨다. 그러면서도 계속 '나 같은… 나 같이 못 배우고, 나이도 먹은 사람이..'란 혼잣말을 하셨다.

하나님을 믿으면 누구에게나 일어 날 수 있는 기적이며 은혜라고 격려를 했지만 쉽사리 받아들이지 못했고, "하나님을 믿음으로 이제

내 인생이 바뀔 것을 신뢰하십시오! 아멘?"이라고 격려하는 내말에 "아멘"은 안하고 한 참 고개 숙인 채 있더니 잠시 후 눈물이 글썽한 눈으로 "회장님이 이리 똑똑하고 좋은 사람이니 하나님이 복을 주셨나 봅니다. 나 같은 건..."이라고 했다. 그 순간 내 마음에 말 할 수 없는 안타까움이 일어났다. 나는 그 분의 손을 덥석 잡고 말했다.

"저는 절대 어느 한 구석도 잘난 사람이 아닙니다. 해마다 무당을 불러 굿을 하는 집안이었고, 첫 직장은 작은 회사 말단 직원이었는데 그래도 하나님이 쓰시겠다면 어떻게든 이렇게 만들어 쓰십니다."

나는 그날 처음 만난 그 성도님에게 나의 삶의 여정을 모두 말씀드렸다. 부끄러운 마음과 창피하다는 생각은 뒤로하고 어떻게든 이분에게 하나님의 힘을 증거하고 싶다는 열정이 더 앞섰다. 그날 그 성도님과 긴 대화를 하고 하나님을 믿기만 하면 정말 모든 게 달라진다는 걸 신뢰한다는 기도를 하나님께 함께 올려 드렸다. 성도님을 배웅한 후 빈 사무실에 앉아 하나님께 이런 기도를 드렸다.

'하나님... 나의 사명은 갈릴리 호수입니다. 지금까지 제가 가진 것을 늘 아낌없이 흘려보냈다고 생각했는데 이제껏 제가 꼭 쥐고 있었던 것이 있었음을 깨달았습니다. 이제는 그것을 내려놓게 해주세요. 리더는 카리스마가 있고, 절대 약한 모습을 보이지 않아야 한다는 생각에 하나님을 만나기 전 부족했던 제 모습을 마음에 담아두고 살았습니다.

그러나 아버지, 밤이 있어야 별이 빛나듯 저의 부족했던 과거를 드러내야 그 위에 부어주신 하나님의 은혜가 선명하게 나타남을 오늘 깨달았습니다. 아버지, 이제 새로 시작하는 이 사업 앞에 제가 물질로 드릴 수 있는 것은 다 드렸습니다. 그러므로 오늘은 아버지 앞에 오늘까지 살아온 모든 하루하루의 기억을 내려놓습니다.

이 이야기들이 누군가에게 힘이 되고, 위로가 된다면 나아가 하나님의 영광을 드러내는 증거로 사용 될 수 있다면 세상을 향해 마음껏 흘려보낼 수 있게 해주세요.”

그렇게 모든 것을 내려놓으니 마음에 평안이 왔다.

그리고 약 한 달 뒤 일터 사도 CEO 모임에서 나침반출판사 김용호 대표님을 만났다.

내가 먼저 대표님께 다가가 말을 걸고 한 달 전에는 대답하지 못했던 ‘내 삶이 일터 사도의 근거인 이유’를 빠짐없이 설명했다.

내 이야기를 들은 대표님께서 나에게 “이 이야기를 많은 사람들이 듣고 비전을 갖되 특히 젊은 사람들이 많이 들었으면 좋겠습니다. 자본주의가 과열되고 빈부격차가 극심해지는 시대에 가장 많은 상처를 받는 것이 청년들인데 그들에게 세상의 스펙이 없어도, 돈과 권력으로 뒤를 봐주는 부모가 없어도 오직 하나님의 이름으로 성공할 수 있다는 걸 증명 할 수 있는 사람이 단 한 사람이라도 더 나서는 것이 미래를 바꾸는 데 큰 기여가 됩니다”라고 말했다.

대표님의 말을 듣는데 문득 예전에 딸 효선이와 했던 통화가 생각났다. 먼 외국에서 혼자 공부하고, 미래를 설계하는 딸이 안쓰러워 “엄마가 한국에는 아는 사람이 많은데 독일에는 한 명도 없어서 어떻게 도와줄 방법이 없구나”라고 말을 했더니 효선이가 하하하

웃으며 "엄마, 이 나라에선 열심히 노력하면 다 성공해"라고 말했다.

그 말을 듣는 순간 방망이로 뒤통수를 맞는 것 같았다.

"그럼 이 나라 한국은 열심히 노력해도 성공하기 힘든 나라인건가?"라는 생각이 들었고, 그 순간에 정경유착, 고위층자녀 특례입학, 낙하산인사 등이 줄줄이 떠올랐다. 결국 나는 "이 나라 한국도 열심히 노력만 하면 성공 할 수 있어"라는 말을 못하고 전화를 끊었다.

그날 밤 나는 포브스가 발표한 억만장자 명단에 대한 기사를 보았다.

마이크로소프트사를 만든 빌게이츠, 페이스북을 개발한 마크 저커버그와 같이 오직 아이디어와 실력으로 성공한 부자들에 의해 미국의 경제구조가 바뀌고 있으며 이들을 통해 '혁신형' 경제가 이루어지고 있다는 내용이 아주 인상적이었다. 혁신형 부자들은 거대 자본을 투자해 원자재를 확보하고 그것을 팔아 이윤을 남기는 사업을 하는 '원자재형 억만장자'보다 훨씬 많은 수입을 올리고 있었다.

언젠가 한 TV 프로의 인터뷰에서 우리나라 젊은이들 중 대다수가 한국에는 존경 할 만 한 부자가 없다고 생각한다는 내용을 본적이 있다. 우리 나라에 일터 사도가 세워지고 그가 오직 하나님 한 분의 은혜를 받아 투명한 부자가 된다면 그것만으로 이 땅의 젊은이들을 격려 할 수 있게 된다는 생각이 들었다.

나는 이 땅의 젊은이들이 하루 빨리 하나님을 만나고 직업에 소명을 받아 혁신형 경제를 일으키는 힘을 갖기를 소망하며 세상의 부자들과는 비교할 수 없는 부요함이 하나님께 있음을 증거하는 목소리가 더 많아지길 기도했다.

하나님이 주신 부에는 교회와 가정, 사업 모두를 고르게 성장시키는 능력이 있다. 나는 이 사실을 이 나라 이 땅의 젊은이들은 물론 복음의 불모지에 있는 모든 청년들에게 전달되기를 소망하는 마음으로 책을 집필 할 결심을 했다.

하나님의 은혜는 모든 언어, 모든 장벽을 넘어 동일하게 내려진다. 성경 말씀을 통해 복음이 전파되고, 기도를 통해 하나님과의 인격적인 만남을 경험하며 일터 사역을 통해 하나님의 나라가 이 땅에 이루어지는 소명을 꿈꾼다.

나의 삶에 있어 모든 성공은 '성경 말씀'을 기반으로 하고 있다.

그러므로 이 책이 번역되어 선교지로 나간다 해도 그 안에 커다란 축이 '일터 사도와 성경적 재정 축복'에 대한 증거이니 모두 공감 할 수 있다고 믿는다.

푸드앤웨이브 사업을 시작했고, 그와 함께 일터 사도 강의를 병행하므로 다시 바빠지는 시기에 책을 집필하게 됐다. 나는 이 과정에서 하나님의 놀라우신 예비하심을 다시 경험했다. 푸드앤웨이브 사업이 초기인 만큼 많은 시행착오를 겪고 때로는 좌절할 일이 생기기도 했다. 그런 날 저녁이면 나의 생애 중 그와 비슷한 좌절의 시기를 떠올리며 글을 쓰게 됐고, 그 시기를 글로 정리하는 동안 과거와 현재에 동일하신 하나님께서 과거의 문제를 해결 하셨듯 오늘의 문제도 완벽하게 해결 해 주실 것임을 믿고 위안 받게 되었다.

순종을 하면 모든 환경과 능력을 하나님께서 주신다.

결국 지혜는 성경대로 하는 것이다. 내 삶 중 하나님의 방법과 성경을 실천하는 순간마다 성공을 이루게 됐다. 돈으로 예수님과의 만

남에 성공하는 사람은 본 적이 없다. 믿음도 마찬가지고, 사랑, 긍휼 모두 돈으로는 살 수 없는 가치다. 그 가치들은 오직 하나님의 나라 하나님의 은혜에만 있다. 하나님이 원하시는 자리에 있는 하나님이 원하시는 사람에게 부어 세상으로 흘러가게 하실 뿐이다.

여자의 몸으로 큰 사업을 하고 거기서 성공을 이루었다는 것만으로 많은 사람들은 내가 매우 강한 줄 안다. 하지만 나는 많이 운다. 되도록 사람들 앞에서 울지 않을 뿐이다. 내가 강해서가 아니다. 참고 참았다가 아무도 나로 인해 슬퍼함을 느낄 수 없는 빈 공간에 앉아 하나님을 부르며 운다. 그러면 하나님께서 나를 위로해 주신다.

어떤 날엔 새벽이 될 때까지 앞으로 이룰 비전을 생각나게 하심으로 나를 위로 하시고, 어떤 날에는 팽이 하나를 보여주시고 그 위에 채찍질이 있어야 돌아감을 깨닫게 하시므로 지금은 넘어져 울 때가 아니라 더 달릴 때임을 알게 하신다.

하나님은 우리를 언제이든 어떤 모습이든 성장시키신다.

우리의 상황, 우리의 능력, 우리의 부족한 믿음 등 모든 걸 채우시고 바꾸신다. 세상의 모든 만물에는 자랄 때가 있고 질 때가 있다. 성장점이 닫히면 성장이 멈추고 노화가 시작된다.

그러나 우리의 영성에는 성장점의 한계가 없다. 그러므로 우리의 영이 육을 초월 할 수 있는 것이다.

내가 도저히 할 수 없는 일이라 판단하는 순간 그것을 뛰어넘을 영적 능력이 무럭무럭 성장한다. 그리고 이 축복은 하나님을 믿는 모든 사람들에게 지금 이 순간에도 공평하게 열려있는 기회이다.

부디 이 책을 읽는 모두가 그 은혜를 체험하기를 원한다.

하나님의 은혜와 복은 늘 열려있다. 하나님께서 우리에게 은혜를 부어주시고 싶어 하시기 때문이다. 하나님은 사랑의 하나님이시다. 누가 뭐라고 해도 어떤 시련을 겪어도 결국엔 사랑의 하나님, 은혜의 하나님, 구원의 하나님임을 나는 확신한다.

나는 지금도 사업과 관련 된 모든 일을 직접 처리한다.

회사의 다른 어떤 직원들보다 빠르고 신속하다고 자부한다.

가맹점 문의가 많아지면서 미팅이 계속 이어진다. 그 사이에 시간이 나면 좋은 상가, 저렴한 곳을 찾아 끊임없이 발품을 판다. 나에게 연락을 해오는 분들은 대부분 소규모 자본으로 당장 오늘, 내일의 생계를 해결해야 하는 분들이다. 그러므로 언제 어느 지역에 누가 이 사업을 할지 모르므로 전국에 좋은 점포를 늘 봐두려 애쓴다.

가맹점 상담이나, 점포정보를 얻기 위해 방문한 지역에 우리 체인점이 있으면 그곳 역시 방문한다. 매일매일 차로 4~500km를 달리며 일하니 아무리 좋은 차를 타도 2년에서 3년을 못 간다.

하지만 나는 이런 하루하루가 너무 즐겁고 감사하다. 내 몸은 두 번의 암을 앓았지만 나의 영은 언제나 성장만을 해 왔기 때문에 더 많은 사명을 감당하게 될 것을 믿는다.

나는 나 스스로를 프랜차이즈업체 CEO라기 보다는 중보자로 연결 고리라고 생각한다. '사람과 일터', '일터와 사명', '사명과 신앙'을 만나고 연결되게 하는 사람이다. 사람과 일터를 연결하기 위해 프랜차이즈 사업을 시작했고, 그 사업장에 사명을 일깨우기 위해 일터 사도 강의를 한다. 그 사명으로 인해 이 나라와 이 땅에 하나님의 나라를 여는 신앙이 확장되기를 소망하며 기도에 힘쓴다.

대한민국에 부자로 거론되는 인물들 중 다수가 '상속'으로 그 기틀을 다진 게 사실이다. 그것이 현 대한민국의 환경임에도 틀림이 없다. 그리고 그 환경 가운데 서 있는 우리가 이 모든 환경과 시류의 지배에서 자유로울 수 없는 것도 사실이다. 그러나 하나님은 이러한 환경과 문명이 뻗어나가고 있는 이 세계의 모든 것의 태초를 말씀으로 창조하신 분이다. 그러므로 우리가 하나님을 의지하는 순간 상속과 스펙 없이는 쉽사리 부자가 될 수 없는 지금의 대한민국의 현실을 극복 할 수 있는 힘을 은혜로 받을 수 있다.

이 세대는 상속이 부의 기틀이 되는 것을 당연시하면서, 상속 재산도, 그런 재산을 이룰 스펙을 쌓기 위해 투자 할 자산도 없다는 이유로 상대적 박탈감과 패배감에 빠져 있다. 그러나 하나님은 오직 하나님 한 분께 의지하므로 성공을 이루는 하나님의 자녀들, 하나님의 부르심에 순종하고 곧 하나님의 상속자가 된 일터 사도들을 통해 이 세대에 비전을 주시길 원하신다.

우리는 이 사실을 믿기만 하면 그 순간부터 하나님의 상속자가 될 수 있다. 하나님을 사랑하는 우리의 마음을 세상에 당당하게 선포하고, 예수님을 닮아가는 노력을 통해 거룩함과 온유함으로 우리의 내면을 견고히하고 세상의 부정한 권력과 공동체를 파괴하는 탐욕의 부에 맞서 승리 할 수 있다.

이 모든 특권을 누리기 위해 우리가 할 일은 오직 예배하고, 말씀과 기도에 순종하므로 세상의 부 위에 존재하는 하나님의 부를 상속하는 것이다. 우리가 할 일은 하나님 한 분을 믿는 것, 그 분이 원하시는 곳에 마음과 생각과 열정, 그리고 우리의 몸을 두는 순종 오직 그것뿐이다.

"믿음은 바라는 것들의 실상이요 보이지 않는 것들의 증거니 선진들이 이로써 증거를 얻었느니라."(히브리서 11:1~2)

오늘 이 책을 통해, 동일한 믿음을 갖는 사람들이 한 명 씩 더 늘어가는 그 순간마다 하나님의 나라가 세계 모든 민족의 눈앞에 선명한 실상으로 우뚝 서게 되는 것을 기대한다.

책을 마치면서 특별히 지금의 내가 되도록 영적으로 이끌어주신 이재창 목사님과 강신경 사모님, 제2 사역인 일터 사도 사역의 길을 열어주신 명성훈 목사님, 일터 기업의 큰 힘이 되어주신 김광수 목사님, 그리고 나침반출판사 김용호 대표님과 자료를 잘 정리해 준 조진주 작가, 무엇보다도 어느 때나 기쁨과 고통을 함께 해온 남편 이규두 장로, 딸 효선이, 아들 종혁이에게 감사의 마음을 전한다.

주님! 모든 영광 받으소서!
일터 사도 송순복